P9-EDB-702

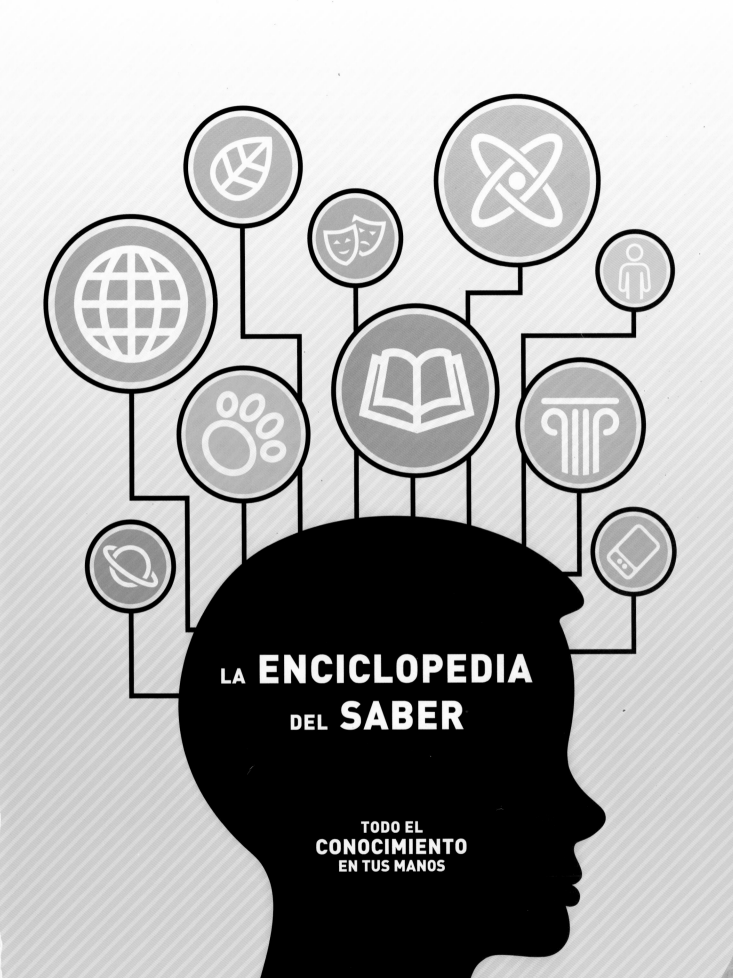

LA ENCICLOPEDIA DEL SABER

TODO EL CONOCIMIENTO EN TUS MANOS

Consultores: Sally Morgan, Dra. Patricia Macnair,
Brian Williams, Carey Scott, Dr. Mike Goldsmith
Autores: Moira Butterfield y Pat Jacobs

Butterfield, Moira
    La enciclopedia del saber / Moira Butterfield, Pat Jacobs ;
; traducción Andrea Moure.-- Edición Diana López de Mesa O. --
Bogotá : Panamericana Editorial, 2014.

    320 p. : il. ; 28 cm. -- (Mil preguntas)
    Incluye índice.
    Título original : *Know it all!*
    ISBN 978-958-766-525-3

    1. Enciclopedias y diccionarios 2. Ciencias del espacio
- Enciclopedias 3.Tierra - Enciclopedias 4. Historia natural -
Enciclopedias 5. Ciencia y tecnología - Enciclopedias 6. Historia
- Enciclopedias 7. Artes - Enciclopedias I. Jacobs, Pat II. Moure,
Andrea, ed. III. López de Mesa Oses, Diana, ed.
R036 cd 21 ed.
A1442599

    CEP-Banco de la República-Biblioteca Luis Ángel Arango

Primera edición en Panamericana Editorial Ltda., 2015
Título original: *Know It All!*
© 2014 Red Lemon Press Limited

© 2014 Panamericana Editorial Ltda.
Calle 12 No. 34-30, Tel.: (57 1) 3649000
Fax: (57 1) 2373805
www.panamericanaeditorial.com
Bogotá D. C., Colombia

Edición: Diana López de Mesa O.
Traducción: Andrea Moure
Diagramación: La Piragua Editores

ISBN 978-958-766-525-3

Prohibida su reproducción total o parcial
por cualquier medio sin permiso del Editor.

Impreso en China - *Printed in China*

**Nomenclatura – si: superior izquierda, sc: superior centro, sd: superior derecha, ci: centro izquierda, c: centro, cd: centro derecha,
ii: inferior izquierda, ic: inferior centro, id: inferior derecha.**
Todas las fotografías e ilustraciones en este libro son de © Shutterstock, excepto: **Alamy** 174sd Permian Creations; **Argosy Publishing** 2si,
226i, 227sd, 227d, 228, 229, 230ii, 231c, 231d, 232d, 233i, 233d, 236s, 236i, 237c, 238i, 239, 240d, 241d, 242c, 242id, 243, 244ii, 245, 246c, 246i,
247, 248, 249, 250, 251, 252; **CERN** 259sd, 260i; **Corbis** - contraportada si Stefano Bianchetti, 30ci Ye Shuhong/Xinhua Press, 30ic Ye Shuhong/
Xinhua Press, 95c Pallava Bagla, 95ci Karen Kasmauski, 122si Alison Wright, 124si PoodlesRock, 131ci Stefano Bianchetti, 132sd Nathan Benn/
Ottochrome, 132id Mauricio Abreu/JAI, 133si Gianni Dagli Orti, 133ic Nik Wheeler, 134ci PULSE, 134ci Alfredo Dagli Orti/The Art Archive, 136i,
137ii Gustavo Tomsich, 141c Bettmann, 143id Alison Wright, 144ii Tino Soriano/National Geographic Society, 145ii Reuters, 145sc Historical
Picture Archive, 146c, 148sc Hulton-Deutsch Collection, 149sd Christie's Images, 150sd Stefano Bianchetti, 154ii Lebrecht Music & Arts, 154sc
Bettmann, 155ic Bettmann, 156sc Chris Hellier, 156ii, 156cd Bettmann, 157sc Hulton-Deutsch Collection, 157id Dennis Degnan, 157ci The Dmitri
Baltermants Collection, 158cd Bettmann, 158si Bettmann, 158ic Reuters, 194sd Ali Meyer, 195ic Emily Anne Epstein, 195cd Marcelo Hernandez/
dpa, 197ci Sandro Vannini, 199cd PoodlesRock, 199si Bettmann, 204si Gérard Rancinan/Sygma, 205sd Joe Lederer/Columbia Pictures/Bureau
L.A. Collection, 205c Rick Doyle, 205id Bettmann, 209id, 212id Heritage Images, 215ii Imaginechina, 219ic Bettmann, 220si Jochen Schlenker/
Robert Harding World Imagery, 223sd Douglas Peebles, 223ic Bernd Settnik/dpa, 230id Michel Setboun, 298si TOBIAS SCHWARZ/Reuters;
Gary Hanna/The Art Agency 140ii; **Getty Images** 91ii Dorling Kindersley, 123si Danita Delimont, 198si SSPL, 215id Mark Matyslak, 218c, 218ii
Jonathan Kitchen, 245cd Dorling Kindersley, 245c Science Picture Co; **GODD.com (Markus Junker, Rolf Schröter, Patrick Tilp)** 290s, 292s;
iStockphoto.com portada sc, 42cd, 43sd, 58sd, 80sd, 130si, 131sc, 131di, 151ii, 216ci, 218ii, 278ci, 299sd, 311sd; **Malcolm Goodwin/Moonrunner
Design** 6ic, 136si, 290i, 299i, 300, 302i, 313i; **Mark A. Gariick** 9ii, 10i, 11c, 11d, 14, 15, 16c, 17, 18c, 19s, 19c, 20s, 21s, 22, 23, 24s; **Mick Posen/The
Art Agency** si143; **MBA STUDIOS** contraportada sd, 29c; **NASA** 8sd WMAP Science Team, 8i ESA/G. Illingworth/D. Magee/P. Oesch (University
of California, Santa Cruz)/R. Bouwens (leiden University)/HUDF09 Team, 8id WMAP Science Team, 9s Nick Wright UCI/IPHAS Collaboration,
9d NOAO/ESA/the Hubbie Helix Nebuia Team/M. Meixner (STScI)/T.A. Rector (NRAO), 13 Far-infrared: ESA/Herschei/PACS/SPIRE/Hill, Motte,
HOBYS Key Programme Consortium; X-ray: ESA/XMM-Newton/EPIC/XMM-Newton-SOC/Bouianger, 16i SDO, 17i Johns Hopkins University
Applied Physics Laboratory/ Carnegie Institution of Washington, 18i, 20si JPI-Caitech/MSSS, 20cd JPI-Caltech/Cornell/Arizona State Univ., 20i
JPL-Caltech/Cornell/U.S. Geological Survey, 21l JPL 21cd JPL/DLR, 22l JPL, 23i JPL/USGS, 24si Halley Multicolor Camera Team, Giotto Project/
ESA, 24ii JHUAPL, 25i, 25c JPL-Caltech, 25d, 26 JPL-Caltech, 26i, 27s, 27i, 28i, 28d, 28i, 29i, 30s, 30c, 40si, 40sd Donald Walter (South Carolina
State University)/Paul Scowen and Brian Moore (Arizona State University), 40ii J. P. Harrington & K. J. Borkowski (U. Maryland), 40c The Hubble
Heritage Team/AURA/ STSci, 40d JPL-Caltech/CXO/WIYN/Harvard-Smithsonian CfA, 126si, 126sc, 191cd, 260ci, 260ic JPL-Caltech; **photos.
com** 153si; **REX** 194si Jeff Barbee; **Science Photo Library** 35ci Gary Hincks, 44si Claus Lunau, 46si Gary Hincks, 49sc PlanetObserver, 99si G
Newport, 104si Manfred Kage, 295si Victor Habbick Visions, 309si Nigel Cattlin; **Spellcraft Studio** id144; **Steve Hobbs** 20i, 21i, 23i.

LA ENCICLOPEDIA DEL SABER

TODO EL CONOCIMIENTO EN TUS MANOS

PANAMERICANA
EDITORIAL

Contenido

Introducción

Esta enciclopedia ofrece a quienes la leen un universo de información acerca de nuestro planeta y de sus habitantes.

Comienza con un viaje al espacio, luego explora el mundo natural, contempla las plantas, los animales y las personas con quienes compartes este hermoso planeta. Visita diferentes culturas y lugares, y aprende acerca de algunos de los mayores logros (¡y desastres!) de la humanidad a lo largo de la historia. Este es un libro lleno de fabulosas fotografías, recuadros con datos y cifras, cronologías e imágenes ampliadas que te convertirán en todo un sabelotodo.

La enciclopedia del saber se divide en diez secciones temáticas. Ten presentes los íconos de cada tema para encontrar la información que quieras.

- **ESPACIO**
- **PLANETA TIERRA**
- **ANIMALES**
- **PLANTAS**
- **HISTORIA**

- **GENTE Y LUGARES**
- **ARTE Y CULTURA**
- **CUERPO HUMANO**
- **CIENCIA**
- **TECNOLOGÍA**

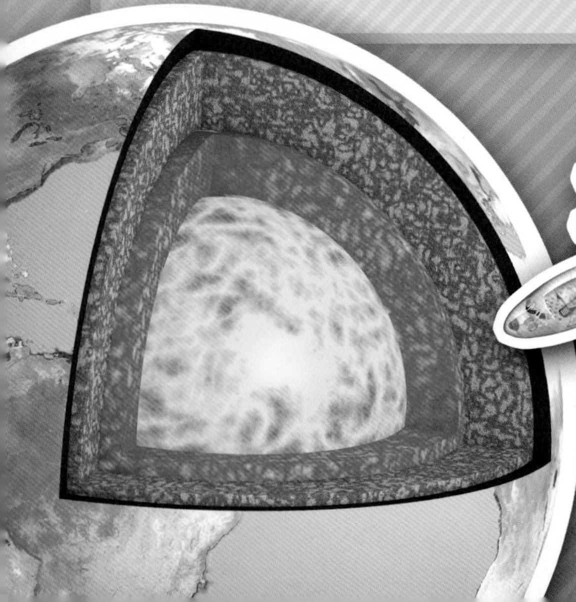

CAPÍTULO 1

ESPACIO

El universo

El universo es todo lo que hay en el espacio, incluidos billones de estrellas y planetas, lunas y asteroides. Nadie sabe hasta dónde se extiende.

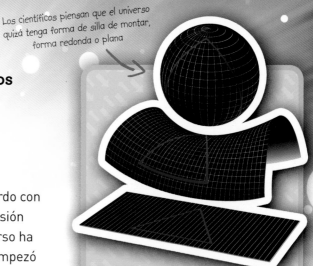

Los científicos piensan que el universo quizá tenga forma de silla de montar, forma redonda o plana

El origen del universo

Se cree que el universo tiene unos 13 700 millones de años. De acuerdo con la teoría del Big Bang, el universo comenzó con una repentina expansión del espacio, que estaba lleno de energía y era muy caliente. El universo ha seguido expandiéndose y enfriando desde entonces. A medida que empezó a enfriarse de manera muy lenta, se formaron gases, luego estrellas y planetas. El Big Bang fue tan poderoso que sus efectos aún perduran. Los grupos de estrellas que se encuentran en el espacio se mueven hacia el exterior mientras se separan unos de otros.

La forma del universo

Los científicos tienen diferentes teorías acerca de la forma del universo. Algunos creen que podría tener forma de pelota. Otros que podría ser plano o curvo, como una silla de montar. Existen diferentes ideas sobre lo que puede ocurrirle al universo en el futuro, según una de ellas en billones de años todas las estrellas se consumirán, según otra el universo podría separarse. Las ideas cambian a medida que descubrimos más sobre el espacio lejano.

Su tamaño

Nadie sabe cuál es el tamaño del universo. Solo sabemos que es posible ver la luz que se encuentra a 13 700 millones de años luz de distancia mediante poderosos telescopios espaciales. Este es el límite de lo que denominamos universo observable, pero tal vez haya luz mucho más allá, solo que aún no ha tenido tiempo de llegar hasta nosotros. De hecho, hay científicos que piensan que puede haber más de un universo.

¡Superfoto!

UNIVERSO EN PAÑALES

Esta imagen del vasto universo muestra una de las partes más lejanas que hayamos visto. Se encuentra tan lejos, que la luz que proviene de ella tarda unos 13 700 millones de años en llegar a la Tierra. Es una instantánea del universo cerca del momento de su nacimiento.

Las estrellas

Las estrellas son bolas de gas gigantes que emiten calor y luz. Todo el tiempo se forman nuevas estrellas y mueren las más viejas. El Sol es nuestra estrella más cercana.

Su nacimiento

Las estrellas nacen de enormes nubes de gas, las nebulosas, que giran como remolinos. Una estrella se forma cuando una parte de la nebulosa comienza a encogerse, se calienta y empieza a girar. A veces es posible ver con un telescopio espacial las señales del nacimiento de una estrella, cuando calienta el gas de la nebulosa que la rodea y comienza a brillar (derecha).

Hechos y cifras

● Las distancias en el espacio se miden en años luz. Un año luz es la distancia a la cual viaja la luz en un año. La luz viaja a una velocidad de 300 000 km por segundo, por tanto un año luz equivale a 9 460 800 000 000 km.

● La mayoría de las estrellas están muy lejos de la Tierra y la luz que emiten tarda mucho tiempo en llegarnos, a veces millones de años. Cuando vemos su luz, en realidad estamos mirando el pasado.

● Nuestra estrella más cercana, el Sol, está a 150 millones de kilómetros de la Tierra, lo que equivale a ocho minutos luz.

Enanas y gigantes

Las estrellas tienen diferentes tamaños y colores porque arden a diferentes temperaturas. Las más grandes, las supergigantes, son cientos de veces más grandes que nuestro Sol y brillan con mayor intensidad. Las enanas blancas son incluso más pequeñas que la Tierra. Las estrellas blancas azulosas son las más calientes, seguidas por las blancas, las amarillas, las anaranjadas y las rojas. Las estrellas más frías son demasiado opacas para ser vistas.

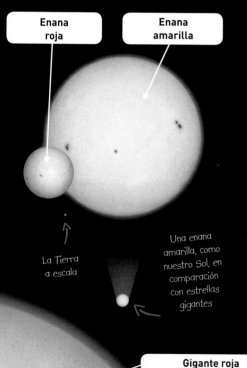

Enana roja

Enana amarilla

La Tierra a escala

Una enana amarilla, como nuestro Sol, en comparación con estrellas gigantes

Gigante roja

Gigante azul

Supergigante roja

Su muerte

Las estrellas mueren cuando se quedan sin combustible para quemar. En el caso de una enana roja de combustión lenta esto puede tomar miles de millones de años, pero las supergigantes de combustión violenta mueren más rápido. Cuando las estrellas de tamaño promedio, como nuestro Sol, comienzan a quedarse sin combustible, se expanden para convertirse en gigantes rojas. Después de esto pueden desvanecerse o explotar en una supernova.

Las galaxias

Una galaxia es un conjunto gigante de estrellas, nubes de gas y de polvo. Se cree que existen millones de galaxias en el universo, y que cada una tiene millones de estrellas y planetas. Las galaxias, por lo general, se encuentran en grupos llamados cúmulos.

Conoce las galaxias

Tienen diferentes formas:

1. De lente: una galaxia lenticular tiene un centro protuberante rodeado de una disco plano y está formada sobre todo por estrellas viejas.

2. El hogar de las estrellas viejas: las galaxias elípticas son redondas o un poco ovaladas. Están formadas por las estrellas más viejas y parecen tener pocas o ninguna estrella nueva.

3. Jóvenes revoltosas: las galaxias irregulares no tienen una forma definida. Son pequeñas y tienen mucho gas, polvo y estrellas jóvenes.

4. La galaxia que habitamos: una espiral barrada tiene brazos que salen de una región con forma de barra y tiene un núcleo en el centro. Nuestra Vía Láctea, es de este tipo.

5. En forma de espiral: una galaxia en espiral tiene varios brazos que giran alrededor de un núcleo central. El núcleo contiene estrellas brillantes más viejas y los brazos están llenos de estrellas jóvenes y nubes de gas.

1 Galaxia lenticular

Galaxia elíptica

2

3 Galaxia irregular

Galaxia espiral barrada

4

Galaxia espiral

5

Agujeros negros

Se cree que muchas galaxias tienen en el centro un agujero negro, que es un punto en el espacio en el que la gravedad es tan fuerte que succiona todo lo que está cerca. Nada, ni siquiera la luz, puede escapar de este. Se cree que un agujero negro se forma cuando una estrella enorme explota y el núcleo que queda colapsa sobre sí mismo.

Versión de un artista de un agujero negro

La Vía Láctea

Nuestra galaxia, la Vía Láctea, tiene entre 200 000 y 400 000 millones de estrellas que giran alrededor de su centro, junto con miles de millones de planetas. El Sol y el sistema solar están ubicados en uno de sus brazos en espiral.

¿De qué está hecha la Vía Láctea?

La Vía Láctea recibe este nombre porque lo que podemos observar de esta luce como leche derramada en el cielo. Toda la galaxia mide unos cien mil años luz de largo (muchos billones de kilómetros). En sus brazos en espiral se encuentran estrellas, planetas y nubes de polvo y gas, pero en su centro se cree que existe un enorme agujero negro.

Estrellas visibles entre abril y julio en el hemisferio norte

Estrellas

Líneas que definen la constelación

Lira
Hércules
Corona Borealis
Ophiuchus
Lebreles
Bootes
Serpens
Escorpión
Libra
Virgo
Lupus
Corvus
Centaurus
Crux
Vía Láctea

La Vía Láctea vista desde la Tierra

Ubicación del Sol en la Vía Láctea

Las constelaciones

Desde tiempos antiguos, la gente ha creado figuras uniendo las estrellas que pueden ver en el cielo nocturno, formando las constelaciones. La cara oculta de la Tierra mira a diferentes partes del cielo en diferentes épocas del año, mientras gira alrededor del Sol, por lo que podemos ver diferentes constelaciones durante el año. Los mapas celestes, como el de arriba, muestran las constelaciones que se ven por las noches en diferentes épocas del año. Los nombres de las constelaciones no son universales. Por ejemplo, en las islas Marshall, en el Pacífico norte, llaman Canoa a la Osa Mayor.

¡Sabelotodo!

● La galaxia más cercana a la Vía Láctea es Andrómeda. Se encuentra a unos 2.5 millones de años luz, pero se aproximan la una a la otra a una velocidad de unos 500 000 km/h. Con el tiempo chocarán, aunque esto tardará miles de millones de años.

Gira y gira

Nuestro sistema solar gira alrededor del núcleo de la Vía Láctea, igual que todas las demás estrellas y planetas de la galaxia. El Sol tarda unos 225 millones de años en dar toda la vuelta alrededor del núcleo. A medida que gira, toda la Vía Láctea se mueve por el espacio a unos 600 km por segundo.

¡La gran imagen!

Guardería estelar

Esta imagen muestra una parte de la nebulosa del Águila en uno de los brazos de la Vía Láctea. Dentro de esta gigantesca nube de gas están naciendo estrellas.

Una parte de la nebulosa del Águila recibe el nombre de Pilares de la Creación. La imagen fue tomada por el telescopio Hubble que orbita la Tierra. Sus sensores recogieron datos, como la luz infrarroja que viene de la nube. Esos datos fueron analizados por computador para crear esta imagen, a la que se le añadieron colores.

 ¡Sabelotodo!

● El pilar más alto en la imagen del Hubble tiene unos impresionantes cuatro años luz de altura.

● Densas burbujas de gas rompen los pilares y las estrellas crecen en su interior. Es probable que nuestro sistema solar se formara así.

● El gas y el polvo de la nebulosa son iluminados por estrellas jóvenes que nacen en su interior.

● Los antiguos griegos llamaban Círculo Lácteo a la Vía Láctea. Los antiguos romanos la llamaban Camino de Leche. No sabían que estaban observando apenas una parte de esta galaxia gigante.

● Las estrellas en realidad no titilan, lo que sucede es que la luz que emiten oscila a medida que viaja por la atmósfera de la Tierra hasta llegar a nosotros.

● La estrella más cercana a nuestro Sol es Proxima Centauri, una enana roja que está a unos 4.24 años luz de distancia.

Los Pilares de la Creación son las áreas con forma de dedos de la nebulosa, donde nacen estrellas

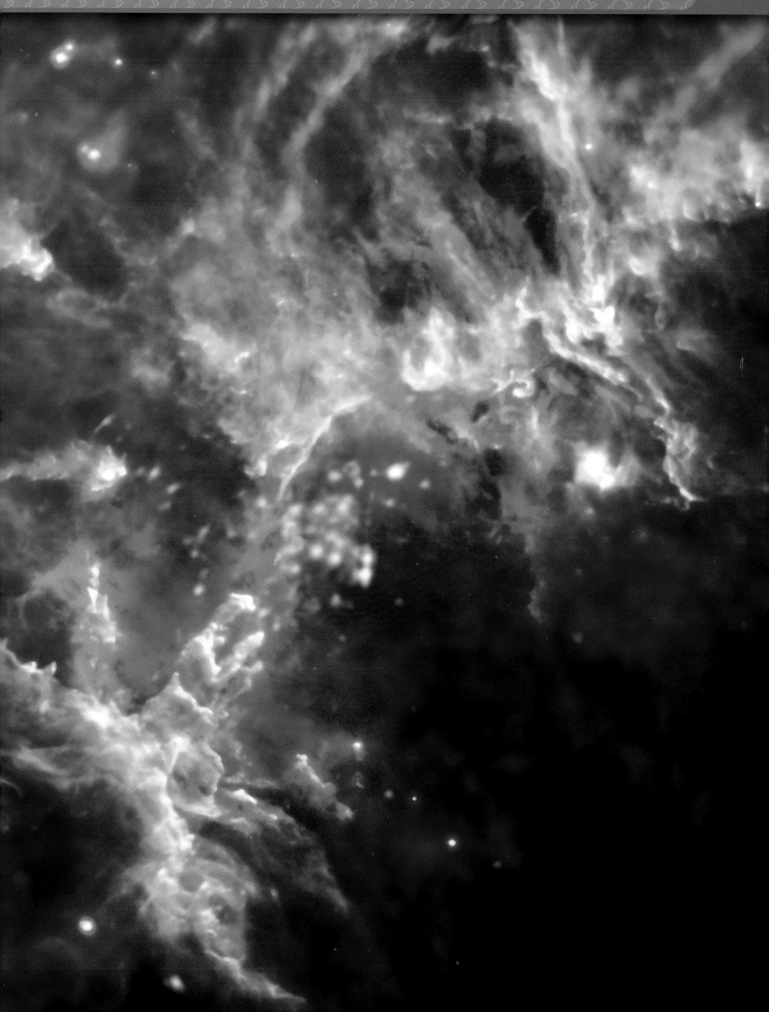

🪐 El sistema solar

La Tierra es parte de un grupo de planetas que gira alrededor del Sol. Lunas, asteroides, cometas y planetas enanos giran también en torno al gran astro. El grupo en conjunto se llama sistema solar.

💡 *Hechos y cifras*

● Más de 160 lunas orbitan los ocho planetas del sistema solar. Aún se siguen descubriendo lunas nuevas.

● Existen miles de millones de cometas y asteroides en el sistema solar.

¿Qué hay en el sistema solar?

Hay ocho planetas principales en el sistema solar, incluida la Tierra, junto a cuerpos más pequeños llamados planetas enanos. También hay un gran número de masas de roca y metal, los asteroides, que en su mayoría giran entre Marte y Júpiter, en una región llamada cinturón de asteroides. Hacia la parte exterior, retirada de los planetas, existe una región de fragmentos flotantes de hielo, el cinturón de Kuiper. Más lejos aún, hay una región de cometas y polvo, la Nube de Oort.

Venus · Marte · Saturno · Neptuno
Mercurio · Tierra · Júpiter · Urano

*LOS PLANETAS NO ESTÁN A ESCALA

Reunidos en torno al Sol

La gravedad (o fuerza de atracción) del Sol mantiene a todos los objetos del sistema solar en su sitio. El movimiento de traslación evita que los planetas choquen contra el Sol, mientras que la atracción que este ejerce sobre ellos evita que se alejen en el espacio. Cuanta mayor sea la masa (cantidad de materia) de un objeto, más poderosa es su gravedad. El Sol tiene una masa mayor a la de cualquier otro astro en el sistema solar.

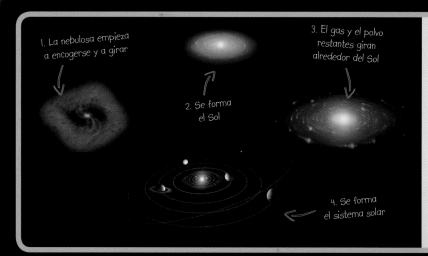

1. La nebulosa empieza a encogerse y a girar

2. Se forma el Sol

3. El gas y el polvo restantes giran alrededor del Sol

4. Se forma el sistema solar

El nacimiento del sistema solar

Se formó hace unos 5000 millones de años dentro de la nube de gas y polvo de una nebulosa. Parte de la nebulosa comenzó a girar a medida que se encogía y se calentaba, lo que dio forma al Sol. El gas y el polvo restantes formaron los planetas. Los planetas rocosos están más cercan del Sol. Los planetas de gas y hielo están más alejados.

🪐 Secretos del sistema solar

El sistema solar es tan vasto que aún no tenemos certeza de lo que podemos encontrar en sus límites. Solo hasta ahora han llegado a esas partes remotas sondas espaciales no tripuladas que recogen y envían información. Estos son algunos datos de los que sí tenemos certeza.

La Tierra cabría 1400 veces dentro de Júpiter

Júpiter cabría 926 veces dentro del Sol

Tamaños de los planetas

Los ocho planetas se dividen en dos grupos según su tamaño: gigantes gaseosos (Júpiter es el más grande) y pequeños rocosos (la Tierra es el más grande). Para que te des una idea de las diferencias en tamaño, la Tierra cabría 1400 veces dentro de Júpiter, y Júpiter cabría 926 veces dentro del Sol. Los planetas enanos son los más pequeños, y es posible que aún existan muchos por descubrir.

Frío y caliente

Los planetas más cercanos al Sol son los más calientes. Mientras la temperatura promedio de la Tierra es de 15 °C, Venus tiene una ardiente temperatura promedio de 464 °C. Urano tiene una temperatura promedio muy fría de -201 °C. Los gigantes gaseosos no tienen una superficie sólida en la que se pueda aterrizar, las sondas espaciales miden su temperatura en la parte alta de las nubes de gas que las rodean.

Venus 464 °C
Mercurio 452 °C *(cara visible)*

Tierra 15 °C *(promedio)*

Marte –63 °C

Júpiter –108 °C
Saturno –139 °C
Neptuno –197 °C
Urano –201 °C

Desplazamientos

Los objetos solares describen una órbita en torno al Sol (traslación) y también giran sobre su eje (rotación). La Tierra tarda un año para orbitar, dar la vuelta alrededor del Sol, y un día (24 horas) para rotar sobre su eje (una línea imaginaria desde el polo norte al sur). Los planetas más lejanos tardan más tiempo en darle la vuelta al Sol. Urano tarda 84 años terrestres. Los planetas rotan a diferentes velocidades. Saturno rota más rápido que la Tierra y su día dura 10.6 horas.

💡 ¡Sabelotodo!

● El peso de tu cuerpo variaría si estuvieras en otros planetas de nuestro sistema solar: tendrías mayor peso en planetas más grandes que la Tierra, porque ejercerían una mayor fuerza de atracción sobre ti. Pesarías menos en las lunas y los planetas más pequeños porque su atracción es más débil.

Júpiter tiene más del doble de la masa que el resto de planetas juntos

El Sol

El Sol es una bola de gas hidrógeno muy caliente, este gas es su combustible y contiene suficiente para seguir brillando otros 500 millones de años.

Supercaliente

La superficie del Sol está compuesta por gas burbujeante en movimiento, con temperaturas cercanas a 5500 °C. Las tormentas solares generan explosiones que parecen llamaradas que arrojan una lluvia de partículas arriba de su superficie. A veces se enfrían ligeramente porciones de gas, y esto crea áreas oscuras, las manchas solares, que crecen y se encogen. El Sol es enorme y por eso estas manchas parecen pequeñas, pero suelen ser más grandes que la Tierra.

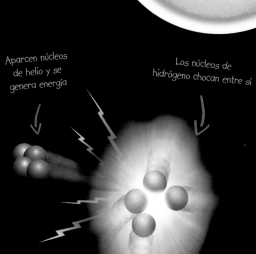

Aparcen núcleos de helio y se genera energía

Los núcleos de hidrógeno chocan entre sí

El superpoder del Sol

El Sol en realidad no está ardiendo como lo haría un trozo de madera en la Tierra. Obtiene su temperatura a partir de los calientes núcleos (partículas de materia) de hidrógeno, que chocan entre sí en lo profundo del núcleo solar. Estos crean núcleos de helio y liberan energía, lo cual se conoce como fusión nuclear.

¡Sabelotodo!

● Antiguamente las personas adoraban al Sol como un dios. En la Grecia antigua el dios del Sol se llamaba Apolo.

● Los astrónomos solo pueden estudiar este astro mediante equipos especializados. Evita mirar directamente el Sol porque tus ojos podrían sufrir graves daños.

El viento solar que nos llega

Del Sol se desprenden partículas que viajan todo el tiempo con el viento solar. Esta oleada de partículas tiene carga magnética y sopla en todas direcciones; cuando las llamaradas solares surgen de la superficie del Sol, enormes ráfagas de partículas viajan por todo el sistema solar. Si muchas de estas alcanzan la Tierra pueden interrumpir las señales de radio, y en los polos norte y sur producen hermosos espectáculos en el cielo, las auroras (arriba).

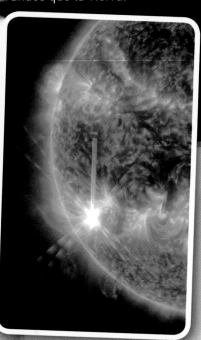

¡Superfoto!

EN LLAMAS

Esta es una imagen captada por un equipo especial de monitoreo solar, que muestra una llamarada solar que surge de su superficie.

Mercurio y Venus

Mercurio es el planeta más cercano al Sol, seguido por Venus. Ambos son áridos y ardientes, por tanto no puede existir vida en ellos.

Mercurio es como la Luna

Mercurio es un planeta sin aire y seco, parecido a nuestra Luna. Su superficie tiene cráteres creados por asteroides que chocaron contra este. Entre las montañas y los vastos valles con cráteres, hay riscos que miden de 1 a 4 km de altura. De día su temperatura es muy elevada, pero la noche es helada.

El ardiente Venus

Venus tiene una atmósfera mortalmente venenosa, 90 veces más densa que la nuestra. Es tan densa que aplastaría cualquier objeto que intentara aterrizar. La atmósfera está compuesta por dióxido de carbono y nubes de ácido sulfúrico. Estas nubes amarillas y apestosas atrapan el calor, y hacen que el planeta sea incluso más caliente que Mercurio. Enormes volcanes se alzan en la superficie, que quizá alguna vez albergó ríos de azufre.

Sobrevuelos

Se han enviado sondas espaciales no tripuladas para estudiar estos planetas. Entre 2008 y 2009 la sonda espacial *Messenger* de la NASA voló sobre Mercurio en tres ocasiones y tomó imágenes de su superficie (derecha). También voló cerca de Venus y obtuvo imágenes únicas.

Hechos y cifras

- Mercurio tiene un diámetro de 4879 km.
- Venus tiene un diámetro de 12 104 km.
- Un día de Mercurio dura 58.6 días terrestres.
- Un día de Venus dura 243 días terrestres.

La Tierra

La Tierra es el tercer planeta cercano al Sol, y el único del sistema solar donde se sabe que existe agua líquida en la superficie. Es un planeta rocoso con un núcleo de metal fundido.

Rotación

La Tierra tarda 24 horas en rotar sobre su eje, por eso, mientras en la mitad del planeta es de día, en la otra mitad es de noche. A medida que la Tierra gira, el Sol aparece en diferentes lugares en el cielo. Tardamos 365.25 días en darle la vuelta al Sol. El 0.25 de día sobrante es la razón por la que adicionamos un día al calendario cada cuatro años, el cual llamamos año bisiesto. Si no se sumara un día, con el tiempo nuestro calendario dejaría de estar sincronizado con las estaciones.

Hechos y cifras

● Su diámetro es de 12 756 km.

● Se encuentra a 150 millones de kilómetros del Sol.

● La temperatura de su superficie varía de -88 a 58 °C.

● Tiene alrededor de 4600 millones de años.

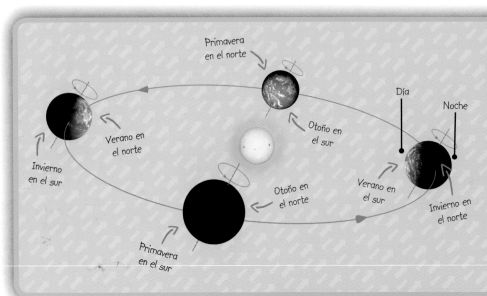

Primavera en el norte

Día

Noche

Otoño en el sur

Verano en el norte

Invierno en el sur

Otoño en el norte

Verano en el sur

Invierno en el norte

Primavera en el sur

Las estaciones

La Tierra está inclinada sobre su eje, por eso se presentan las estaciones a medida que giramos en torno al Sol. Durante seis meses, la mitad norte de la Tierra, o hemisferio norte, se inclina hacia el Sol y experimenta la primavera y el verano. Mientras tanto, el hemisferio sur está en otoño y en invierno. Las estaciones cambian de forma gradual.

¡Superfoto!

★ PRIMERA IMAGEN

Esta es la primera foto a color de la Tierra vista desde el espacio. Fue tomada en la Nochebuena de 1968, por los astronautas estadounidenses de la misión Apolo.

¿Única en su clase?

Se considera a la Tierra un planeta "habitable" porque no es demasiado caliente ni demasiado frío, es decir, tiene las condiciones precisas para la existencia de agua líquida y de vida. Se encuentra en la "zona habitable" del sistema solar: a la distancia justa de su estrella, el Sol. Se han identificado otros posibles planetas habitables que giran alrededor de otras estrellas. ¡Quizá haya vida en ellos!

La Luna

La Luna es una esfera rocosa y sin aire que orbita nuestro planeta. Es un lugar seco y árido, pero tiene un gran efecto sobre la Tierra, pues produce (junto con el Sol) las mareas.

Un pequeño planeta chocó contra la Tierra

Los restos del impacto, formaron la Luna

La Luna gira alrededor de la Tierra

El nacimiento de la Luna

Se cree que poco después de la formación de nuestro planeta, este fue golpeado por otro más pequeño. Los restos alrededor de la Tierra formaron la Luna. El análisis de rocas lunares respalda la teoría de que la Luna está compuesta por restos de la Tierra.

La superficie de la Luna

La mayor parte de la superficie de la Luna es irregular, montañosa y llena de cráteres formados por los meteoritos que chocaron contra ella. Cuando vemos la superficie lunar desde la Tierra, sus áreas montañosas se ven pálidas y sus grandes valles planos se ven como parches oscuros. Este satélite no tiene suelo sólido bajo su superficie, en cambio, está cubierto de rocas pulverizadas.

Cuando el Sol, la Luna y la Tierra están alineados, las mareas son muy altas en la Tierra

Marea baja

SOL

LUNA

TIERRA

Marea alta

Mareas

La gravedad de la Luna ejerce atracción sobre la Tierra y los océanos. Ocasiona que el nivel de los mares se eleve en dos áreas abombadas en puntos opuestos del planeta. A medida que la Tierra gira, estas áreas se desplazan y surgen las mareas. El nivel del mar se eleva y desciende dos veces al día, son las mareas alta y baja. Cuando la Luna, la Tierra y el Sol se alinean, la gravedad del Sol y la Luna actúan, creando mareas muy altas, las mareas vivas.

¡Sabelotodo!

● Doce astronautas han caminado sobre la Luna, fueron parte de las misiones espaciales Apolo lanzadas por Estados Unidos. Cada una ha dejado equipos que permanecen allí.

● Los astronautas también dejaron sus huellas sobre el polvo lunar. Las marcas de sus pasos siguen allí, pues en la Luna no hay viento que pueda borrarlas.

Marte

Marte es el cuarto planeta a partir del Sol en el sistema solar. Es rocoso, con un núcleo de metal como el de la Tierra, pero su superficie es muy diferente.

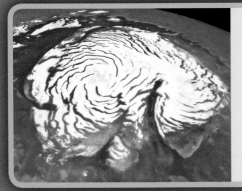

¿Existió agua en Marte?

Marte es un lugar terriblemente frío. Toda el agua del planeta está congelada, y hay casquetes de hielo en sus polos (izquierda). Sin embargo, la evidencia recogida por sondas espaciales no tripuladas sugiere que Marte fue alguna vez lo suficientemente cálido como para tener agua líquida, quizá hubo lagos salados y mares. Parece como si Marte alguna vez hubiera sido un lugar similar a la Tierra.

Exploración marciana

Las sondas no tripuladas han recorrido el llamado "planeta rojo", han explorado sus cráteres, valles, volcanes y cañones. El análisis de las muestras de roca sugiere que en Marte pudieron haber existido formas de vida simples basadas en agua, aunque no hay certeza de ello. También se han registrado variaciones en los niveles de gas metano de su atmósfera, lo que ha llevado a pensar que quizá aún existe alguna bacteria bajo la superficie marciana que produce el gas.

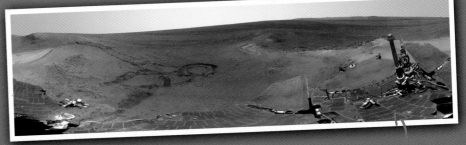

Una imagen de la superficie de Marte tomada desde la sonda espacial *Mars Rover*

Un lugar tóxico

Marte tiene una atmósfera formada por dióxido de carbono, un gas venenoso. Remolinos recorren con frecuencia sus valles, y sus gigantes tormentas de polvo duran hasta un mes. El polvo de Marte es rojo, porque está compuesto por óxido (de hierro).

¡Superfoto!

ROCAS DE AGUA

Esta imagen tomada por la sonda espacial *Mars Rover* muestra rocas pequeñas que se forman en el agua líquida, lo cual sugiere que Marte alguna vez fue un lugar más húmedo y cálido.

Júpiter y Saturno

Son gigantes gaseosos, es decir, están hechos totalmente de gas, y no tienen superficies dónde aterrizar. Son mucho más grandes que los planetas rocosos más cercanos al Sol.

| Io | Europa | Ganímedes | Calisto |

El más grande

Júpiter es el planeta más grande del sistema solar y tiene el mayor número de lunas. Rota muy rápido, y sus nubes de gases mortales se agitan en feroces tormentas. Existe una tormenta enorme que ha durado siglos, se le llama la Gran Mancha Roja. Arriba puedes ver una imagen de esta, tomada por una nave espacial no tripulada.

Lunas asombrosas

Las lunas más grandes de Júpiter son Ganímedes, Calisto, Io y Europa, y las cuatro superan en tamaño a nuestra Luna. Ganímedes tiene muchos volcanes y está cubierta por gases azufrados tóxicos. Io es tal vez el cuerpo más volcánico de todo el sistema solar, con grandes cráteres y lagos de lava. Calisto y Europa son heladas, aunque quizá haya océanos bajo sus cortezas congeladas.

¡Sabelotodo!

● La tormenta Gran Mancha Roja de Júpiter tiene unos 24 000 km de ancho.

● Es impresionante lo rápido que rotan Júpiter y Saturno. El día de Júpiter solo dura 9.9 horas y el de Saturno 10.6 horas.

● Todavía se descubren nuevas lunas alrededor de estos planetas gigantes.

Anillos de hielo

El gigante gaseoso Saturno es famoso por sus anillos, visibles con telescopios desde la Tierra. Los anillos están formados por partículas de hielo que orbitan el planeta, algunas tan pequeñas como copos de nieve, y otras tan grandes como peñascos enormes. La sonda espacial *Cassini-Huygens* (derecha) ha sobrevolado Saturno para examinar sus nubes de tormenta y lunas. La más grande de ellas es Titán. Tiene ríos gigantes, lagos de metano y está cubierta de esmog. Es la única luna con una atmósfera parecida a la de un planeta.

Urano y Neptuno

Son los planetas llamados exteriores en el sistema solar. Se les conoce también como los gigantes del hielo.

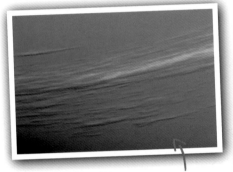

Nubes de gas en Neptuno

Como aguanieve

Urano y Neptuno parecen estar hechos de una mezcla de hielo y gas hidrógeno y helio, parecidos al aguanieve. En ambos hay muchas tormentas. Neptuno es el planeta con más vientos del sistema solar, con ráfagas que alcanzan hasta 2400 km/h. Los vientos más fuertes registrados en la Tierra alcanzaron 370 km/h.

De lado

Urano rota de lado, en un ángulo diferente al de los demás planetas del sistema solar. En algún momento de su historia temprana pudo haber chocado con un objeto grande que lo volteó. Tarda 84 años en darle la vuelta al Sol, por lo que cada una de sus estaciones dura 21 años. Esto quiere decir que algunas partes del planeta permanecen ocultas al Sol por décadas.

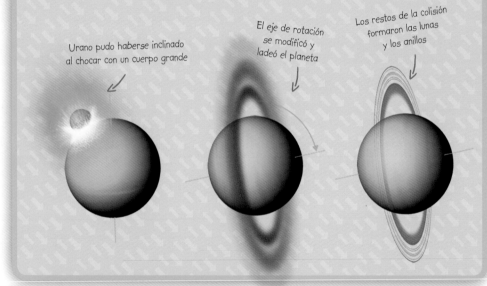

Urano pudo haberse inclinado al chocar con un cuerpo grande

El eje de rotación se modificó y ladeó el planeta

Los restos de la colisión formaron las lunas y los anillos

Muchas lunas

Tanto Urano como Neptuno tienen lunas y anillos de hielo. Una de las lunas de Neptuno, Tritón, tiene enormes géiseres de nitrógeno líquido que brotan a su superficie y que causan lluvias de escarcha de nitrógeno. Muchas de las lunas en esta remota región del sistema solar son lugares misteriosos de los que sabemos muy poco. Aún no han sido descubiertas todas sus lunas.

¡Sabelotodo!

● Urano fue bautizado Georgium Sidus cuando fue descubierto en 1789.

● Urano y Neptuno se ven de un color azulado, en parte porque el gas metano de su atmósfera absorbe la parte roja de la luz del Sol y solo refleja la azul.

Planetas enanos

Son masas pequeñas y heladas en los límites del sistema solar, sobre todo, en el área conocida como el cinturón de Kuiper.

Una larga espera para cumplir años

Al igual que la de los planetas principales, las órbitas alrededor del Sol de los planetas enanos son elípticas (ovaladas) y tardan siglos en darle una vuelta entera. Sedna, el planeta enano más remoto descubierto tarda 10 500 años en darle una vuelta al Sol. Un año de Plutón dura 248 años terrestres.

Plutón, el miniplaneta

Fue considerado por mucho tiempo un planeta, pero en realidad es más pequeño que nuestra Luna. Plutón tiene cinco minilunas, entre ellas Caronte, Hidra y Nix. Estos mundos helados solo pueden verse con telescopios espaciales. En los próximos años se enviará una nave para que vuele cerca de ellos, tome fotos y envíe datos. Se cree que la superficie de Plutón está cubierta de escarcha o nieve.

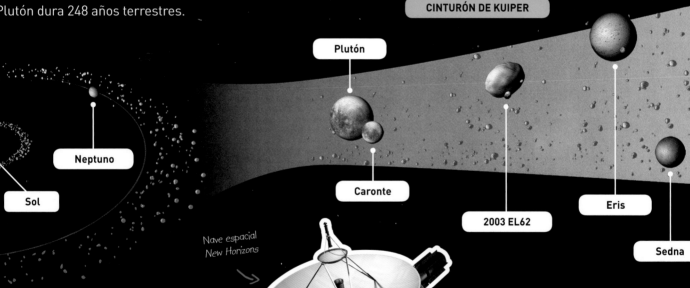

CINTURÓN DE KUIPER

Plutón

Neptuno

Sol

Caronte

2003 EL62

Eris

Sedna

Nave espacial
New Horizons

Sondas en la lejanía

En 2006 la NASA lanzó la nave *New Horizons* a Plutón, que se encuentra a miles de millones de kilómetros de distancia. Se espera que la nave llegue allí en 2016. Su objetivo es mapear su superficie, y averiguar de qué está hecho. Después de ver Plutón, la sonda podría seguir su viaje y observar otros cuerpos del cinturón de Kuiper.

Hechos y cifras

● Plutón está a 5900 millones de kilómetros del Sol.

● Un día de Plutón dura 6.39 días de la Tierra.

● Se cree que la temperatura promedio de su superficie es de unos -230 °C.

Cometas y asteroides

Cometas y asteroides a veces visitan nuestros cielos mientras siguen su camino hacia el Sol. En ocasiones caen en nuestro planeta fragmentos de esas rocas espaciales.

¡Superfoto!

NÚCLEO SECRETO

La nave espacial *Giotto* obtuvo esta imagen del cometa Halley en 1986. La parte oscura es el núcleo, que lanza chorros de polvo y gas a medida que se acerca al Sol.

Bolas de nieve en el espacio

Los cometas son masas gigantes de hielo sucio que viajan por el sistema solar. Su viaje a veces los lleva cerca del Sol. Cuando esto ocurre comienzan a liberar una nube de gas y polvo que es impulsada por los vientos solares hasta formar dos largas colas, una de polvo y otra de gas. Algunos cometas aparecen con regularidad en nuestro cielo y reciben nombres, como el cometa Halley que podemos ver cada 75 años.

Lejanos visitantes

Los meteoroides son fragmentos de rocas espaciales más pequeños que los asteroides. A veces entran a la atmósfera de la Tierra y se queman a medida que descienden, entonces resplandecen algunos segundos como un meteoro. Si cae sobre la superficie de la Tierra se le llama meteorito (derecha). Los meteoritos varían de tamaño, pueden ser diminutos, como polvo, o tan grandes como un peñón. Miles caen en la Tierra cada año.

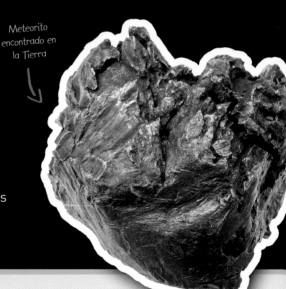

Meteorito encontrado en la Tierra

Polvo estelar

Los asteroides son masas de roca y metal de forma irregular y variados tamaños. Cientos de miles giran en el cinturón de asteroides entre Marte y Júpiter, pero algunos pasan cerca de la Tierra en su viaje. En 2010, la nave espacial japonesa *Hayabusa* aterrizó en un asteroide llamado Itokawa y regresó a la Tierra con polvo de asteroide. Itokawa resultó ser un asteroide rocoso tipo S.

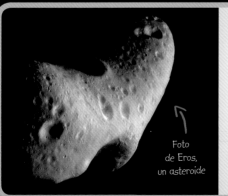

Foto de Eros, un asteroide

Exploración

La exploración del espacio toma años de planeación y gran cantidad de dinero y conocimiento.

Exploración humana

Hasta ahora, los seres humanos no han viajado más allá de la Luna. Desde 1969 hasta 1972 el programa estadounidense Apolo envió astronautas en visitas de unos pocos días. Desde entonces, hombres y mujeres han vivido en estaciones espaciales cercanas a la Tierra con el fin de averiguar cómo sobrevivir en el espacio por varios meses seguidos. Esto podría llevar a una misión tripulada a Marte, tal vez hacia 2025. Un viaje así tomaría meses.

La sonda *Mars Rover Curiosity* en la superficie de Marte

La sonda espacial *Voyager I* llegó a la parte exterior del sistema solar

Exploración no tripulada

Las sondas no tripuladas son prácticas para visitar partes remotas y muy peligrosas del sistema solar. Están equipadas con antenas, lentes y sensores para recopilar datos, hacer mediciones y tomar muestras. Por lo general no están diseñadas para regresar a la Tierra, pero envían toda la información que obtienen.

Escape de la Tierra

Para escapar de la gravedad de la Tierra, las naves espaciales y los satélites se unen a poderosos cohetes que los impulsan hacia el espacio y los ponen en órbita. El cohete se desprende de la nave espacial y reingresa a la atmósfera, para luego caer al océano. Los cohetes de lanzamiento son disparados por gigantescos tanques de combustible. Cuando se encienden, el combustible se quema para producir gases que salen por los tubos del motor y propulsan el cohete.

💡 ¡Sabelotodo!

● En el lanzamiento de un cohete, toda la provisión de combustible se consume en minutos, se queman enormes cantidades por segundo.

Viajes espaciales

Sigue las flechas y descubre los momentos más importantes de la historia de los viajes espaciales.

1965

El cosmonauta soviético Alexei Leonov hizo la primera caminata espacial.

1963

La cosmonauta soviética Valentina Tereshkova fue la primera mujer en el espacio.

1961

El cosmonauta soviético Yuri Gagarin fue el primer hombre en viajar al espacio.

1986

El trasbordador espacial *Challenger* explotó poco después de despegar. Sus siete tripulantes fallecieron.

1988

Comenzó la construcción de la Estación Espacial Internacional (ISS).

2000

Por primera vez una tripulación logra vivir a bordo de la ISS.

💡 ¡Sabelotodo!

● Antes de probar la tecnología con seres humanos, se enviaron cohetes al espacio con perros y chimpancés. Fueron los primeros experimentos de viajes espaciales.

1969

El *Apolo 11* llevó al primer ser humano a la Luna.

1971

La Unión Soviética lanzó la primera estación espacial exitosa, la Salyut 1.

1972

Fecha de la última misión Apolo, y la última vez que alguien caminó en la Luna.

1981

El primer vuelo del trasbordador espacial *Columbia*.

1986

La Unión Soviética lanza su estación espacial Mir ("paz" en ruso).

2011

La última misión espacial de un trasbordador. El *Atlantis* llevó tripulación y suministros a la ISS.

¡Sabelotodo!

● El astronauta Neil Armstrong (arriba) fue la primera persona que caminó sobre la Luna, seguido por su colega Buzz Aldrin.

● El turismo espacial está a punto de despegar. Los aviones espaciales llevarán pasajeros hasta los límites de la atmósfera para que experimenten la ingravidez.

● Como muchos de los primeros astronautas, Yuri Gagarin era piloto. Murió en un accidente aéreo en 1968.

Estación Espacial Internacional

Una estación espacial es una nave que gira alrededor de la Tierra. Los astronautas pueden visitarla y permanecer allí un tiempo. La más grande es la Estación Espacial Internacional (ISS).

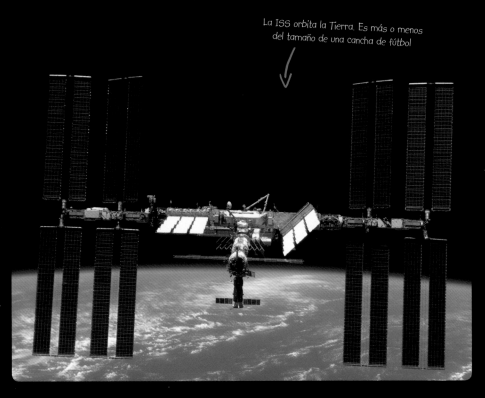

La ISS orbita la Tierra. Es más o menos del tamaño de una cancha de fútbol

Construida en grande

La ISS fue construida en el espacio por astronautas de muchos países. Fueron necesarios varios viajes para llevar tripulación y equipos desde la Tierra, y horas de caminatas espaciales. Estuvo por fin lista en el año 2000 para la estadía de una tripulación por largo tiempo. La estación está hecha de módulos unidos.

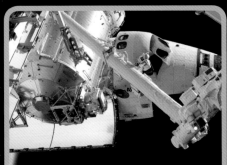

Secciones de la ISS

La ISS funciona gracias a gigantescos paneles solares que convierten la luz solar en electricidad. Cuenta con laboratorios de ciencias para experimentos y áreas de alojamiento para los siete miembros de la tripulación. Cada tanto, una nave viaja desde la Tierra para llevarles suministros. Arriba se muestra una visita de un trasbordador espacial de Estados Unidos.

Hechos y cifras

● La ISS costó cerca de 96 000 millones de dólares, es el objeto más costoso construido.

● Las áreas de alojamiento y de trabajo ocupan un espacio equivalente al de dos grandes aviones de pasajeros.

● La ISS le da la vuelta a la Tierra una vez cada 90 minutos.

● Alrededor de 13 km de cables conectan sus sistemas.

La vida a bordo

La tripulación debe habituarse a trabajar y vivir con gravedad cero. Flotan en el aire al igual que los demás objetos. Para dormir deben atarse con correas a las paredes de la estación y deben tener cuidado de no dejar nada por allí, como una herramienta o comida, porque podría flotar y dañar el equipo de la estación. La gravedad cero afecta el cuerpo humano y los músculos comienzan a debilitarse, por lo que la tripulación debe hacer dos horas de ejercicio todos los días (derecha).

Dentro de un traje

Cuando los astronautas salen a caminatas espaciales usan un traje espacial, que actúa como si fuera una mininave. Sin este, morirían.

Tiene de todo

El traje espacial suministra oxígeno para respirar y agua para beber. La capa interior contiene tubos por los que circula agua para refrescar la piel de la persona. Los astronautas usan un pañal espacial, por si necesitan ir al baño cuando están afuera. El morral suministra oxígeno y energía, y extrae el dióxido de carbono exhalado por el astronauta.

Protección

Los trajes espaciales de la NASA, los EMU, tienen once capas de materiales resistentes que protegen al astronauta de los abrasadores rayos del sol y del frío extremo. Durante la mitad de una órbita de 90 minutos, los caminantes espaciales están en la oscuridad, por lo que necesitan luces en sus cascos. Durante la otra mitad están a plena luz del sol, y necesitan un visor en el casco recubierto con una película de oro para bloquear los rayos ultravioleta.

El morral suministra soporte vital

Casco irrompible de plástico

Las funciones del traje se controlan desde el panel

Capa interna con tubos para bebida

Guantes gruesos con calefacción

Las herramientas están unidas al traje mediante correas

NASA

El traje tiene dos partes, la inferior y la superior

Las botas espaciales están conectadas a las piernas del traje

Conexión total

Los audífonos y el micrófono dentro del casco les permiten permanecer en contacto con el resto del equipo en la ISS y la Tierra. Los astronautas pueden ajustar la comunicación, temperatura, flujo de oxígeno y las luces mediante el panel de control ubicado en su pecho. Una línea de anclaje los conecta de manera segura con la nave espacial. ¡Sin esta flotarían por el resto de su vida en el espacio!

¡Superfoto!

ES HORA DE NADAR

Los astronautas se entrenan para las caminatas espaciales en una piscina en la Tierra.

🪐 Una mirada al espacio

Los telescopios captan más luz que un ojo humano. Recogen y miden la luz que proviene de los objetos en el espacio.

En tierra

Un telescopio capta la luz y la dirige mediante espejos hacia los instrumentos de medición. Los telescopios terrestres tienen espejos gigantes alojados en estructuras que se abren hacia el cielo. Se construyen en áreas aisladas donde hay más posibilidades de tener cielo despejado, sin humedad y sin contaminación. Uno de los más grandes, el VLT (Very Large Telescope), se encuentra en el desierto de Atacama en Chile, donde hay muy pocas nubes.

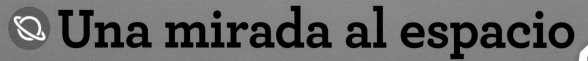

El telescopio espacial James Webb mide casi como una cancha de tenis

Sobre la Tierra

Los telescopios espaciales en órbita tienen una mejor perspectiva que los terrestres porque vuelan por encima de la atmósfera, que distorsiona y bloquea la luz que proviene del espacio. El telescopio espacial Hubble, lanzado en 1990, ha enviado cientos de miles de asombrosas imágenes que han ayudado a los astrónomos a despejar misterios, como la edad del universo. El telescopio espacial James Webb realiza un trabajo aún mejor.

El telescopio espacial Hubble captó imágenes de muy lejos, en lo profundo del espacio

En busca de la luz

Los telescopios espaciales tienen equipos para examinar la luz de distintas maneras. Detectan las diferentes longitudes de onda (partes) de la luz y la radiación que un objeto en el espacio puede emitir, tales como los rayos X, los ultravioleta, infrarrojos y los gamma. Estos datos se emplean para analizar aspectos como la temperatura de un cuerpo, el material que lo compone y su tamaño.

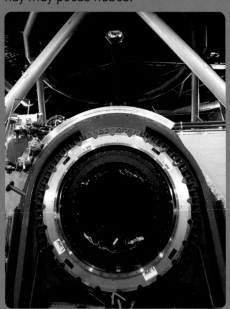

El VLT (que también se ve abajo) tiene espejos de hasta 8.5 m de diámetro

💡 ¡Sabelotodo!

● El telescopio espacial Hubble orbita a una altura de 569 km sobre la Tierra. El James Webb lo hace a 1.5 millones de kilómetros sobre la Tierra, y tiene una mejor vista del vasto universo.

Misterios

Los telescopios espaciales han ayudado a los astrónomos a observar algunos asombrosos misterios del espacio. Estos son algunos ejemplos increíbles de lo que han hallado.

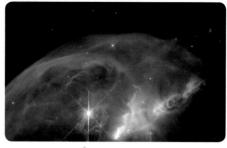

⬆ Burbuja espacial

Las estrellas nacen dentro de nubes giratorias de gas, las nebulosas. Esta impresionante burbuja aparece entre una estrella y la nube de gas de la nebulosa que la rodea.

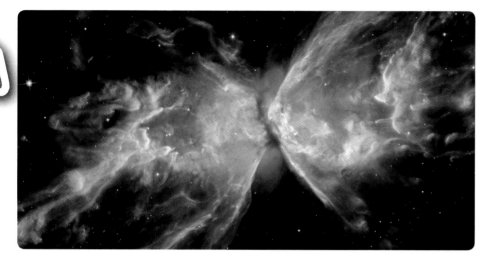

⬆ Nebulosa mariposa

La nebulosa con forma de mariposa, de arriba, en realidad es el último suspiro de un sistema estelar moribundo.

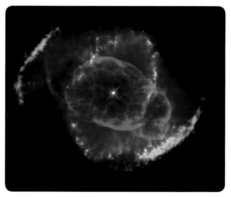

⬆ Ojo resplandeciente

El Hubble obtuvo la imagen de arriba, una nube de gas de una nebulosa planetaria, es decir los restos de una estrella que explotó.

⬆ Galaxias apiladas

Arriba cuatro galaxias se funden en un enorme choque espacial. Los telescopios espaciales han revelado muchas colisiones entre galaxias.

⬆ Mira una supernova

Una supernova, la explosión cuando muere una estrella enorme, en este caso la 1987A, se ve rodeada del gas y las estrellas de una galaxia.

💡 ¡Sabelotodo!

● Los telescopios espaciales han hecho posible algunos descubrimientos desconcertantes. Uno de los más misteriosos es la aparente presencia de energía oscura en el universo, algo que no se ve pero que ocupa una gran parte del espacio y afecta el comportamiento de las galaxias. ¡Y aún queda mucho por descubrir!

Glosario

Acoplamiento: unión de dos naves en el espacio.

Agujero negro: región espacial donde la fuerza de gravedad evita que cualquier cosa, incluso la luz, pueda escapar.

Andrómeda: la galaxia más cercana a la nuestra. Tiene forma de espiral.

Año luz: distancia que viaja la luz en un año. Equivale a 9.5 billones de kilómetros.

Apolo: una serie de exploraciones a la Luna, realizada por Estados Unidos entre 1968 y 1975.

Asteroide: masa de forma irregular de roca y metal que gira alrededor de una estrella.

Atmósfera: capa de gases que rodean la superficie de un planeta, una luna o una estrella.

Aurora: fenómeno de luz natural en el cielo, causado por partículas electromagnéticas cerca de nuestros polos.

Big Bang: expansión repentina del espacio que, según se piensa, creó el universo hace unos 13 700 millones de años.

Cometa: una gran masa de polvo y hielo que se mueve alrededor del Sol. Cuando se aproxima al gran astro desprende colas de gas y polvo.

Constelación: figura formada con estrellas.

Cosmonauta: astronauta ruso.

Cuásar: centro brillante de algunas galaxias distantes, se piensa que es creado por un agujero negro.

EMU: traje espacial (iniciales en inglés de unidad de movilidad extravehicular).

Enana roja: tipo de estrella muy pequeña y fría comparada con las estrellas más grandes y calientes.

Estación espacial: nave con áreas de alojamiento y de trabajo para astronautas, quienes van y vienen de la Tierra.

Estrella: bola gigante de gases en combustión.

Fusión nuclear: cuando dos partículas diminutas se unen y liberan energía. Las estrellas generan energía de esta manera.

Galaxia: grupo grande de estrellas y sus planetas, lunas, asteroides y cometas.

Gigante gaseoso: planeta compuesto principalmente de gases, que solo tiene un pequeño núcleo sólido.

Gravedad: fuerza de atracción entre objetos.

Gravedad cero: o ingravidez, cuando algo flota y parece que no tuvieran peso.

ISS: Iniciales en inglés de Estación Espacial Internacional, es el hogar de tripulaciones de astronautas.

Luna: gran objeto con forma de pelota que gira alrededor de un planeta.

Mancha solar: región ligeramente más fría en la superficie ardiente de una estrella.

Mapa estelar: mapa del cielo nocturno que muestra las constelaciones (grupos de estrellas) visibles en una noche despejada.

Meteorito: nombre dado a un meteoroide (pequeño fragmento de restos espaciales) cuando cae en la Tierra.

Meteoro: rayo brillante que aparece en el cielo cuando un pequeño fragmento de roca, un meteoroide, entra en la atmósfera terrestre.

NASA: Administración Nacional de la Aeronáutica y del Espacio de Estados Unidos. Organiza viajes y exploraciones espaciales.

Nebulosa: nube espacial gigante de gas y polvo.

Órbita: desplazamiento de un objeto que sigue un recorrido continuo alrededor de algo.

Radiación: energía que es emitida por algo. La luz y el calor son dos tipos de radiación.

Rayos gamma: tipo de radiación emitida por algunos objetos en el espacio.

Sensor: pieza diseñada para transmitir una señal cuando detecta algo. Las señales que envía pueden ser medidas y sus datos a veces se usan para crear imágenes.

Sistema solar: el Sol y todos los planetas, lunas, asteroides y cometas que giran alrededor de este.

Sonda espacial: nave enviada desde la Tierra para explorar de cerca los cuerpos en el espacio.

Telescopio espacial: satélite que recibe la luz del espacio y usa espejos para enfocar y crear imágenes.

Telescopio espacial Hubble: lanzado en 1990, todavía se mueve en torno a la Tierra para estudiar el espacio exterior.

Vía Láctea: nombre de la galaxia que contiene a la Tierra, el Sol y todos los planetas del sistema solar, junto con muchas otras estrellas y planetas.

Viento solar: corriente de partículas que viajan a alta velocidad y que se desprenden del Sol.

CAPÍTULO 2

PLANETA TIERRA

Dentro de la Tierra

El suelo que pisamos es tan solo una delgada capa del planeta Tierra, es como la piel de una cebolla. Hay capas más profundas que son mucho más gruesas y calientes.

Roca fundida (líquida), el magma, brota del manto durante las erupciones volcánicas (ver p. 44)

La peridotita es el principal tipo de roca que compone la corteza oceánica

El núcleo terrestre

El núcleo de la Tierra tiene una capa interna y otra externa. La parte externa tiene un grosor de 2260 km. Es una mezcla de hierro líquido muy caliente y níquel. Se cree que el núcleo interno es una bola sólida de hierro y níquel de unos 2400 km de diámetro. Los científicos han establecido el tamaño y composición del núcleo al medir ondas sísmicas, un tipo de energía generada por los terremotos. Estas ondas de energía atraviesan toda la Tierra y sus mediciones cambian a medida que pasan a través de los diferentes materiales.

Rocas a la vista

La capa exterior de la Tierra está compuesta por las cortezas oceánica y continental. La oceánica se encuentra bajo los océanos y representa cerca del 60 % de la superficie terrestre. Tiene una profundidad promedio de 20 km y en gran parte está compuesta por roca peridotita. La corteza continental es la tierra firme. En promedio tiene de 30 a 40 km de profundidad y está hecha de granito y roca basáltica.

Profunda y caliente

Bajo la corteza está el manto, una capa rocosa más gruesa. Se cree que tiene unos 2900 km de profundidad y representa alrededor de dos tercios de la masa de la Tierra. Aún no sabemos con exactitud cómo es todo el manto, pero sabemos que la roca debe tener una temperatura muy alta.

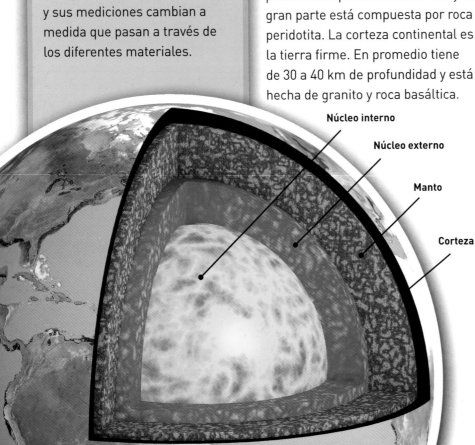

Núcleo interno

Núcleo externo

Manto

Corteza

💡 ¡Sabelotodo!

● Los diamantes vienen del manto de la Tierra. Salen a la superficie durante las erupciones volcánicas.

● Los científicos han logrado acercarse bastante al manto con taladros, pero aún no lo alcanzan. Esperan hacerlo para 2020.

La superficie terrestre

La corteza terrestre no es una capa uniforme. Está fracturada en piezas que encajan como un rompecabezas.

Placas en movimiento

Las piezas que componen la superficie se llaman placas tectónicas (*tectónica* significa "construcción", en latín). Sobre las placas hay tierra y océanos, y debajo está la roca fundida del manto. Las placas flotan sobre el manto y se mueven con lentitud. Hay varias placas muy grandes y muchas otras pequeñas.

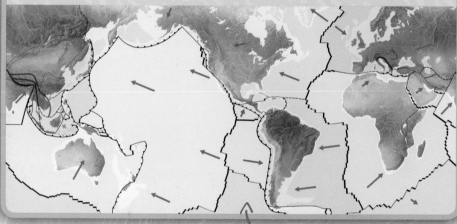

Mapa de las placas tectónicas de la Tierra. Las flechas muestran cómo se mueven

Corrientes de roca fundida

Las corrientes de roca fundida fluyen a través del manto bajo las placas, de manera similar a las corrientes marinas en los océanos. Este movimiento constante desplaza las placas sobre la superficie.

Hechos y cifras

TECTÓNICA DE PLACAS

Las placas terrestres se mueven entre 1.3 y 10 cm por año.

Debido a los movimientos de las placas, algunos de los océanos se van expandiendo entre 1 y 10 cm por año.

Corteza nueva

Siempre se está formando corteza nueva a lo largo de las uniones de las placas sobre el lecho marino, en las dorsales oceánicas. Estas cordilleras subacuáticas están divididas por valles y tienen grietas, por donde brota el magma, que se convierte en nueva corteza cuando se enfría y se vuelve roca.

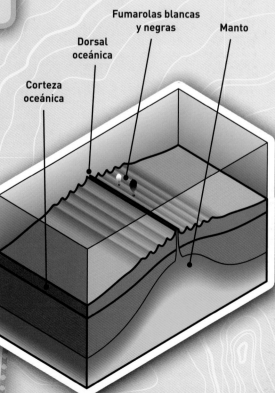

Fumarolas blancas y negras

Dorsal oceánica

Manto

Corteza oceánica

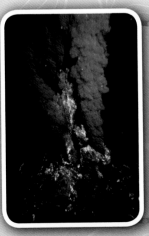

¡Superfoto!

¡FUMAROLAS!

El agua dentro de las grietas del lecho marino se calienta por las rocas volcánicas en lo profundo de la corteza. El agua sale por las grietas, y sus minerales hacen que el agua se vuelva blanca o negra, como una chimenea.

Placas en movimiento

Al moverse, las placas terrestres arrastran la tierra y el lecho oceánico, cambiando la superficie del planeta.

Colisiones

Cuando colisionan dos placas, la corteza terrestre se pliega y se dobla, esto presiona hacia arriba largas líneas de montaña que forman las cordilleras. El Himalaya se originó de esta manera hace 45 millones de años, cuando el subcontinente indio chocó contra Asia. A veces, cuando las placas se estrellan, una de ellas se desliza bajo la otra y a lo largo de la unión burbujea el magma caliente, lo que crea una línea de volcanes. Los Andes, en Suramérica, se formaron de esta manera.

¡Sabelotodo!

● Seis de las placas más grandes reciben su nombre de los continentes del mundo.

● Los lagos de agua dulce más grandes del mundo se encuentran en las fosas tectónicas, creadas por las placas que se separaron una de otra.

Separación

Cuando las placas se separan crean hendiduras y la roca fundida brota. En los océanos esto crea dorsales oceánicas (ver p. 35). En la tierra origina cuencas alargadas, las fosas tectónicas (en inglés, *rift*), como el Gran Valle del Rift que recorre 6000 km desde Siria hasta Mozambique.

El monte Ama Dablam en el Himalaya, Nepal. El Himalaya se originó debido al levantamiento producido por la colisión de dos placas

¡Superfoto!

ROCAS PLEGADAS

El movimiento de la corteza terrestre plegó esta roca. Puedes ver los pliegues en cada capa.

La falla de San Andrés se encuentra debajo de este paisaje californiano

Zonas de terremotos

Cuando las placas chocan entre sí, generan tanta tensión que causan terremotos (ver p. 46). Por ejemplo, en California, Estados Unidos, dos placas chocan entre sí a lo largo de una línea llamada falla de San Andrés. Los científicos monitorean el área todo el tiempo para tratar de predecir cuándo las placas generarán un sismo.

Los continentes

Los continentes de la Tierra se mueven junto con las placas que tienen debajo. El movimiento es más lento que el crecimiento de una uña humana, y por eso les ha tomado millones de años llegar hasta donde están hoy en día.

Hace 200 millones de años

Hace 120 millones de años

Uno se convierte en dos

Todos los continentes alguna vez fueron un solo supercontinente llamado Pangea, rodeado por un vasto océano, Pantalasa. Pangea comenzó a separarse hace unos 200 millones de años, y hace unos 120 millones de años ya había dos continentes: Laurasia y Gondwana. Antes de Pangea quizá había otros supercontinentes que se dividieron y luego se unieron durante la larga historia de nuestro planeta.

Aparecen nuestros continentes

Gradualmente Laurasia se dividió en Norteamérica, Europa y Asia. Gondwana se convirtió en África, Suramérica, Antártida, Australasia e India (como se ve abajo). Los continentes aún se mueven, aunque con mucha lentitud. Por ejemplo, Norteamérica se aleja de Europa unos 2 cm al año.

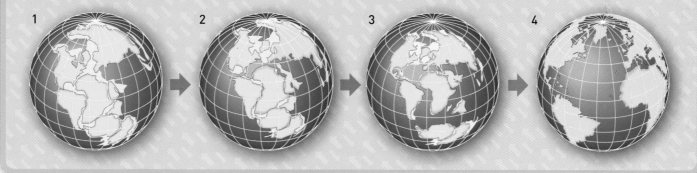

¿Cómo lo sabemos?

Los fósiles de plantas y animales evidencian la separación de los continentes. Por ejemplo, la isla de Spitzbergen se encuentra hoy en el helado océano Ártico, pero sabemos que se ha movido hacia el norte, porque contiene fósiles de plantas que solo podrían haber sobrevivido en el clima tropical cálido del ecuador. Además, se han encontrado fósiles de dinosaurios similares en áreas tan distantes como África, India y Australia.

La helada isla de Spitzbergen alguna vez estuvo en un lugar tropical

¡Sabelotodo!

● La costa oriental de Suramérica y la costa occidental de África estuvieron unidas alguna vez. Observa sus contornos actuales y verás que podrían encajar como piezas de rompecabezas.

Las rocas

Existen tres tipos de rocas terrestres: las ígneas, sedimentarias y metamórficas.

La obsidiana es una roca ígnea negra y brillante. Se usó para fabricar este cuchillo ceremonial azteca

💡 **¡Sabelotodo!**

● Las rocas más raras se forman en lo profundo del manto terrestre. El granito orbicular es la menos común, y solo se encuentra en tres o cuatro sitios en todo el planeta.

El mármol es un tipo de roca metamórfica. Es muy apreciado por su belleza y se usa para decorar edificios

Rocas ígneas

Las rocas ígneas se forman cuando el material fundido brota caliente desde el manto bajo la corteza de la Tierra, luego se enfría y se endurece. La piedra pómez, el granito y la obsidiana son rocas ígneas, pero se ven diferentes porque se enfriaron a diferente velocidad. El granito se enfrió lentamente, mientras que la obsidiana se enfrió rápido.

Rocas sedimentarias

Por lo general se forman bajo el agua. Están hechas de capas de diferentes materiales que han sido comprimidos hacia abajo hasta endurecerse. Las capas pueden ser de lodo, arena, grava o arcilla, o incluso plantas y animales muertos que han caído al lecho marino. La piedra caliza, la arenisca y la pizarra sedimentaria son rocas sedimentarias.

Las pirámides del Egipto antiguo fueron hechas con piedra caliza

Rocas metamórficas

Se forman en lo profundo bajo la corteza terrestre, cuando el calor o la presión transforman las rocas ígneas o sedimentarias. La roca se desintegra y cambia de forma para convertirse en un nuevo tipo de roca. Ejemplos son el mármol (que fue alguna vez piedra caliza), la pizarra metamórfica (alguna vez pizarra sedimentaria) y la cuarcita (alguna vez piedra arenisca).

⊕ Riquezas bajo tierra

Algunas de nuestras fuentes de energía más importantes, como el petróleo, el carbón y el gas, provienen de debajo de la superficie terrestre.

💡 ¡Sabelotodo!

● Al carbón y al petróleo se les llama combustibles fósiles porque se formaron a partir de los cuerpos preservados de animales y plantas.

● El carbón aún está en proceso de formación en las regiones pantanosas del mundo.

El carbón se extrae de minas subterráneas

El petróleo suele encontrarse bajo el mar y se extrae mediante plataformas petroleras

El gas natural se quema para generar calor

El petróleo

Se formó a partir de los cuerpos de organismos unicelulares que vivieron hace millones de años. Cuando estos organismos murieron, llegaron hasta el lecho marino y formaron capas que se comprimieron hasta convertirse en petróleo. Para extraerlo es necesario perforar la tierra y bombearlo.

Carbón de los árboles

El carbón está hecho de los árboles y helechos que crecieron hace 300 millones de años, cuando la Tierra era un lugar muy húmedo y pantanoso. Al morir los árboles y otras plantas, llegaron hasta el fondo de los pantanos y de manera gradual se comprimieron bajo las rocas hasta que perdieron todo el líquido y formaron carbón.

El gas natural

Proviene de la descomposición de los cuerpos de animales y plantas que vivieron hace cien millones de años. Se encuentra en lo profundo bajo tierra, en rocas, y se usa como combustible. No tiene color ni olor. Las compañías le añaden olor para detectar fugas.

🌐 Los metales

Los metales vienen de las rocas de la Tierra. Existen distintos tipos. Muchos son buenos para conducir (transmitir) electricidad y calor. Algunos son útiles para construir estructuras y otros son muy resistentes.

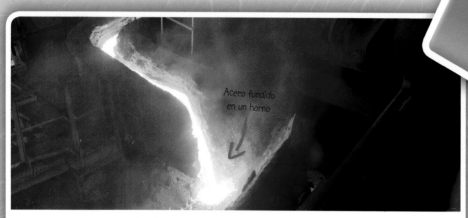

Acero fundido en un horno

La extracción de metales

La roca que contiene metal se llama mineral, y se extrae de minas subterráneas. El metal se separa de la piedra con químicos, agua o un proceso de calentamiento llamado fundición. Por ejemplo, el hierro se obtiene al fundir mineral de hierro. El hierro puede combinarse con otros materiales, como el carbono, para elaborar acero resistente. Esto se hace en un alto horno, donde se funde el hierro y se combina con otros materiales. Un metal combinado es una aleación.

Una barra de rodio, el metal más costoso del mundo

Metales valiosos

El oro, el platino y el paladio son algunos de los metales preciosos raros. El metal más valioso de todos es el rodio, un tipo de platino que es muy difícil de extraer y solo se encuentra en algunas partes de Sudáfrica, Norteamérica y Rusia. Se usa en joyería y en algunos sistemas de escape de automóviles.

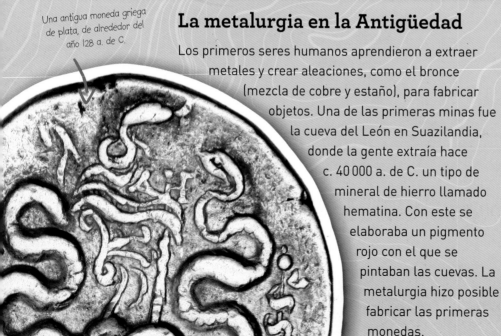

Una antigua moneda griega de plata, de alrededor del año 128 a. de C.

La metalurgia en la Antigüedad

Los primeros seres humanos aprendieron a extraer metales y crear aleaciones, como el bronce (mezcla de cobre y estaño), para fabricar objetos. Una de las primeras minas fue la cueva del León en Suazilandia, donde la gente extraía hace c. 40 000 a. de C. un tipo de mineral de hierro llamado hematina. Con este se elaboraba un pigmento rojo con el que se pintaban las cuevas. La metalurgia hizo posible fabricar las primeras monedas.

💡 Hechos y cifras

LOS MAYORES PRODUCTORES DEL MUNDO:

Cobre: Chile
Oro: China
Plata: México
Mineral de hierro: China
Rodio: Sudáfrica
Acero: China
Estaño: China

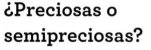

Piedras preciosas

Se forman como cristales en la roca y tienen diferentes colores, formas y tamaños. Como son escasas y hermosas, han sido muy apreciadas durante siglos.

Diamantes en bruto sin tallar

¿Preciosas o semipreciosas?

Las piedras se clasifican en categorías de acuerdo con su claridad y belleza, y según lo raras y duras que sean. El diamante es la sustancia natural más dura de la Tierra, pero otras piedras son más blandas y frágiles, como los ópalos.

Entre las piedras conocidas como preciosas, se encuentran los diamantes, rubíes, zafiros y esmeraldas, y son las más costosas.

Esmeraldas en bruto

Piedras valiosas

Los diamantes se encuentran en un tipo de roca ígnea llamada kimberlita, que se extrae en forma de mineral y luego se procesa para extraer los diamantes. El color de un diamante puede variar y afectar su valor. Puede ser incoloro, azul, rojo, amarillo, rosado o incluso negro, debido a los minerales que lo forman. Por cada 100 000 diamantes incoloros se encuentra uno de color, por eso son los más costosos. La palabra quilate se refiere al tamaño. Cuanto más grande, más quilates tiene.

De las rocas

Cuando las rocas ígneas fluyen como magma desde el subsuelo, se enfrían y se cristalizan. Las amatistas, esmeraldas, los granates y diamantes son cristales de rocas ígneas. Las gemas también se encuentran en las rocas sedimentarias que se han formado a partir de capas de partículas de rocas ígneas comprimidas. El jaspe y el ópalo se originan de esta forma. Para encontrar rubíes y zafiros hay que buscar en las rocas metamórficas.

Una mina de diamantes a cielo abierto en Rusia, excavada en un volcán extinto

💡 ¡Sabelotodo!

DÓNDE BUSCAR

● Los rubíes son más escasos que los diamantes. Los más finos vienen de Myanmar (Birmania).

● Los mejores zafiros son de Myanmar (Birmania), Cachemira y Montana.

● Las esmeraldas más finas son de Colombia.

● Los mejores ópalos son de Australia.

⊕ Todo sobre gemas

Durante siglos, las gemas han sido pulidas y se han tallado en ellas facetas, o cortes que ayudan a hacerlas brillar. El proceso de prepararlas requiere de mucha destreza y afecta su valor.

Diamante pulido

1. Se selecciona un diamante en bruto y se elimina cualquier área fracturada (quebrada).

2. Se corta el diamante con un torno (arriba).

3. Se pule una y otra vez con diferentes tipos de abrasivos de grano fino.

Formas de diamantes

Los distintos tipos de cortes de los diamantes reciben diferentes nombres. Estos son algunos comunes:

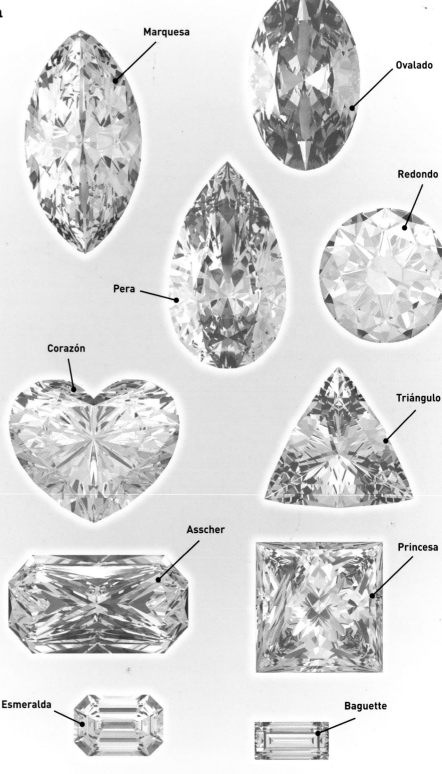

Marquesa

Ovalado

Redondo

Pera

Corazón

Triángulo

Asscher

Princesa

Esmeralda

Baguette

Joyas asombrosas

Esta es una selección de tesoros famosos y singulares elaborados con gemas.

⬆ En laboratorios se pueden fabricar gemas sintéticas. Se pueden crear turquesas, zafiros y rubíes con técnicas que imitan lo que sucede en la naturaleza pero en menos tiempo, por eso es muy difícil diferenciarlas de las gemas naturales. También se pueden conseguir diamantes sintéticos, pero son mucho más blandos que los naturales.

⬆ Las joyas de la corona británica contienen algunos de los diamantes más grandes del mundo. La Corona Imperial del Estado (arriba) tiene unas 3000 gemas, incluido el diamante Segunda Estrella de África.

⬆ El jade (arriba) es una hermosa piedra verde que proviene de la roca metamórfica. Es muy costosa. En 1977 algunas se vendieron a un precio récord de USD 9.3 millones.

⬆ El diamante Hope (arriba) es un diamante azul oscuro muy raro. No se ha encontrado ningún otro de este tamaño y calidad. Forma parte de un hermoso collar que se conserva en el Museo de Historia Natural del Instituto Smithsoniano en Washington.

➡ Este cetro real fue hecho para el rey Carlos II en 1661, pero fue rediseñado para adaptarse al Cullinan I, o Gran Estrella de África, un enorme diamante de más de 530 quilates. Fue cortado a partir del diamante más grande del mundo, el Diamante Cullinan, que pesaba más de 3000 quilates.

💡 ¡Sabelotodo!

● El ámbar puede parecer una piedra amarilla anaranjada, pero en realidad es resina endurecida de árbol.

● Las perlas tampoco provienen de la tierra. Se forman dentro de las ostras.

Volcanes

Los volcanes se forman cuando el magma (roca líquida caliente) brota desde debajo de la corteza terrestre, cuando dos placas se empujan entre sí o se apartan una de otra (ver p. 36).

Cómo se forman los volcanes

La presión se acumula bajo tierra y expulsa hacia arriba el magma desde una cámara. Emerge por una grieta como lava. La ceniza, las rocas y la lava se enfrían y se acumulan, lo que forma un cono con un cráter en el centro. A veces la lava sale por chimeneas laterales, los diques.

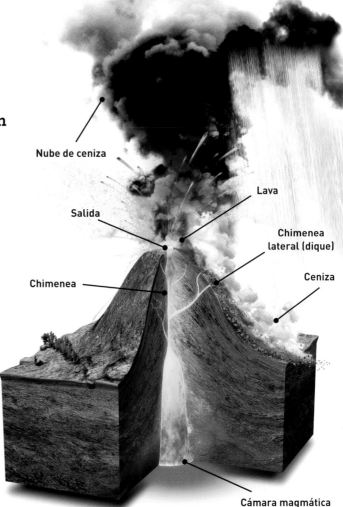

Nube de ceniza

Lava

Salida

Chimenea lateral (dique)

Ceniza

Chimenea

Cámara magmática

El monte Vesubio es un volcán activo en Italia

¿Activo o no?

Los volcanes que entran en erupción se llaman activos. Los volcanes que podrían hacer erupción en el futuro se dice que están dormidos, y los volcanes que ya han dejado de hacer erupción se llaman extintos. Entre los volcanes activos famosos están el monte Fuji en Japón y el Vesubio en Italia. En el año 79 el Vesubio hizo erupción y sepultó las ciudades romanas de Herculano y Pompeya, donde murieron miles de personas.

Una erupción

Es imposible predecir con exactitud cómo va a hacer erupción un volcán: algunos expulsan lava espesa que fluye lentamente en ríos ardientes. Otros hacen explosiones ruidosas y arrojan grandes masas de roca fundida, llamadas bombas volcánicas. También ocurren explosiones gigantes que arrojan enormes nubes de gases mortales y lava.

¡Sabelotodo!

● La roca volcánica molida se usa en dentífricos, maquillaje, limpiadores de baños y para el asfalto de las vías.

● Entre 50 y 70 volcanes hacen erupción cada año, la mayoría bajo los océanos.

¡Superfoto!

GIGANTE MARCIANO

El volcán más grande conocido no está en la Tierra. Se encuentra en Marte y tiene 600 km de diámetro.

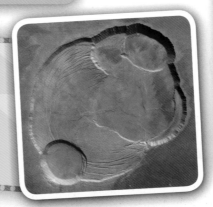

Géiseres y fuentes termales

Las fuentes termales y los géiseres están en áreas volcánicas del mundo donde rocas calientes del subsuelo se encuentran cerca de la superficie.

¿Por qué arrojan tanto vapor?

Los géiseres y las aguas termales se presentan cuando las rocas ardientes bajo la superficie calientan el agua subterránea. El agua en ebullición sale a presión hacia arriba a través de grietas en el suelo. Las fuentes termales son piscinas calientes, mientras que los géiseres son emisiones periódicas de agua en ebullición y vapor. Después de hacer erupción permanecen en reposo por un tiempo hasta que la presión se acumula de nuevo.

🔆 ¡Sabelotodo!

● El agua de los géiseres se usa para calentar las casas y oficinas en Reikiavik, Islandia.

● Por mucho tiempo se han relacionado las fuentes termales con la sanación. Por siglos la gente se ha bañado en estas para curarse de enfermedades.

● Los antiguos romanos creían que las fuentes termales eran entradas al inframundo, reino habitado por dioses y difuntos.

A los monos de las nieves les encanta relajarse en las fuentes termales de Nagano, Japón

Géiser en Islandia

Terrazas alrededor de las fuentes termales en Pamukkale, Turquía

Los mayores géiseres

El Parque Nacional de Yellowstone en Wyoming, Estados Unidos, es el área con el mayor número de géiseres del mundo. Tiene cerca de 500, la mitad de los que hay en el planeta. Allí se encuentra el géiser Steamboat, que alcanza la mayor altura: su chorro de agua y vapor sale una o dos veces por año y puede alcanzar 120 m. El géiser más famoso del parque es el Old Faithful, hace erupción cada 91 minutos y tiene su propia cámara web.

Formaciones

El agua de los géiseres y de las fuentes termales contiene sales minerales, que son componentes de las rocas bajo el suelo disueltos en el agua. Cuando el agua alcanza la superficie y se enfría, las sales se depositan y se endurecen para crear hermosas formaciones. Con el tiempo se pueden acumular hasta formar piscinas y terrazas.

🌐 Terremotos

Hacen que el suelo se sacuda, y se producen cuando hay un movimiento repentino de la corteza terrestre. Ocurren en las áreas donde dos placas hacen contacto una con otra bajo el suelo (ver p. 36).

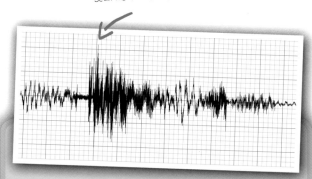

Lectura de un sismógrafo. Cuanto más largas sean las líneas, mayor es la onda de choque

Los terremotos (que se ven aquí como puntos rojos) se presentan muy cerca de los bordes de las placas terrestres (líneas grises)

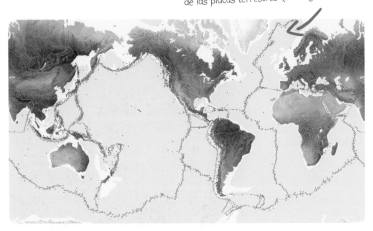

La medición de terremotos

Los sismógrafos se usan para medir los terremotos. Un sismógrafo detecta las ondas de choque que se producen y traza una línea que registra la intensidad de cada onda.

Áreas sísmicas

Muchos terremotos ocurren alrededor de los límites del océano Pacífico o en áreas montañosas como el Himalaya. En estos puntos es donde las placas empujan más y se deslizan bajo la superficie terrestre. Los científicos monitorean estas áreas para tratar de predecir los terremotos, y hacen mediciones para detectar posibles señales de alerta, por ejemplo, temblores menores que pueden aumentar hasta convertirse en uno mayor.

💡 Hechos y cifras

LA ESCALA DE RICHTER

La escala de Richter tiene 10 números que representan la energía producida por un terremoto. Cada número representa una energía 10 veces mayor que la del número anterior.

Escala	Efectos	Frecuencia aprox.
0-2.0	No se siente	8000 al día
2.0-2.9	No se siente pero se registra	1000 al día
3.0-3.9	Se siente pero no causa daños	49 000 al año
4.0-4.9	Se siente al interior de edificaciones	6200 al año
5.0-5.9	Edificaciones débiles pueden desplomarse	800 al año
6.0-6.9	Destrucción hasta 160 km	120 al año
7.0-7.9	Daño severo en un área grande	18 al año
8.0-8.9	Daño severo en más de 1000 km	1 al año
9.0-9.9	Devastación hasta a 10 000 km	1 cada 120 años
10.0	Nunca se ha registrado	

🌐 Montañas

Las montañas son masas gigantes de roca de al menos 600 m de altura. Cubren casi una cuarta parte de la superficie terrestre y muchas están en grupos llamados cordilleras.

💡 *¡Sabelotodo!*

● La montaña más alta del planeta es el Mauna Kea, un volcán en el océano Pacífico. Tiene una altura de 10 203 m, aunque solo se ve sobre la superficie del mar 4205 m.

● El monte Everest es la cumbre más alta, con una elevación de 8848 m.

Una montaña en domo en Adirondack, Estados Unidos

El monte Everest en el Himalaya, una cordillera de montañas plegadas. Los Alpes y los Andes también son montañas plegadas

Una montaña de bloque de falla en la Sierra Nevada, Estados Unidos. Los árboles crecen solo en las laderas bajas de montañas altas como esta

Proceso lento

Las cordilleras más altas del mundo se formaron cuando dos placas terrestres chocaron entre sí y levantaron lentamente la superficie (ver p. 36). El proceso de formación toma millones de años y aún continúa. La cordillera más alta de todas, el Himalaya, se comenzó a formar hace unos 70 millones de años y todavía crece cerca de 1 cm al año.

Formas

Las montañas son de diferentes tipos, según su proceso de formación. Las montañas plegadas se crean cuando la roca se pliega hacia arriba, como un pedazo de papel que se arruga y forma dobleces. Las montañas de bloque de falla se forman cuando bloques gigantes de roca son empujados hacia arriba. Las montañas en domo son empujadas hacia arriba por el magma que presiona desde abajo, y las montañas planas se forman cuando la sección extensa de una planicie es empujada hacia arriba.

Perfil

En la falda de una montaña puede haber árboles, pero a partir de cierto punto, el límite del bosque, no pueden crecer. Por encima de este solo crecen plantas resistentes como musgos. Más arriba, ninguna planta sobrevive y suele haber nieve todo el año. La línea que separa la región donde la nieve se derrite en verano de aquella donde hay nieve todo el año se llama límite de las nieves perpetuas.

Glaciares

Son masas enormes de hielo muy pesadas que descienden por la falda de una montaña como ríos congelados.

La cara frontal del glaciar Perito Moreno en la Patagonia, Argentina

¿Dónde están?

Los glaciares se encuentran en todos los continentes del mundo, pero la mayoría están en los extremos norte y sur del planeta: en el Ártico y la Antártida. El glaciar más grande del mundo, el Lambert, en la Antártida, es un gigante de 400 km de largo, 100 km de ancho y alrededor de 2500 m de profundidad. Los glaciares se mueven a diferentes velocidades según su tamaño, algunos pueden moverse de 20 a 30 m por día.

Nacimiento

Muchos icebergs se forman cuando trozos de hielo se desprenden de un glaciar y caen en el mar. Cerca de 10 000 a 15 000 icebergs se desprenden cada año. Los que se forman de los glaciares tienden a ser alargados y parecen cubiertos de púas. Los que se desprenden de las enormes láminas de hielo en las regiones polares son planos.

💡 *Hechos y cifras*

GLACIARES EN CIFRAS

● Alrededor del 10 % de la superficie terrestre está cubierta por glaciares.

● Los glaciares contienen entre 70 y 80 % del agua dulce del planeta.

El gigantesco glaciar Franz Josef en Nueva Zelanda, serpentea como un río en el paisaje

Paisaje esculpido

A medida que avanza, un glaciar esculpe la tierra y forma un amplio valle en forma de "V". Mientras avanza tritura todo a su paso, nada puede detenerlo. Va empujando rocas, para luego depositarlas lejos de su ubicación inicial. Si el clima cambia y el glaciar se derrite, el paisaje que deja se reconoce por la forma del valle y por las áreas de piedras depositadas a los costados, llamadas morrenas.

⭐ **EN EL INTERIOR**

¡Superfoto!

En lo más profundo de un glaciar hay cuevas de hielo y canales de agua. Esta gruta de hielo azul es un ejemplo. En cualquier momento el hielo puede romperse.

Ríos

Algunos ríos nacen en lo alto de las montañas, donde la nieve se acumula y se derrite. Otros surgen donde los manantiales subterráneos emergen a la superficie. Todos corren cuesta abajo y llevan agua dulce al mar.

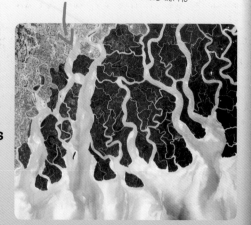

El delta del Ganges. La tierra firme entre los canales de agua está compuesta por sedimentos del río

Erosión fluvial

Un río erosiona (desgasta) progresivamente la tierra por donde pasa. Poco a poco esculpe un valle en forma de "V" a medida que avanza, desgasta la roca y el suelo, y arrastra partículas en sus aguas. Uno de los mejores ejemplos de un río que cambia un paisaje es el Gran Cañón de Colorado, en Estados Unidos. El río Colorado ha tardado 17 millones de años en cavar el cañón en la roca.

El río Colorado ha cavado el Gran Cañón hasta una profundidad de 1800 m

Formación de tierra

Un río se hace más lento a medida que se acerca al mar y el suelo se hace más plano. Cuando un río va más lento, las partículas de suelo y roca que transporta se van al fondo como sedimentos, y forman llanuras de marea e islas, que algunas veces se extienden desde la desembocadura del río en un área amplia llamada delta. Los ríos Ganges y el Brahmaputra convergen en India y Bangladesh para formar el delta más grande del mundo, que se extiende en un área de 105 000 km².

Las cataratas del mundo

Si un río llega a una franja de roca muy dura, desgastará la roca más blanda que le sigue y terminará por precipitarse como una catarata. La más alta del mundo es el Salto Ángel en Venezuela, que cae 807 m desde un risco. Las más largas del mundo son las cataratas Victoria en el río Zambezi en África. Con el tiempo, el río ha excavado un canal de unos 1007 m de ancho.

Las cataratas Victoria, en la frontera entre Zambia y Zimbabue

💡 *Hechos y cifras*

CINCO DE LOS RÍOS MÁS LARGOS (APROX.):

1. Nilo, África: 6695 km
2. Amazonas, Suramérica: 6400 km
3. Yangtsé, Asia: 6240 km
4. Misisipi, Estados Unidos: 6192 km
5. Obi, Rusia: 5534 km

Travesía por el río

Los ríos cambian su apariencia y su comportamiento desde su origen hasta el mar. Su forma y su velocidad varían en tres tramos, también llamados cursos.

¡Sabelotodo!

● Los lagos son agua que se acumula en un valle amplio. El más grande del mundo es el lago Superior en Norteamérica, ocupa un área de 82 000 km².

● Cuando los ríos fluyen bajo tierra esculpen cuevas a través de la roca.

● El río más corto es el Roe en Montana, Estados Unidos, con una longitud de 61 m.

El curso alto

El primer tramo de un río es su curso alto, donde fluye muy rápido cuesta abajo. Puede recibir agua de otros arroyos de montaña a medida que acelera su descenso, a veces pasa a través de estrechas hondonadas o sobre rocas superficiales para crear violentos rápidos. En esta parte del río viven peces fuertes y plantas que se aferran a las rocas.

Rápidos en el curso alto de un río

El curso medio

Cuando llega a su tramo medio, un río fluye a lo largo de una pendiente más suave. Viaja más lento y describe curvas, llamadas meandros. A medida que el río atraviesa el terreno puede dejar a su paso plataformas a cada lado, conocidas como terrazas fluviales. En las aguas más tranquilas del curso medio viven muchas especies de peces y plantas.

El curso bajo

En su curso bajo un río reduce su velocidad y se hace más ancho (ver p. 49). Los fragmentos de suelo y roca que ha recogido en su travesía se han desgastado en este punto hasta convertirse en partículas diminutas, que pueden acumularse para formar llanuras de marea y bancos. A las aves acuáticas les gusta anidar en el curso bajo, donde hay muchas plantas.

Las terrazas fluviales y los meandros en el curso medio de un río

Un ave acuática vadea en los bancos de lodo en la desembocadura de un río

Litorales

Un litoral es el área donde la tierra se encuentra con el océano. Los litorales cambian: un tramo puede tener playas de arena con cierta inclinación, mientras que otro puede tener acantilados escarpados.

Moldeado por el mar

El mar moldea el litoral de diferentes maneras. Si hay una grieta en un acantilado, el agua entrará y la ampliará hasta crear con el tiempo una cueva. A veces las olas golpean ambos lados de un promontorio hasta desgastarlo y formar un arco en el medio. La velocidad con que el mar moldea un acantilado depende de si está hecho de roca blanda o dura.

Estuarios

Donde un río desemboca en el mar puede formarse una llanura plana y lodosa llamada estuario. El mar baña el lodo y crea llanuras de marea saladas. En las áreas tropicales a veces hay pantanos gigantes llenos de árboles de mangle (arriba), los únicos capaces de sobrevivir en agua salada.

En la playa

El mar amontona rocas sueltas a medida que barre el litoral. Las olas muelen las piedras hasta convertirlas en partículas que son arrojadas a la orilla, lo que da origen a las playas. Las playas tienen diferentes colores, según la composición de la arena. Puede contener partículas de rocas amarillas, fragmentos de conchas blancas, trozos de coral rosado o incluso lava volcánica negra.

Algunas formaciones hechas por el mar

Promontorio

Arco

Farallón

Escollo

Playa

En el mundo

BAHÍA DE HUDSON

MAR DE BERING

GOLFO DE MÉXICO

La parte más profunda del lecho marino es la fosa de las Marianas en el Pacífico occidental. Un submarino tarda alrededor de dos horas en llegar allí.

Las olas más grandes son ocasionadas por terremotos o huracanes. En 2004 se registró una ola de 27 m de altura en el golfo de México, causada por un huracán.

MAR CARIBE

OCÉANO ATLÁNTICO

Planeta de agua

Los cinco océanos del mundo cubren en total más de 335 millones de kilómetros cuadrados. Partes de los océanos se dividen en áreas más pequeñas llamadas mares.

Los océanos tienen un efecto importante en el clima mundial, en la vida silvestre y en industrias como la naviera. Los científicos los monitorean de forma constante y recogen datos satelitales para tratar de predecir la fuerza y la dirección de los flujos submarinos, conocidos como corrientes.

OCÉANO PACÍFICO

El océano Antártico solo fue reconocido como tal en el año 2000.

OCÉANO ANTÁRTICO

OCÉANO ÁRTICO

MAR CASPIO

MAR MEDITERRÁNEO

MAR NEGRO

MAR DE CHINA ORIENTAL

MAR DE JAPÓN

MAR DE CHINA MERID.

OCÉANO PACÍFICO

MAR ROJO

MAR ARÁBIGO

MAR DE ANDAMÁN

OCÉANO ÍNDICO

Alrededor de las fumarolas (ver p. 35), el agua puede alcanzar una ardiente temperatura de 400 °C.

Hay cuatro gramos de oro en cada millón de toneladas de agua de mar.

La corriente más grande es la corriente Circumpolar Antártica, que fluye entre Suramérica y la Antártida.

Hechos y cifras

FOSAS MÁS PROFUNDAS DEL MAR

1. PACÍFICO: de las Marianas, 10 994 m
2. ATLÁNTICO: de Puerto Rico, 8648 m
3. ANTÁRTICO: de las is. Sándwich, 7235 m
4. ÍNDICO: de Java, 7125 m
5. ÁRTICO: cuenca euroasiática, 5450 m

Hechos y cifras

TAMAÑO DE LOS OCÉANOS

1. PACÍFICO .... 155 557 000 km²
2. ATLÁNTICO .... 76 762 000 km²
3. ÍNDICO .... 68 556 000 km²
4. ANTÁRTICO .... 20 327 000 km²
5. ÁRTICO .... 14 056 000 km²

Biomas del planeta

Dividimos la Tierra en diferentes regiones llamadas biomas. Cada bioma tiene un clima diferente y su propia flora y fauna.

En las selvas tropicales llueve casi todos los días

Algunos desiertos son de arena, otros son rocosos

Hechos y cifras

PRINCIPALES BIOMAS

Tundra: tierras congeladas en el lejano norte

Taiga: franja gigante de bosques de coníferas en el norte del planeta

Bosques templados: de árboles que pierden sus hojas en invierno

Estepa: extensas llanuras de hierba

Selvas tropicales: selvas densas en lugares cálidos y húmedos

Desiertos: las regiones más secas

Las estepas se extienden por muchos kilómetros, tienen muy pocos árboles y arbustos

Bosques por doquier

Los bosques cubren una tercera parte de la superficie de la Tierra. En el norte del planeta existe una enorme franja de bosque perennifolio llamado taiga. Más al sur hay bosques templados, donde la mayoría de los árboles pierden sus hojas en invierno. Las selvas tropicales crecen alrededor del ecuador, donde el clima es cálido y húmedo.

Biomas inclementes

Cerca de una quinta parte de la Tierra es desierto, allí la lluvia es escasa o ausente. El clima seco del desierto hace muy difícil la vida de animales y plantas allí. La tundra, en el extremo norte, también es un lugar muy difícil para la vida silvestre, la tierra siempre está congelada justo bajo la superficie y no hay suficiente suelo fértil para que puedan crecer árboles.

Estepas del mundo

Las estepas cubren alrededor del 40 % de la superficie terrestre. Son demasiado secas como para que crezcan bosques, pero llueve lo suficiente como para que la hierba y el pasto puedan sobrevivir. En Norteamérica la estepa se conoce como pradera y en Suramérica como pampa. En áreas tropicales cálidas se llaman sabanas.

Clima

El clima de un lugar es el patrón de tiempo atmosférico que sucede a lo largo del año. El clima varía en todo el planeta.

Principales climas

Existen cuatro climas principales. En los extremos norte y sur está el clima polar, que siempre es muy frío. Ligeramente hacia el ecuador el clima es templado, con veranos secos y cálidos, e inviernos moderados. Al acercarse al ecuador, el clima se vuelve subtropical, es decir, cálido con estaciones secas y lluviosas. Alrededor del ecuador el clima es tropical: siempre es muy cálido y lluvioso.

Los bosques de árboles caducifolios (ver p. 114) crecen en áreas de clima templado

(ver p. 114)

¡Sabelotodo!

● Vostok, en la Antártida, es el lugar más frío de la Tierra, con temperaturas más bajas que las de un congelador doméstico.

● Dallol, en Etiopía, es el lugar más caliente de la Tierra con una temperatura promedio de 34.4 °C.

● Siberia, en Rusia, cuenta con el rango de temperatura más amplio, entre -70 °C y 36.7 °C.

● El lugar más seco de la Tierra es el desierto de Atacama, en Chile, donde existen algunas áreas en que nunca se ha registrado lluvia.

En el extremo norte del mundo siempre hace un frío excesivo

¿Por qué hay diferentes climas?

Alrededor del ecuador, los rayos del sol caen sobre la Tierra de manera perpendicular. Pero en los polos lo hacen de manera oblicua, y viajan una mayor distancia a través de la atmósfera de la Tierra. A esas áreas llega menos calor. Debido a esto, cuanto más alejada está una región del ecuador, más frío es su clima.

Climas especiales

Algunos lugares tienen su propio microclima, es decir, un tipo particular de clima y temperatura que difieren de su entorno. Por ejemplo, las grandes ciudades suelen tener un clima más cálido que las zonas que las rodean, porque sus edificios de concreto absorben el calor del sol en el día y lo liberan en la noche, por tanto, calientan el aire.

Una gran ciudad suele tener un clima un poco más cálido que el de su entorno

🌐 Las estaciones

Las estaciones de primavera, verano, otoño e invierno se presentan en diferentes momentos del año, en distintas partes de la Tierra.

El hemisferio norte está en invierno mientras el hemisferio sur está en verano

La órbita de la Tierra

Las estaciones se deben al movimiento de la Tierra alrededor del Sol. Durante algunos meses al año, un hemisferio (una mitad de la Tierra) está inclinado hacia el Sol y recibe sus rayos de forma directa, en la otra mitad los rayos llegan con menor intensidad. Luego, al seguir girando, la posición de la Tierra se invierte.

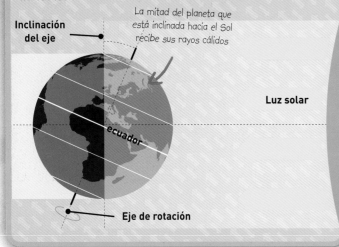

Inclinación del eje

La mitad del planeta que está inclinada hacia el Sol recibe sus rayos cálidos

Luz solar

ecuador

Eje de rotación

Las estaciones cambian

A medida que la Tierra se mueve en su órbita, la intensidad de los rayos del sol varían en cada hemisferio y las estaciones cambian. Cuando es verano en un hemisferio, es invierno en el otro. En el otoño y la primavera, los dos hemisferios se encuentran a la misma distancia del Sol.

¿Verano helado o sofocante?

Las estaciones no son iguales en todo el mundo. En la Antártida, donde el sol nunca llega con tanta intensidad, la temperatura permanece bajo cero incluso en verano. Cuanto más nos alejamos del helado extremo norte hacia el sur, más cálidos son los veranos.

¡Superfoto!

⭐ ¡UNA CÁLIDA NAVIDAD!

En el hemisferio norte, la festividad decembrina de la Navidad está asociada con el hielo y la nieve invernales. En el hemisferio sur, diciembre es un mes de verano ¡y es más probable encontrar a Papá Noel en la playa!

Estaciones lluviosas y secas

En las áreas alrededor del ecuador, conocidas como trópicos, no hay otoño, invierno, primavera ni verano. En cambio hay estaciones lluviosas o secas.

¡Sabelotodo!

● Las áreas más extensas con estaciones lluviosas y secas están en India, Brasil y África.

● La estación seca es cálida.

● Las lluvias monzónicas aportan 90 % del suministro de agua en India.

Los animales deben esforzarse al máximo para encontrar abrevaderos durante la estación seca

Lluvia esperada

La estación seca dura más que la estación lluviosa, y tan solo caen unos pocos centímetros de lluvia durante muchos meses. Los abrevaderos y los ríos se secan, las plantas y los animales deben sobrevivir como puedan hasta que regrese la lluvia. En el hemisferio sur la estación seca va desde abril hasta septiembre. En el hemisferio norte va desde octubre a marzo.

Los ñus cruzan el río Mara en Tanzania, durante su migración

Los monzones

Algunas áreas tropicales están en el camino de vientos portadores de lluvia llamados monzones, que traen consigo intensas precipitaciones. África occidental, Asia, Australia y partes del suroccidente de Estados Unidos experimentan monzones. Casi la mitad de la población mundial vive en áreas afectadas por estos vientos. Demasiada o muy poca lluvia en el monzón puede ocasionar pérdida de cultivos, hambrunas o inundaciones.

En busca de agua

Las estaciones seca y lluviosa en la sabana africana ocasionan la mayor migración (viaje) animal del planeta. Durante la estación lluviosa, miles de animales herbívoros se desplazan en rebaños para encontrar plantas frescas y abrevaderos creados por la lluvia, y los animales depredadores los siguen. Cuando termina la estación lluviosa, los rebaños buscan alimentos en otra parte.

Un mercado inundado en Varanasi, India, durante el monzón

El cielo sobre nosotros

La Tierra está rodeada por una capa de gases llamada atmósfera.

Capas en el cielo

La atmósfera tiene cinco capas principales.

1. La **exosfera** se encuentra entre 500 y 8000 km de altitud. Los satélites meteorológicos orbitan allí.

2. La **termosfera** va de los 80 a los 500 km de altitud. La temperatura es más alta en el límite superior.

3. La **mesosfera** se encuentra entre los 50 y 80 km de altitud. Los globos no tripulados llegan allí.

4. La **estratosfera** está entre los 18 y 50 km de altitud y es una capa fría. Las aeronaves vuelan en esta franja para evitar el clima de la capa inferior.

5. La **troposfera** llega hasta los 16 km de altitud y contiene casi todo el vapor de agua del planeta. El tiempo atmosférico de la Tierra se genera allí.

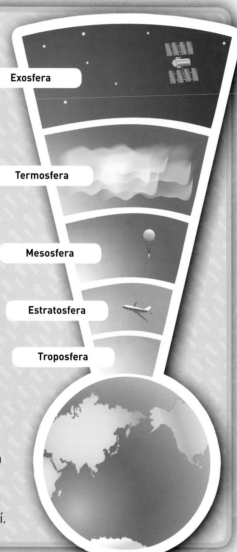

Exosfera

Termosfera

Mesosfera

Estratosfera

Troposfera

La presión atmosférica

La atmósfera hace presión sobre la superficie terrestre, y genera una fuerza llamada presión atmosférica. Esta es mayor a nivel del suelo y se debilita a medida que ascendemos. En lo alto de las montañas la presión es débil y hay menos oxígeno. Para los escaladores respirar se hace más difícil a medida que ascienden, y pueden necesitar una máscara de oxígeno (arriba).

Hechs y cifras

COMPOSICIÓN DE LA ATMÓSFERA (GASES)

78.09 % de nitrógeno

20.95 % de oxígeno

0.93 % de argón

0.03 % de dióxido de carbono, helio, hidrógeno, metano, criptón, neón, ozono, xenón y vapor de agua

Los colores del cielo

La luz solar está compuesta por ondas de diferentes longitudes y colores. En un arcoíris se observan todos los colores visibles: rojo, naranja, amarillo, verde, azul, índigo y violeta. Cuando los rayos del sol llegan a la atmósfera, las ondas de luz azul se dispersan en todas direcciones, y por eso el cielo se ve azul. Los cielos rojizos se dan cuando partículas de polvo bloquean las ondas de luz azul y solo logra pasar la luz roja.

¿Por qué tenemos clima?

La temperatura de la atmósfera terrestre y la cantidad de vapor de agua en esta siempre cambian, esto es lo que genera el clima.

El ciclo del agua

El sol calienta los océanos y ríos del mundo. Hace que el agua se evapore (se convierta en una gas invisible o vapor) y suba. A medida que el vapor de agua asciende, se enfría y se convierte en gotas que se unen con partículas de polvo. Miles de millones de gotas juntas forman una nube y, con el tiempo, caen en forma de lluvia.

El agua se evapora y cae como lluvia una y otra vez, en un patrón cíclico conocido como ciclo del agua

Nieve y granizo

Cuando las gotas de agua se enfrían mucho se convierten en cristales de hielo y caen al suelo en forma de nieve. También se pueden convertir en granizo, que son bolas de nieve (arriba) arrastradas dentro de altas nubes de tormenta, y que crecen hasta caer por su propio peso. Cuando el suelo es frío y el aire de arriba es más cálido, a veces el vapor de agua en el aire se convierte en una nube de gotas minúsculas llamada niebla.

Los vientos del mundo

Los rayos del sol son reflejados por la superficie terrestre y calientan el aire. El aire cálido se eleva y el aire frío fluye para ocupar su espacio. Este movimiento es lo que conocemos como viento. Algunos vientos aparecen y desaparecen de un día para otro, y algunos soplan de forma constante y siguen patrones regulares alrededor de la Tierra, producidos por el aire caliente que se eleva sobre el ecuador y el aire frío que fluye desde las regiones polares.

Turbinas eólicas gigantes generan electricidad mientras giran con la brisa

¡Superfoto!

COPOS ÚNICOS

Un copo de nieve está hecho de cristales de nieve unidos entre sí. Se cree que cada copo tiene un patrón de cristales ligeramente diferente, de manera que no hay dos copos que se vean iguales bajo el microscopio.

Huracanes y tornados

El clima a veces puede ser muy destructivo. Cuando aparecen los huracanes o los vientos giratorios de un tornado, pueden ocasionar enormes daños.

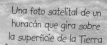

Una foto satelital de un huracán que gira sobre la superficie de la Tierra

Todo acerca de los huracanes

Los huracanes son poderosas tormentas cargadas de lluvia y vientos que viajan a más de 320 km/h y se forman sobre el océano. Cuando el aire caliente asciende sobre un área extensa, el aire frío llena el espacio que deja libre y una gigantesca nube giratoria comienza a moverse. Un huracán puede extenderse varios kilómetros y el centro, el ojo, está despejado y tranquilo.

Un tornado aparece en el suroriente de Colorado

Devastación en Nueva York ocasionada por el huracán Sandy en 2012

Los nombres

Los huracanes suelen generarse a finales del verano y comienzos del otoño. Al primer huracán de la temporada se le da un nombre que comienza con la letra "A". El siguiente recibe un nombre por "B", y así sucesivamente. Se alternan los nombres femeninos y masculinos. A los huracanes también se les llama tifones, ciclones tropicales y baguios.

💡 ¡Sabelotodo!

● El área de llanuras donde más se presentan tornados en Estados Unidos se conoce como Callejón de los Tornados.

● Una tromba marina es un tornado sobre el mar, un embudo de aire que gira y succiona agua del mar.

Los tornados

Se forman cuando el aire sube muy rápido y crea un embudo de viento que gira a toda velocidad y se desplaza sobre la tierra, arrasando todo. Muchos ocurren en las llanuras de Norteamérica, donde ocurren cerca de 800 torbellinos al año. Presentan velocidades y tamaños variables. El más fuerte conocido levantó pesados trenes en el aire.

Tormentas eléctricas

Alrededor de 45 000 tormentas eléctricas se presentan a diario en nuestro planeta. Se cree que unas dos mil ocurren sin que se puedan predecir.

Un cumulonimbo sube al cielo

¿Qué es un trueno?

Un rayo calienta de forma instantánea el aire que lo rodea hasta una temperatura que es cinco veces mayor a la del Sol. El aire explota y produce el sonido retumbante, el trueno. El relámpago y el trueno ocurren al mismo tiempo, pero escuchamos el trueno después porque el sonido viaja más lento que la luz.

Cómo se inicia una tormenta eléctrica

Las tormentas eléctricas se presentan cuando el aire cálido y húmedo asciende muy rápido para formar una nube gigante de tormenta llamada cumulonimbo. Dentro de la nube giran cristales de hielo que generan pequeñas explosiones de energía eléctrica cada vez que chocan entre sí. De forma progresiva se acumula la electricidad hasta que rayos gigantescos llegan al suelo o se desplazan entre las nubes.

Si los aviones vuelan muy alto pueden evitar las nubes de tormenta

En busca de cumulonimbos

Puedes distinguir un cumulonimbo porque asciende. Es mucho más grande que la mayoría de las nubes y tiende a expandirse en su parte más alta, como un hongo. Dentro de la nube hay vientos muy fuertes que pueden ocasionarle problemas a cualquier aeronave que vuele a través de ella. Los vientos pueden crear turbulencia, es decir, un viaje con sobresaltos para los pasajeros.

¡Superfoto!

SUPERCÉLULAS

La tormenta más fuerte de todas se conoce como supercélula. Aquí se aprecia una llegando a Texas. Las supercélulas se extienden hasta muy arriba y tienen hasta 24 km de diámetro.

Rápidos y calientes

Los rayos descienden al suelo y vuelven a ascender tan rápido que parecen un solo destello. Un relámpago puede descender a 1500 km/h y devolverse aún más rápido.

Los edificios altos están dotados de pararrayos a manera de protección. Si un rayo golpea un edificio con pararrayos, la varilla metálica atrae toda su energía eléctrica y le ofrece una ruta para llegar al suelo sin causar daño. Sin esto, el intenso calor del rayo podría iniciar un incendio.

Rayos que van de las nubes al suelo en el horizonte de una ciudad

 ¡Sabelotodo!

● Los relámpagos difusos se ven más como un resplandor en el cielo que como un relámpago largo. Se producen cuando los rayos se dan entre nubes.

● Los antiguos chinos creían que las tormentas eran producidas por dragones que luchaban en el cielo.

● Los vikingos de Escandinavia creían que su dios Thor producía truenos con su martillo.

● La mayoría de los rayos caen en países cercanos al ecuador.

● Puedes saber a qué distancia está una tormenta si cuentas los segundos que pasan entre el relámpago y el sonido del trueno. La tormenta se encuentra a 1 km de distancia por cada tres segundos que cuentes.

● Un rayo es mortal. Durante una tormenta eléctrica evita pararte cerca de objetos altos como árboles o en un espacio abierto como un campo. Aléjate de los objetos de metal como cercas, bicicletas o palos de golf. Todos ellos pueden atraer rayos.

● Pregúntales a tus amigos si saben cómo se llama un científico que estudia los rayos. ¡La respuesta es ceraunólogo!

Glosario

Atmósfera: capa de gases que rodea la Tierra.

Bioma: región de la Tierra definida por su clima y variedad de fauna y flora.

Casquete de hielo polar: área siempre congelada en los extremos norte y sur del planeta.

Corteza: capa externa de la Tierra.

Cumulonimbo: enorme nube de tormenta.

Delta: desembocadura ancha de un río ocupada por llanuras de marea e islas, donde un río llega al mar.

Dique: salida lateral de un volcán por donde brota magma ardiente hacia la superficie.

Dorsal oceánica: cordillera de montañas subacuáticas creada por una enorme grieta entre dos placas terrestres.

Ecuador: línea imaginaria alrededor de la parte media de la Tierra.

Epicentro: punto en la superficie terrestre situado sobre el centro de un terremoto.

Erosión: desgaste gradual de la tierra por la fuerza de los ríos, océanos, glaciares y el clima.

Escala de Richter: registro usado para representar la energía producida por un terremoto.

Estepa: área demasiado seca como para que crezcan bosques, pero con suficiente lluvia como para que la hierba y el pasto puedan sobrevivir.

Estuario: llanura plana y lodosa donde un río desemboca en el mar.

Faceta: borde cortado y pulido en una gema preciosa.

Falla: grieta gigante en las rocas de la corteza terrestre, ocasionada por dos placas de la Tierra que se empujan una contra otra.

Géiser: emisión periódica de agua en ebullición y vapor que es expulsada hacia arriba desde el suelo.

Glaciar: enorme masa de hielo, tan pesada que desciende por la ladera de una montaña como un río gigante congelado.

Huracán: poderosa tormenta cargada de lluvia y vientos que viaja a más de 320 km/h.

Kimberlita: tipo de roca ígnea. Es el único tipo que contiene diamantes.

Magma: roca bajo la superficie que se ha calentado tanto que está fundida.

Manto: capa gruesa de roca muy caliente bajo la corteza de la Tierra.

Meandro: curvas que describe un río.

Montaña de bloque de falla: la que se forma cuando bloques gigantes de roca son empujados hacia arriba debido a la presión entre dos placas de la Tierra.

Montaña en domo: la que ha sido empujada hacia arriba por material volcánico que presiona desde debajo de la superficie.

Montaña plana: se forma cuando una sección extensa de una planicie es empujada hacia arriba por la presión entre dos placas terrestres.

Montaña plegada: se forma cuando la roca se pliega hacia arriba debido a la presión entre dos de las placas de la Tierra.

Monzón: fuertes lluvias transportadas por vientos estacionales.

Morrena: área de rocas depositadas a un costado por el paso de un glaciar.

Onda sísmica: tipo de energía generada por los terremotos.

Pangea: enorme supercontinente que alguna vez agrupó toda la tierra del planeta.

Placa tectónica: pieza gigante de la corteza externa de la Tierra. Se ajustan una con otra como un rompecabezas.

Presión atmosférica: fuerza que ejerce el aire sobre la superficie de un área.

Réplica: movimiento que se siente después de un terremoto, cuando las rocas bajo la superficie de la Tierra se reacomodan.

Roca ígnea: tipo de roca formada por material fundido que emerge desde debajo de la superficie de la Tierra y luego se enfría.

Roca metamórfica: roca que se forma cuando las rocas ígneas o sedimentarias se desintegran y cambian debido al calor y la presión.

Roca sedimentaria: roca formada por diferentes capas de pequeñas partículas que han sido comprimidas hasta endurecerse.

Rodio: el metal más valioso de la Tierra.

Selva tropical: bosque espeso que crece en regiones tropicales del mundo donde llueve en abundancia.

Sismógrafo: instrumento que mide el tamaño de las ondas de choque producidas por un terremoto.

Subtropical: clima cálido y seco con estaciones lluviosas.

Taiga: enorme franja de bosques perennifolios que se extiende en el extremo norte del planeta.

Templado: clima de veranos cálidos y secos, e inviernos moderados.

Terremoto: liberación de la presión entre dos de las placas terrestres que se empujan una contra otra, y que envía ondas de energía a través de la Tierra.

Tropical: clima que siempre es muy cálido, con frecuentes lluvias.

Tundra: tierras en el extremo norte que permanecen congeladas a unos pocos centímetros bajo el suelo.

CAPÍTULO 3

ANIMALES

¡Datos brillantes!

Todo sobre los animales

Los animales viven en todas partes de la Tierra, en todo tipo de climas y paisajes. El estudio de los animales se llama zoología.

¿Qué es un animal?

¿Sabes cómo puedes distinguir un animal de una planta? Así:

1. Un animal tiene un cuerpo hecho de muchísimas células diminutas que tienen una estructura diferente (están construidas de otra manera) a las células de las plantas.

2. Un animal no fabrica alimento, como sí lo hacen las plantas.

3. Un animal puede ver, escuchar y sentir su entorno porque tiene órganos de los sentidos, que son partes del organismo, como el tacto. Cada tipo de animal tiene distintos sentidos.

4. Los animales tienen movimientos voluntarios, es decir, pueden elegir mover sus cuerpos.

Grupos animales

La zoología clasifica los animales en grupos con nombres en latín. Un grupo grande se divide en grupos más pequeños, por ejemplo, abajo aparece la clasificación de un león. Un león pertenece a varios grupos de animales. El más grande es el que aparece en primer lugar.

Reino: Animalia (animal)

Filo: Chordata (cordados)

Subfilo: Vertebrata (vertebrados)

Clase: mamífero

Orden: Carnivora (carnívoros)

Familia: Felidae (felinos)

Género: *Panthera* (gran felino que ruge)

Especie: *Pantera leo* (león)

Tipos de animales

Una mirada detallada.

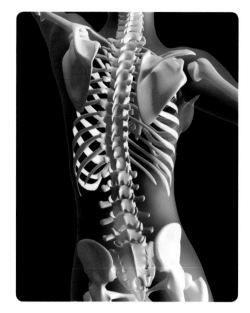

⬆ Filo

Existen alrededor de 35 filos (clasificación biológica). Uno de los más importantes son los cordados (Chordata), que incluye todos los animales con columna vertebral (vertebrados). Los invertebrados están agrupados en varios filos, como los artrópodos y los moluscos.

💡 ¡Sabelotodo!

● Hasta ahora cerca de 1.3 millones de especies animales han sido descubiertas y descritas.

● El botánico (experto en plantas) sueco Carlos Linneo inventó la clasificación de los animales: la taxonomía.

● Los seres humanos son la especie *Homo sapiens*, "hombre sabio" en latín.

⬆ Clases

Las más conocidas son los insectos (arriba), mamíferos, aves, peces, reptiles y anfibios. Los insectos son la clase con mayor cantidad de especies. Existen otras clases más pequeñas, como los antozoos (anémonas de mar), los gasterópodos (caracoles) y los arácnidos (arañas y escorpiones).

⬇ Familias

Los órdenes se dividen en familias. Por ejemplo, el orden Carnivora se divide en las familias Canidae (cánidos), Felidae (felinos), Ursidae (osos) y muchos otros comedores de carne.

⬆ Órdenes

Los órdenes son el grupo que sigue a las clases. Por ejemplo, dentro de la clase de los mamíferos están los órdenes Rodentia (ratones y ratas), Primates (monos), Carnivora (mamíferos que comen carne), entre otros.

⬆ Géneros y especies

Las familias se dividen en géneros. Por ejemplo, la familia Felidae (felinos) incluye los géneros *Panthera* (leones y tigres) y *Felis* (gatos domésticos). El género *Panthera* se divide en especies como *Panthera leo* (león) y *Panthera tigris* (tigre).

Conexiones alimentarias

Todos los animales necesitan consumir alimento para obtener la energía que usan al crecer y moverse. Algunas criaturas se alimentan de plantas. Otras cazan a las que comen plantas.

UNA CADENA ALIMENTARIA SIMPLE

Pasto → Cebra → León

Cadenas alimentarias

Los herbívoros son los animales que comen plantas. Pueden convertirse a su vez en alimento para los carnívoros, los animales que comen carne. Los carnívoros grandes pueden comerse a los carnívoros más pequeños. Un grupo de animales que depende de ciertas plantas y unos de otros como fuente de alimento se llama cadena alimentaria.

Los elefantes salvajes comen alrededor de 300 kg de material vegetal todos los días.

El alimento es energía

Cuando los animales comen, el alimento pasa a su intestino y allí se descompone en partes más pequeñas. Luego pasa a la sangre y es transportado por todo el cuerpo. Cuando llega a las células, se desintegra más y se libera energía, que se usa en el crecimiento, en la reparación del cuerpo y el movimiento. Los herbívoros comen mucho más alimento que los carnívoros, porque las plantas son difíciles de digerir.

Redes para comer

Muchos animales forman parte de más de una cadena alimentaria. Por ejemplo, los herbívoros suelen alimentarse de más de un tipo de planta. Los carnívoros comen más de un tipo de animal y los omnívoros (como los seres humanos) comen tanto plantas como animales. Las cadenas alimentarias interconectadas en un área pueden unirse en lo que se conoce como red alimentaria. Si alguna parte de la red falla, por ejemplo, si desaparece una planta o un animal, el resto puede quedarse sin suficiente alimento.

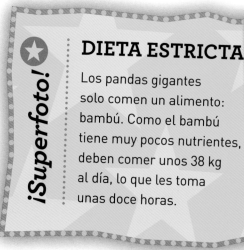

¡Superfoto!

DIETA ESTRICTA

Los pandas gigantes solo comen un alimento: bambú. Como el bambú tiene muy pocos nutrientes, deben comer unos 38 kg al día, lo que les toma unas doce horas.

🐾 Hábitats

La comunidad de todos los organismos vivos que se encuentran en un lugar particular, junto con los componentes no vivos como el suelo, se llama ecosistema.

La contaminación de los ríos puede ocasionar la muerte de plantas, peces y animales más grandes

Ecosistema

Puede ser grande como un bosque o pequeño como un estanque. Los más grandes, como las selvas tropicales, se denominan biomas (ver p. 54). Un hábitat es donde vive un organismo y encuentra su alimento. Un ecosistema contiene muchos hábitats diferentes, cada uno con sus propios animales. Allí los organismos vivos dependen unos de otros para obtener su alimento, y forman redes alimentarias.

Un árbol o un estanque pueden dar sustento a muchas criaturas, como insectos y aves, en su propio hábitat

En peligro

Los humanos representan un grave peligro para un ecosistema cuando deterioran el ambiente. La contaminación de un río puede matar las plantas que comen los peces y causar su muerte; luego, provocan la muerte de los animales que se alimentan de los peces. Los ecosistemas también pueden sufrir si se ven superpoblados por criaturas que consumen todo el alimento.

El ecosistema más grande

El ecosistema más grande de la Tierra es la Amazonía, la inmensa selva tropical que se extiende en las inmediaciones del río Amazonas, en Suramérica. Los zoólogos calculan que millones de especies de animales viven allí. Muchas aún no han sido descubiertas ni descritas.

La selva tropical del Amazonas es, sin duda, el ecosistema más grande del mundo

💡 ¡Sabelotodo!

● Uno de los hábitats más difíciles para los animales son las profundidades del mar, donde siempre hay oscuridad y frío. Un submarino a control remoto detectó peces a 7.7 km de profundidad en el Pacífico.

● Las cuevas también pueden ser hábitats fríos, oscuros y aislados. Los animales que viven en sistemas de cuevas profundas tienden a ser ciegos y usar el tacto para percibir su entorno.

Mamíferos

Son un grupo variado de animales, desde los diminutos murciélagos hasta las enormes ballenas; y viven en todo tipo de hábitats. Los humanos hacemos parte de este grupo.

El ornitorrinco es uno de los dos únicos mamíferos que ponen huevos, el otro es el equidna

Las hembras de los mamíferos producen leche para alimentar a sus crías

¿Qué son los mamíferos?

● Son animales endotermos (de sangre caliente), lo que significa que pueden mantener una temperatura corporal cálida todo el tiempo.

● Las hembras de los mamíferos amamantan a sus crías, es decir, alimentan a sus hijos con leche que producen.

● Todos los mamíferos tienen cráneo y columna vertebral.

Diferentes tipos de mamíferos

Existen tres tipos de mamíferos. Los placentarios, como los seres humanos, tienen crías que nacen con cuerpos desarrollados. Los marsupiales, como los canguros, tienen crías diminutas y menos desarrolladas, del tamaño de un maní. Después de nacer se arrastra hasta el interior de la bolsa (marsupio) de su madre, donde se alimenta y crece. Un pequeño grupo de mamíferos, los monotremas, pone huevos e incuba a sus crías, como el ornitorrinco.

¡Sabelotodo!

● Las ballenas y los delfines son mamíferos que viven en el océano.

● El murciélago abejorro de Tailandia es uno de los mamíferos más pequeños. Pesa alrededor de 2 g.

● La ballena azul, el mamífero más grande y la criatura de mayor tamaño de la Tierra, da a luz a la cría más grande de todas. Un ballenato recién nacido puede pesar hasta 7 toneladas.

Los más inteligentes

Los primates son el grupo de mamíferos con cerebros más complejos. Incluye monos, lémures, simios y humanos. Muchos primates tienen la capacidad de pararse erguidos por periodos largos y tienen manos más desarrolladas que otros mamíferos. Algunos usan sus manos para labores complejas como elaborar herramientas.

Un chimpancé, del grupo de los primates, usa su mano para agarrar una rama

🐾 Aves

Las aves voladoras como este diamante mandarín tienen plumas de vuelo extrafuertes en sus alas, que les permiten elevarse en el aire

Las aves son animales endotermos con columna vertebral, alas y plumas, aunque no todas las aves pueden volar. Viven en todo el mundo.

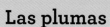

¡Superfoto!

⭐ COLORIDOS

Estos flamencos rosados son aves zancudas, con patas palmeadas, que les sirven para caminar en el agua. Obtienen su color de un pigmento natural de los camarones y algas que comen.

Las plumas

Son impermeables y mantienen a las aves calientes. Están hechas de queratina, al igual que el pelo. La parte de la pluma cercana al cuerpo es un cilindro rígido y córneo llamado cálamo. La parte aplanada a cada lado, el vexilo, está formado por diminutas fibras, las barbas, estrechamente unidas mediante ganchos para crear una superficie lisa.

El nido de un tejedor africano

Un ave de presa, como esta águila europea, tiene un pico diseñado para desgarrar

Un colibrí usa su pico delgado para extraer néctar dentro de una flor

Picos de las aves

El pico de las aves es córneo para que puedan alimentarse. Las aves de presa (que cazan) tienen picos curvos y afilados para desgarrar a sus presas. Las que comen semillas y nueces, como los pinzones, tienen picos fuertes para romperlas. Las que comen peces tienen picos largos y afilados para ensartarlos, y las que toman néctar tienen picos largos y delgados para alcanzar el interior de las flores.

Huevos y nidos

Las aves se reproducen en ciertas épocas del año, cuando saben que tendrán alimento disponible para sus polluelos. Muchas construyen nidos para poner sus huevos y empollarlos. Los nidos varían de tamaño y forma según el ave. Uno de los más elaborados es el del tejedor (arriba), se le llama así por la forma en que lo teje.

⊗ Reptiles

Los reptiles son un grupo de animales ectotermos (de sangre fría), con piel impermeable y cubierta de escamas. Muchos ponen huevos con cáscara dura. Los lagartos, serpientes, cocodrilos y tortugas son reptiles.

Cocodrilos y caimanes

Existen 120 especies de cocodrilos y caimanes. Puedes diferenciarlos por su boca y hocico. Cuando la boca de un cocodrilo está cerrada, puedes ver el cuarto diente, de su mandíbula inferior que queda expuesto. El hocico de un cocodrilo es largo y estrecho para capturar peces. El hocico de un caimán es más ancho para aplastar presas, como tortugas.

Las serpientes y lagartos tienen la piel cubierta de escamas. Las manchas de la piel de la pitón están formadas por escamas de colores

El cocodrilo más grande encontrado hasta ahora tenía más de 6 m de largo

Serpientes

Son reptiles sin patas, que miden desde 10 cm, como la diminuta serpiente de hilo, hasta 7 m, como la pitón y la gigantesca anaconda, que pesa hasta 150 kg. Algunas serpientes tienen colmillos que inyectan veneno para matar a sus presas. Otras se enrollan alrededor de sus víctimas y las constriñen (aprietan) hasta matarlas.

¡Superfoto!

★ HOY ME SIENTO VERDE

Algunos lagartos, como este camaleón, cambian el tono de su piel de acuerdo con su estado de ánimo. Puede que exhiban sus colores más llamativos para atraer pareja o para avisarles a sus enemigos que están listos para luchar. Otros lagartos entenderán el mensaje.

Anfibios

Son un grupo de animales que viven parte de su vida en el agua y parte en tierra. Las ranas, sapos, salamandras y tritones pertenecen a este grupo. Tienen piel húmeda y viscosa y se reproducen en cuerpos de agua dulce.

Tritones y salamandras

Los tritones y salamandras se ven como lagartijas, pero no tienen escamas en la piel. La piel de las salamandras es lisa y la de los tritones es áspera. Tienen muchos colores, algunos brillantes para advertir a los depredadores que pueden secretar (producir) veneno. Dedican su tiempo a cazar lombrices, insectos y caracoles.

Los tritones y salamandras viven en el agua o cerca de esta

Ranas y sapos

Hay muchos tipos de ranas y sapos, algunos viven en cuevas, otros trepan o incluso saltan entre los árboles. Las ranas tienen piel lisa y ponen sus huevos en bolsas. Los sapos tienen piel áspera y rugosa, y ponen sus huevos en cordones. Muchos sapos tienen sacos de veneno detrás de sus ojos, con un sabor que resulta desagradable para sus atacantes.

Los sapos tienden a ser más gordos y grandes que las ranas

Metamorfosis

La mayoría de las crías de los anfibios sufren metamorfosis: cambian de forma por completo para convertirse en adultas. Por ejemplo, las ranas salen como renacuajos de los huevos puestos bajo el agua. En unas pocas semanas, les crecen patas y se convierten en ranas que pueden respirar en la tierra. La rana adulta caza criaturas como insectos y pequeños peces.

DE RENACUAJO A RANA

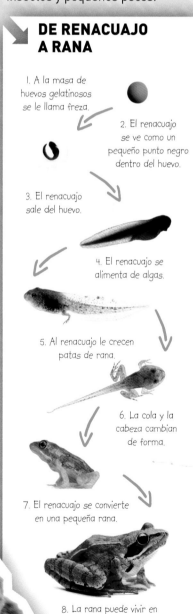

1. A la masa de huevos gelatinosos se le llama freza.

2. El renacuajo se ve como un pequeño punto negro dentro del huevo.

3. El renacuajo sale del huevo.

4. El renacuajo se alimenta de algas.

5. Al renacuajo le crecen patas de rana.

6. La cola y la cabeza cambian de forma.

7. El renacuajo se convierte en una pequeña rana.

8. La rana puede vivir en tierra o bajo el agua.

Peces

Los peces viven en estanques, ríos, lagos y océanos. Son un grupo de animales ectotermos (de sangre fría), y por ende no pueden controlar la temperatura de su cuerpo.

¡Sabelotodo!

● Muchas de las hembras de los peces ponen miles de huevos diminutos que flotan en el agua hasta que eclosionan (se rompen).

● El caballito de mar hembra pone huevos dentro de una bolsa en el cuerpo del macho.

El cuerpo de un pez

Muchos peces tienen las siguientes características:

Cuerpo con forma dinámica (liso y curvo) para deslizarse en el agua

Una piel impermeable cubierta de escamas que permanece húmeda. Las anguilas y las lampreas son los únicos peces con piel lisa

Aleta caudal para cambiar de dirección en el agua

Un grupo de células a lo largo del costado llamado línea lateral. Las células allí pueden sentir cambios en la presión del agua que las rodea

Branquias a ambos lados de la cabeza. Cuando un pez abre su boca, el agua entra y pasa sobre las branquias que absorben el oxígeno.

Una mantarraya es un ejemplo de pez cartilaginoso, no tiene huesos

¿Hueso o cartílago?

La mayoría de los peces tienen un esqueleto óseo y un pequeño saco lleno de aire llamado vejiga natatoria dentro de su cuerpo. Esta vejiga funciona como un flotador. Los peces cartilaginosos son diferentes. Tienen un esqueleto hecho de cartílago flexible y resistente en lugar de huesos, y no tienen vejiga natatoria. Esto los hace más pesados que el agua, y se hunden hasta el fondo si no nadan. Los tiburones, las rayas y las mielgas están en este grupo.

Tipos de peces

Los peces son un grupo con apariencia muy variada, desde el diminuto gobio enano, del tamaño de una uña, hasta los enormes tiburones ballena, de 12 m de largo. Los tiburones ballena son los peces más grandes, pero a diferencia de muchos tiburones, no cazan otras criaturas; nadan con su gigantesca boca abierta y recogen animales diminutos y material vegetal que flota.

Un tiburón ballena es una criatura enorme pero mansa

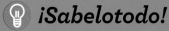

Insectos

Son el mayor grupo de animales en la Tierra. Se encuentran en todo el planeta, incluso en desiertos y regiones heladas donde no hay otras criaturas.

¡Sabelotodo!

● Hay mariposas con alas con aroma para atraer pareja.

● Algunos insectos, como las luciérnagas, producen luz con su cuerpo para atraer pareja.

Por partes

Los insectos son ectotermos y no tienen esqueleto. En cambio, tienen una cubierta exterior protectora, el exoesqueleto. Sus cuerpos están divididos en tres partes principales: cabeza, tórax (sección intermedia) y abdomen (sección posterior); y tienen tres pares de patas. Puedes ver estas partes en una avispa. En la cabeza están los ojos, las antenas y las piezas bucales. En el tórax están las patas y las alas. El abdomen protege órganos como el corazón, y puede tener un aguijón.

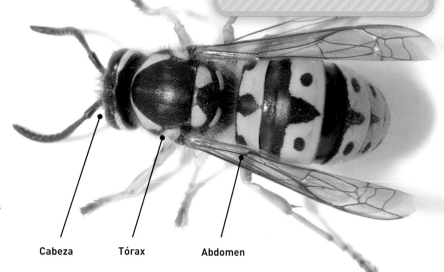

Cabeza   Tórax   Abdomen

El desarrollo

Los insectos sufren metamorfosis, su cuerpo cambia a medida que se desarrollan. En esta imagen se muestra cómo una oruga se convierte en mariposa.

CÓMO SE CONVIERTE UNA ORUGA EN MARIPOSA

Larva   Pupa   Mariposa

1. Un insecto hembra pone huevos diminutos, a veces en el dorso de una hoja.

2. Del huevo nace una larva. Las orugas, las larvas de escarabajo y las de mosca son todas larvas de insectos.

3. La larva crece y se convierte en pupa (o crisálida) dentro de una cápsula rígida.

4. Dentro de la pupa el cuerpo del insecto cambia de forma. Finalmente sale el adulto.

En el menú

Algunos insectos comen plantas y néctar, mientras que otros cazan otras criaturas. Por ejemplo, las libélulas y los caballitos del diablo usan sus piezas bucales de aspecto intimidante para capturar otros insectos voladores. Una libélula forma una canasta con sus patas para agarrar un insecto en vuelo, y luego lo tritura con sus poderosas mandíbulas.

Cangrejos, poríferos y estrellas de mar

Los crustáceos, equinodermos y poríferos son grupos de animales que viven bajo el agua, por lo general, en mares.

Las estrellas de mar tienen ventosas en sus brazos para agarrarse de las rocas

Crustáceos

Son un grupo de más de 40 000 especies, todas con caparazones duros a manera de exoesqueleto. Los cangrejos (abajo), las langostas y los percebes (arriba) son parte de este grupo. Los crustáceos tienen patas articuladas, branquias para respirar bajo el agua y antenas para percibir el mundo que los rodea. Agitan sus antenas para probar el sabor y el olor de su entorno, pues así captan las moléculas de químicos que flotan en el agua o en el aire.

Poríferos

Los poríferos o esponjas son un grupo de criaturas simples que viven fijas bajo el agua. Suelen estar en arrecifes de coral, donde se ven como plantas. El cuerpo de una esponja está cubierto de poros (agujeros) diminutos a través de los cuales fluye el agua. La esponja se alimenta de organismos que filtra del agua. Hay esponjas de diferentes tamaños, colores y formas.

Una esponja en un arrecife de coral

Equinodermos

Este grupo vive en el océano e incluye estrellas de mar (arriba), erizos y pepinos de mar. Tienen un endoesqueleto cubierto por una piel dura y flexible, y tienen la capacidad de regenerarse, es decir que si pierden una parte del cuerpo esta les puede volver a crecer. Si una estrella pierde un brazo, este tardará un año en crecer de nuevo. Y si el brazo afectado sigue unido al cuerpo central puede dar origen a una nueva estrella de mar completa.

💡 ¡Sabelotodo!

● La cochinilla es el único crustáceo que vive en tierra.

● Las estrellas de mar tienen dos estómagos. Algunas pueden expulsar uno de ellos para rodear a su presa y luego devolverlo a su lugar.

Gusanos, moluscos y arácnidos

¡Estos son tres grupos de animales que puedes encontrar cerca de tu casa! Viven en muchas partes del mundo.

El caracol gigante es el más grande de su especie y se encuentra en África, alcanza hasta 30 cm de largo

Si una lombriz de tierra es cortada por la mitad, solo una de las mitades sobrevivirá: la parte con el área engrosada llamada clitelo

Clitelo

Moluscos

Son invertebrados de cuerpo blando. Algunos tienen conchas duras. Incluyen caracoles, babosas, pulpos, calamares y bivalvos. Los caracoles y las babosas producen baba bajo la parte delantera de sus cuerpos, sobre la cual se deslizan. A medida que los caracoles crecen agrandan sus conchas, y para ello producen un líquido viscoso que se endurece y agrega capas nuevas a la espiral.

Gusanos

Los gusanos viven en todo tipo de hábitats, desde el suelo hasta el interior del cuerpo de animales. Algunas especies tienen muchos metros de largo, otras son tan pequeñas que solo pueden ser vistas con un microscopio. Las lombrices de tierra son segmentadas, sus cuerpos están formados por secciones. Comen su propio peso en tierra cada día y eliminan la misma cantidad de desechos, con lo cual enriquecen el suelo.

Algunas arañas tejen redes y luego esperan a que las presas vuelen hacia los hilos pegajosos

Arácnidos

Existen unas 37 000 especies, incluidas arañas, escorpiones y ácaros. Son invertebrados con cuatro pares de patas articuladas. Algunas arañas usan sus patas delanteras a manera de brazos para agarrar a sus presas. La mayoría tienen colmillos, que usan para inyectar veneno y paralizar a sus víctimas. Producen hilos de seda, con los que tejen redes circulares o pequeños sacos para proteger sus huevos.

¡Superfoto!

¿ME ESTÁS MIRANDO?

Esta araña lobo parece mirar con dos ojos, pero de hecho tiene ocho. Salta sobre sus presas en lugar de atraparlas con una telaraña.

En el mundo

MAR DE BERING

BAHÍA DE HUDSON

El nido de ave más grande: el del águila calva, de hasta 2.9 m de diámetro y 6 m de profundidad.

OCÉANO PACÍFICO

GOLFO DE MÉXICO

El animal más liviano (y el huevo de ave más pequeño): el zunzuncito, que pesa solo 1.4 g. Su huevo mide alrededor de 6.3 mm.

El animal más pesado (y el más grande): la ballena azul, pesa hasta 156 toneladas y mide hasta 30 m de largo.

MAR CARIBE

OCÉANO ATLÁNTICO

OCÉANO PACÍFICO

El reptil más largo: la anaconda, con hasta 9 m de largo.

Batidores de récords

El reino animal está lleno de criaturas increíbles que baten récords. Estos son algunos ejemplos.

OCÉANO ANTÁRTICO

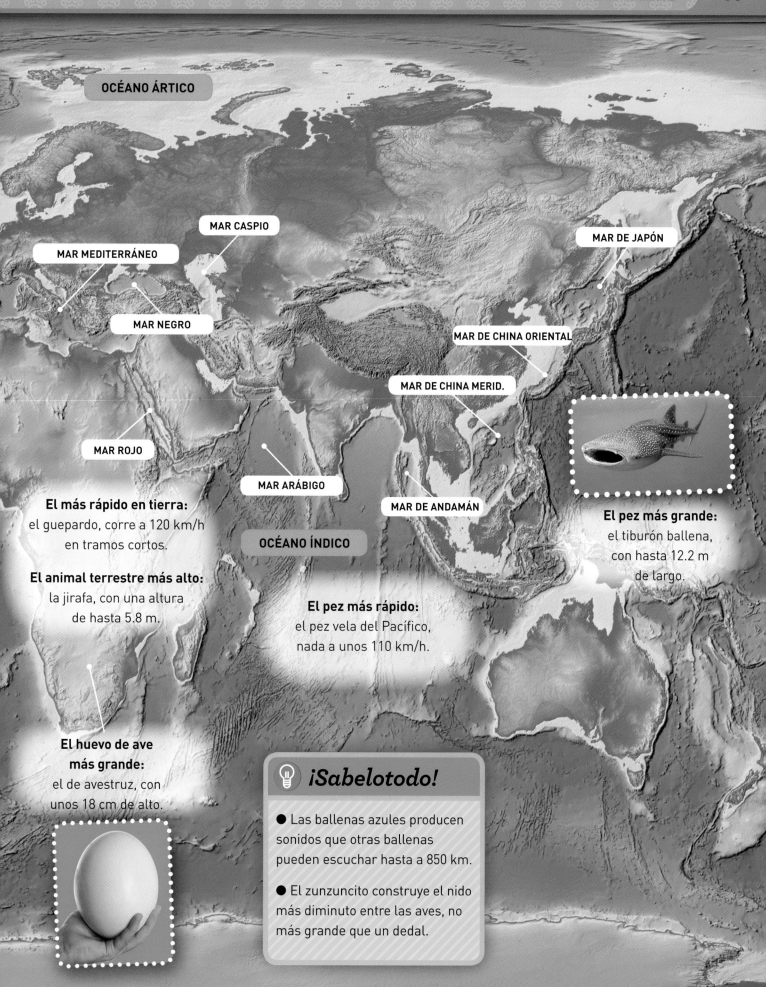

OCÉANO ÁRTICO

MAR MEDITERRÁNEO

MAR CASPIO

MAR DE JAPÓN

MAR NEGRO

MAR DE CHINA ORIENTAL

MAR DE CHINA MERID.

MAR ROJO

MAR ARÁBIGO

MAR DE ANDAMÁN

OCÉANO ÍNDICO

El más rápido en tierra:
el guepardo, corre a 120 km/h
en tramos cortos.

El animal terrestre más alto:
la jirafa, con una altura
de hasta 5.8 m.

El pez más rápido:
el pez vela del Pacífico,
nada a unos 110 km/h.

El pez más grande:
el tiburón ballena,
con hasta 12.2 m
de largo.

**El huevo de ave
más grande:**
el de avestruz, con
unos 18 cm de alto.

💡 **¡Sabelotodo!**

● Las ballenas azules producen
sonidos que otras ballenas
pueden escuchar hasta a 850 km.

● El zunzuncito construye el nido
más diminuto entre las aves, no
más grande que un dedal.

Constructores

Los animales construyen refugios permanentes, nidos temporales y madrigueras para mantenerse a salvo.

Hogar y refugio

Los castores son los mejores constructores de refugios. Roen los troncos y usan los trozos de madera para construir diques en los ríos. Con el agua del dique se crea un estanque profundo donde los castores construyen su hogar, que cuenta con entradas en el agua y una cámara interior seca y acogedora con un piso de madera finamente desmenuzada.

Un dique de castor contiene el agua y crea un estanque profundo

Insectos constructores

Los mejores constructores entre los insectos son las termitas africanas. Millones trabajan juntas para construir termiteros, que llegan a tener una altura de hasta 8 m. Cada termita mastica tierra y la mezcla con saliva para hacer bolitas que añaden a la pared del nido. Las bolitas se endurecen al secarse y se unen para crear un refugio fresco hasta para dos millones de termitas. La única manera de ingresar o salir es a través de túneles subterráneos; una chimenea en el centro ayuda a mantener el nido fresco y ventilado.

Un termitero en África, millones de diminutas termitas viven dentro

Un ratón de campo con sus diminutas crías protegidas en una madriguera oculta

Cavadores

Muchos animales cavan madrigueras para encontrar refugio y estar seguros. Los cavadores de madrigueras suelen tener partes de su cuerpo especializadas para realizar este trabajo. Los topos y los armadillos tienen patas delanteras grandes con forma de pala. Los conejos cavan madrigueras muy grandes, se han descubierto conejeras con más de dos mil entradas.

¡Sabelotodo!

● Los castores viven en familias de hasta doce miembros. Una familia construye un dique de 10 m de largo en una semana.

● Los castores tienen mandíbulas y dientes fuertes con el doble de poder de masticación que los de los humanos.

● En todo termitero hay una reina y al menos un rey. Permanecen en la cámara real, donde los cuidan y alimentan termitas obreras.

Las crías de los animales

Todas las especies de animales deben reproducirse para sobrevivir. Las crías de la mayoría de los animales nacen en ciertas épocas del año, cuando hay alimento en abundancia.

Una cría de gorila se aferra a su madre

Hechos y cifras

TIEMPO DE GESTACIÓN

Las crías de los mamíferos crecen dentro de sus madres antes de nacer, el tiempo que toma depende del animal:
Zarigüeya: 13 días (aprox.)
Ratón doméstico: 19 días (aprox.)
Chimpancé: 237 días (aprox.)
Delfín: 276 días (aprox.)
Humano: 280 días (aprox.)
Camello: 406 días (aprox.)
Rinoceronte: 560 días (aprox.)
Elefante indio: 624 días (aprox.)

Lecciones para vivir

Muchos tipos de peces, insectos, anfibios y reptiles depositan sus huevos y luego los abandonan. Las aves y los mamíferos tienden a cuidar de sus crías, protegerlas y enseñarles habilidades para sobrevivir. Muchas hembras de los monos llevan consigo a sus crías mientras crecen y les enseñan cómo encontrar alimento.

Papás ejemplares

Los pingüinos se reproducen en la helada Antártida. La mayoría de las crías nacen en primavera, excepto las del pingüino emperador. La hembra pone un huevo y se marcha para alimentarse en el océano, mientras el macho se queda y sostiene el huevo entre sus patas. Así lo mantiene caliente todo el invierno. Los machos permanecen en grupo durante 64 días, en medio de la oscuridad y las ventiscas con nieve. La hembra regresa cuando el polluelo rompe el huevo.

Un pingüino emperador macho y su polluelo después de sobrevivir al invierno

Mamá y papá en uno

La mayoría de los animales son machos o hembras, pero algunas criaturas más simples, como las amebas, están formadas por una sola célula que se reproduce al dividirse en dos. Algunos animales simples como los corales marinos generan nuevos individuos por gemación (reproducción). Les crece una protuberancia que luego se desprende y forma un coral.

Una criatura subacuática simple, la hidra, en gemación (se autorreproduce)

Migraciones

Muchos animales migran, es decir, viajan con regularidad de un área a otra para encontrar alimento y mejor tiempo.

En cada primavera, la mariposa monarca migra de México a Canadá, y hace el viaje de regreso en otoño. Hasta cien millones de mariposas viajan por Norteamérica de esta manera, y ofrecen una imagen inolvidable cuando se posan sobre los árboles y los arbustos en su camino.

 ¡Sabelotodo!

● Millones de aves migran entre Europa y África cada año.

● Una de las migraciones de mamíferos más grandes del mundo ocurre en primavera y otoño en el Ártico, cuando enormes rebaños de caribús migran y hacen temblar el suelo a su paso.

● Todos los años, en octubre, 50 millones de cangrejos rojos dejan el bosque de la isla de Navidad y corren a la costa del Pacífico a reproducirse, para luego volver al bosque.

● Alrededor de dos millones de ñus migran entre Tanzania y Kenia cada primavera y otoño, junto con 300 000 cebras.

● Cada año se puede ver a las ballenas jorobadas que migran cerca a Alaska, California y Australia.

✿ Camuflaje y color

Algunos animales tienen colores en su piel que les permite confundirse con su entorno. Así se ocultan de sus enemigos o les permite acechar a otras criaturas sin ser vistos.

Un venado joven es difícil de ubicar en el suelo del bosque por las manchas de su piel

Camuflados

Los animales camuflados lucen casi igual que su entorno. Por ejemplo, un pez aplanado como la solla tiene manchas en su piel, que la hacen ver parecida a la arena y los guijarros del lecho marino. Los venados jóvenes tienen motas que los hacen difíciles de ubicar en medio de las sombras de la vegetación del bosque. El venado se protege así de los depredadores, pero la solla se oculta para acechar a su presa.

Un dragón de mar foliado tiene extensiones de piel que parecen algas

Formas asombrosas

La forma del cuerpo de un animal puede servirle para ocultarse. Por ejemplo, un insecto palo es difícil de ver sobre una rama. Un insecto hoja es verde y tiene forma de hoja, y el dragón de mar foliado, un tipo de caballito de mar, tienen extensiones de piel que le dan la apariencia de un alga rizada.

Este pulpo cambia de color, tal vez para confundirse con su entorno

Lenguaje de color

Los animales pueden alterar el color de su piel por medio de células especiales de colores que tienen en su piel, los cromatóforos. Las señales del cerebro del animal hacen que las células cambien de tamaño y así varía el color de la piel. Los calamares, pulpos y camaleones tienen esta habilidad.

💡 ¡Sabelotodo!

● Un camaleón cambia de color de acuerdo con su estado de ánimo. Cuanto más calmado está, más pálido se ve. Un camaleón rojo está enojado.

● Algunos animales de regiones árticas adquieren un color blanco en invierno para camuflarse con la nieve, como los zorros árticos, lagópodos y liebres americanas.

Veneno mortal

Muchas criaturas producen veneno, ya sea para matar animales o advertir a sus enemigos que no se los coman.

Colas letales

Animales como las rayas y los escorpiones usan los aguijones que tienen en la cola para defenderse. La raya tiene una púa recubierta de veneno en su cola, la usa como arma si se siente amenazada. Los escorpiones tienen una ponzoña en su cola, que curvan hacia arriba cuando se sienten en peligro. La mayoría de los escorpiones tienen aguijones relativamente inofensivos para los humanos, pero el escorpión amarillo puede ocasionar la muerte con su veneno.

El escorpión emperador alcanza unos 20 cm de largo

¡Sabelotodo!

● El pitohuí encapuchado de Nueva Guinea es un raro ejemplo de ave venenosa. Su piel y sus plumas contienen un poderoso tóxico.

● Hay dos mamíferos venenosos: el ornitorrinco macho tiene espolones (púas) traseros con veneno. El loris perezoso produce toxinas en la parte interna de sus codos, que frota sobre sus crías para protegerlas.

Piel mortal

La rana dardo venenosa de Suramérica es el animal más peligroso de la Tierra. Si se siente amenazada, su piel libera un tóxico mortal, que fabrica a partir de sustancias químicas que provienen de las hormigas que come en la selva tropical. Cuando permanece en zoológicos y recibe alimentos diferentes, deja de ser peligrosa. Los indígenas impregnan sus flechas con este veneno.

Cuando una serpiente ataca produce veneno

La taipán del interior, la serpiente terrestre más venenosa del mundo

Colmillos venenosos

Algunas serpientes tienen colmillos venenosos. Cuando muerden, el veneno fluye por surcos en los colmillos. La serpiente terrestre más letal del mundo es la taipán del interior de Australia, pero por fortuna es tímida y rara vez ataca. Las serpientes marinas son más mortíferas y se encuentran en el Índico y el Pacífico occidental. El veneno de la serpiente marina de pico es ocho veces más potente que el de una cobra.

La rana dardo venenosa, el animal terrestre más venenoso del mundo

Hibernación

Algunos animales hibernan, duermen durante todo el frío invierno. Hacen esto cuando el alimento es escaso y necesitan ahorrar energía.

Una ardilla se prepara para el invierno: almacena alimento

Murciélagos en hibernación

Durante la hibernación

Durante la hibernación el cuerpo funciona lentamente. Esto ocurre:

● La temperatura corporal disminuye.

● El corazón late más despacio para gastar menos energía.

● La respiración es más lenta.

● El cuerpo usa sus reservas de grasa como alimento.

Dormir por semanas

Los animales hibernan por periodos. Algunos animales en hibernación pueden despertar, salir, moverse un poco para calentarse y volver a dormir. Las osas dan a luz a sus oseznos en madrigueras ocultas durante este tiempo. Cuando regresa la primavera, los durmientes salen a buscar alimento.

Siempre listos

Antes de hibernar, los animales comen tanto como pueden para acumular grasa y buscan un lugar seguro para descansar. Un mamífero, como un oso negro o un murciélago, puede hacerlo en una cueva. Las ardillas o ratones, pueden acomodarse en un agujero de un árbol. Las ranas y sapos que hibernan se entierran y algunos peces flotan cerca del fondo de un lago.

¡Sabelotodo!

● Durante la hibernación, la frecuencia cardiaca de un oso negro puede descender de 50 a 8 latidos por minuto.

● Algunos murciélagos que hibernan solo respiran una vez cada dos horas.

● Las marmotas alpinas hibernan ocho meses al año.

Las crías de oso polar salen de su madriguera después de pasar ocultas el invierno junto a su madre

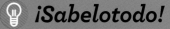

Comunicación animal

Los animales se comunican entre ellos de muchas maneras. Pueden comunicarse para advertir a otros del peligro o solo para hacer contacto.

¡Sabelotodo!

ALGUNOS MÉTODOS DE COMUNICACIÓN:

Delfines: chasquidos

Elefantes: barritos, batir de orejas

Liebres y canguros: golpeteos con las patas

Escarabajos: chasquidos

Aves: canto

Ratones: chillidos y cantos agudos

Un mono aullador llama a otros ruidosamente sobre la copa de un árbol

Los perros se huelen unos a otros cuando se encuentran

Un lobo comunica su agresividad si baja las orejas y muestra sus dientes

Sonidos

El animal terrestre con el llamado más ruidoso es el mono aullador de Suramérica, aúlla desde los árboles en la selva tropical para comunicarse con otros de su grupo. Su aullido es amplificado (suena más fuerte) gracias a la piel de su garganta que se infla y actúa como una laringe que envía el grito a 4 o 5 km de distancia. El animal más ruidoso de todos es la ballena azul, cuyo llamado bajo el agua suena más fuerte que un avión a propulsión.

Aromas

Muchos animales se comunican por medio de aromas. Pueden marcar su territorio con orina o excrementos olorosos para que los rivales permanezcan alejados. También pueden usar los olores para atraer pareja. Algunas polillas macho pueden detectar el aroma de una hembra a 4 km de distancia. Algunos animales tienen glándulas odoríferas para producir aromas, los perros las tienen en la cola, y por eso los perros se huelen ahí unos a otros.

Señales visuales

Los animales a veces se comunican entre sí mediante el lenguaje corporal. Los de manada, como perros y lobos lo hacen. Un perro que se encuentra con otro más importante bajará su cola y la pondrá entre sus patas para mostrar que no es una amenaza. Un perro demuestra su felicidad cuando agita su cola, y su agresividad al mostrar los dientes. Otros perros reconocen estas señales y las entienden.

En peligro

Los animales en peligro son criaturas que corren el riesgo de desaparecer porque quedan muy pocos para reproducirse. La manera como los humanos han cambiado el planeta ha aumentado de forma preocupante el número de especies en peligro.

Cuando se destruyen las selvas tropicales, los animales pierden su hogar

Perseguidas

En el pasado se cazaban ballenas para obtener su grasa y otras materias primas a partir de sus cuerpos, hasta que algunas ballenas se volvieron muy escasas. Por ejemplo, en 1930 había más de 200 000 ballenas azules, pero la cacería hizo que su número se redujera a 2000. Hoy la cacería de ballenas está regulada por leyes internacionales y el número de ballenas azules está aumentando de nuevo. Se cree que en la actualidad hay unas 4500.

El cachalote en una época fue cazado por el aceite que almacena en su cabeza. Hoy su caza está restringida, por eso ha aumentado la cantidad de ejemplares vivos

Sin hogar

El número de animales se reduce cuando su hogar es destruido. Al talar amplias áreas de selva tropical para obtener madera o establecer áreas de cultivos, miles de animales y plantas mueren y se suman a la lista de especies amenazadas. Los cambios en el clima mundial también están ocasionando la pérdida de hábitats. En el Ártico, los osos polares enfrentan dificultades para sobrevivir a medida que se reduce la capa de hielo.

Capturadas o muertas

Las criaturas exóticas son muy valiosas, por eso los delincuentes las capturan y venden, lo cual es ilegal. Existen leyes contra el tráfico de animales y contra la cacería de animales exóticos para usar partes de sus cuerpos.

Muchas especies de tortugas marinas son escasas y su cacería está limitada

¡Superfoto!

¿DE REGRESO?

El tití león dorado de la selva tropical de Suramérica estuvo en peligro de desaparecer por la destrucción de su hábitat, pero gracias a un trabajo de conservación ha podido reproducirse.

🐾 Animales extintos

Una especie extinta es la que ha desaparecido por completo. Se calcula que unas 20 000 especies de animales y plantas se extinguen cada año, aunque el número podría ser mayor.

Adiós al dodo

El dodo es uno de los animales extintos más famosos. Era un ave mansa no voladora que vivió alguna vez en la isla de Mauricio, pero fue rápidamente exterminado en el siglo XVII cuando los humanos llegaron a la isla y se los comieron. El ave más grande de todos los tiempos, el ave elefante desapareció de la isla de Mauricio en el siglo XVII. Alcanzaba más de 3 m de altura y ponía huevos de 34 cm de largo.

Ilustración de un dodo, que se extinguió en el siglo XVII

💡 Hechos y cifras

Esta es una lista de especies que están al borde de la extinción. Puede que algunas ya estén extintas cuando leas esto:

Rinoceronte de Java (Indonesia): quedan menos de 60.

Langur de cabeza blanca (Vietnam): quedan menos de 70.

Vaquita marina (pequeño cetáceo del golfo de California): quedan de 200 a 300.

Gorila occidental del río Cross (Nigeria, Camerún): menos de 300.

Tigre de Sumatra (Indonesia): solo quedan 600.

Hurón patinegro (Norteamérica): quedan unos 1000.

Elefante pigmeo de Borneo: quedan unos 1500.

Panda gigante (Asia): quedan 2000.

Continúan las extinciones

Cada vez más animales desaparecen para siempre. Se cree que una de cada cuatro especies de mamíferos, una de cada ocho especies de aves y una de cada tres especies de anfibios están en peligro de desaparecer.

El tigre de Sumatra es una de las especies de mamíferos que se enfrenta a la extinción

De regreso de la muerte

Algunas veces un animal declarado extinto aparece de nuevo. El celacanto era un pez que se creía desaparecido desde hace 70 millones de años, pero luego se encontró uno vivo en 1978. En 2012, una pequeña carraleja de matorral fue descubierta en lo alto de un acantilado en Inglaterra, lo que sorprendió a los expertos en escarabajos que creían que estaba extinta.

Un celacanto, redescubierto en 1978

Extinciones prehistóricas

Muchos expertos creen que la Tierra está pasando por la sexta extinción, un periodo en que desaparecen muchos animales y plantas. En los 4000 millones de años de historia de la Tierra ya ha habido cinco.

El dicreosaurio era un dinosaurio herbívoro del Jurásico tardío. Los dinosaurios herbívoros son los animales terrestres más grandes que han existido

La era de los dinosaurios

La extinción prehistórica más famosa es la extinción de los dinosaurios. Aparecieron en la Tierra hace unos 230 millones de años y se extinguieron hace unos 65 millones de años. A ese periodo se le conoce como la era mesozoica. Era un grupo de animales terrestres que incluía especies mucho más grandes y fuertes que los animales modernos. Mientras los dinosaurios dominaban la tierra, los reptiles voladores, los pterosaurios, dominaban el cielo y los reptiles marinos nadaban en el mar.

Un anquilosaurio, con una fuerte armadura corporal para defenderse de los depredadores

El *Tyranosaurus Rex* era un cazador gigante que vivió en el Cretácico tardío

Variedad

No todos los dinosaurios vivieron al mismo tiempo. La era en que vivieron se dividió en tres periodos: triásico, jurásico y cretácico. En cada lapso existieron diferentes tipos de dinosaurios y cada uno vivió durante millones de años y luego desapareció o evolucionó en un animal diferente. Antes de su llegada, reptiles más pequeños caminaban sobre la Tierra junto con los primeros insectos voladores y anfibios.

¿Cómo eran?

Existieron muchos tipos de dinosaurios. Algunos no eran más grandes que un pollo, otros tenían el tamaño de un edificio de varios pisos. Muchos eran feroces cazadores con enormes dientes y garras, otros eran herbívoros que vivían en rebaños, como el ganado de hoy en día. Unos tenían crestas en la cabeza, púas en el cuerpo o armaduras; hallazgos recientes sugieren que algunos tenían plumas.

Hechos y cifras

TAMAÑOS

El herbívoro más largo hallado: *Supersaurus*, 41 m.

El carnívoro más largo hallado: *Gigantosaurus carolinii*, 14 m.

El dinosaurio más alto hallado: *Sauroposeidon*, 18.2 m (herbívoro).

El dinosaurio más pequeño hallado: *Maniraptora* de Ashdown, 30 cm (quizá omnívoro).

¿Adónde se fueron los dinosaurios?

Desaparecieron hace 65 millones de años y sabemos de su existencia porque algunos de sus huesos se han conservado como fósiles.

Restos fosilizados de un *T-Rex* encontrados en Norteamérica

La muerte de los dinosaurios

Todas las criaturas de más de 2 m de largo, así como muchos reptiles marinos, desaparecieron hace 65 millones de años. Un asteroide pudo haber golpeado la Tierra (ver p. 24), y haber causado que la atmósfera se llenara de polvo, lo que impidió que pasara la luz solar. También pudo haber provocado erupciones volcánicas y terremotos. Sin luz solar, las plantas habrían muerto, y ocasionado la muerte de los herbívoros y sus depredadores.

Fósiles

Los fósiles se forman cuando un animal muere en el agua o en un pantano lodoso, y queda enterrado bajo sedimento (partículas de cieno y arena). Por miles de años, los sedimentos se acumulan encima y alrededor del cuerpo y se endurecen como roca. Los huesos y dientes del animal se conservan, pero las partes blandas desaparecen. También se han hallado huellas y excremento de dinosaurios fosilizados.

¿Quiénes sobrevivieron?

Las criaturas más pequeñas sobrevivieron al desastre. Para esa época, los pequeños mamíferos habían llegado a la Tierra y eran capaces de encontrar alimento, al igual que otras criaturas, como los insectos. Es posible que algunos dinosaurios pequeños, los dromeosaurios (o raptores) sobrevivieran y evolucionaran durante millones de años para convertirse en aves.

Alphadon, uno de los primeros mamíferos, sobrevivió a los dinosaurios

¡Superfoto!

BESTIAS EMPLUMADAS

El primer fósil descubierto de un dinosaurio con plumas, era de un *Archaeopteryx*, que vivió en el Jurásico tardío y tenía unos 0.5 m de largo.

¡Sigue los hechos!

Cronología del cambio

Estos son algunos periodos claves en el reino animal prehistórico.
MAA quiere decir millones de años atrás.

550–510 MAA

Precámbrico y Cámbrico

Aparecieron las primeras criaturas en el océano con cuerpos blandos.

440–408 MAA

Silúrico

Aparecieron las primeras criaturas terrestres, parecidas al ciempiés.

408–362 MAA

Devónico

Surgieron los primeros anfibios, criaturas de cuatro patas parecidas a ranas.

510–440 MAA

Ordovícico

Aparecieron en el océano criaturas con esqueleto. Luego aparecieron peces y las primeras plantas terrestres.

208–144 MAA

Jurásico

La época de los enormes saurópodos (herbívoros de cuello largo). Se desarrollaron plantas con flor, los primeros mamíferos y aves.

362–290 MAA

Carbonífero

Primeros insectos voladores y reptiles. Surgieron bosques.

290–250 MAA

Pérmico

Tiempo de los primeros reptiles nadadores, junto con los reptiles mamiferoides que luego dieron origen a los mamíferos.

250–208 MAA

Triásico

Rugieron los primeros dinosaurios.

144–65 MAA

Cretácico

Aparecieron las primeras plantas con flor. Los dinosaurios enfrentaron la extinción en masa.

65–1.8 MAA

Cuaternario

Época de los primeros mamíferos grandes y los primeros humanos.

¡Sabelotodo!

● Los dinosaurios y los seres humanos nunca se encontraron. Los dinosaurios se extinguieron antes de que aparecieran los humanos.

● Los primeros humanos convivieron con los grandes mamíferos de la Era de Hielo, como el mamut lanudo y el tigre dientes de sable.

● Aún hay desacuerdos acerca de los reinos animal y vegetal durante la prehistoria. Nuevos descubrimientos cambian nuestra visión acerca de las criaturas de esa época.

Protegidos

En todo el mundo hay gente que trabaja para proteger a los animales y salvarlos de la extinción.

Los rinocerontes negros, una especie en grave peligro, han sido reubicados en áreas más seguras

Reservas de vida silvestre

Las reservas son áreas destinadas como hogar seguro para criaturas exóticas, donde están a salvo de la cacería y la destrucción de su hábitat. Los conservacionistas monitorean allí a los animales para saber cuál es su estado. Por ejemplo, a los tigres en las reservas en India y Asia les hacen seguimiento para garantizar su seguridad.

Traslado a un nuevo hogar

A veces los animales silvestres amenazados deben ser reubicados, es decir, son capturados y trasladados a un nuevo hogar más seguro. Esto se ha hecho con rinocerontes, llevados a reservas seguras en África. Primero les disparan un dardo que los duerme. A veces son transportados dentro de una red colgada de un helicóptero a su nueva ubicación.

Parques naturales

A veces se mantienen criaturas exóticas en zoológicos y parques naturales donde pueden reproducirse de manera segura. Luego son liberados en su medio natural para aumentar el número de individuos de la especie. Para reintroducir a un animal se requiere mucha planeación y un cuidadoso estudio. En Estados Unidos se han reintroducido algunas especies en peligro, entre ellas el lince en Colorado, el cóndor californiano y el hurón patinegro en la Grandes Llanuras.

El lince ha sido reintroducido en Colorado, Estados Unidos

EN EL AGUA

¡Superfoto!

Se han establecido reservas marinas como esta en el mar Rojo (Egipto), en todo el mundo, son el equivalente subacuático de una reserva en tierra. Allí se protegen a criaturas marinas como los corales.

Ciencia para salvar animales

Los conservacionistas usan los métodos científicos más innovadores para tratar de salvar especies en peligro, incluso podrían reintroducir especies que se creían extintas.

💡 **¡Sabelotodo!**

● Los científicos han intentado clonar un mamut lanudo a partir del ADN congelado en el hielo hace miles de años, hasta ahora sin éxito.

El primer animal clonado fue la oveja Dolly. Sin embargo, resultó con problemas de salud

Una científica trabaja en el proyecto Frozen Ark, que conserva y almacena ADN congelado de animales

Los científicos extraen ADN de las células de animales y lo analizan para crear un mapa del ADN

Clonación animal

La clonación es una manera de producir una copia de otra criatura. Se lleva a cabo al efectuar copias idénticas de células en un laboratorio. Finalmente se pueden convertir en una cría. La ciencia ha clonado animales de granja y trabaja para clonar especies en peligro. Es posible que algún día se pueda salvar a los tigres y los pandas mediante la clonación, pero no es algo sencillo ni definitivo.

Proyecto Frozen Ark

El proyecto Frozen Ark (Arca Congelada) almacena el ADN de animales en peligro. El ADN es la información codificada dentro de las células de los animales, que determina cómo se desarrolla y se comporta el organismo. En todas las instalaciones del proyecto Frozen Ark alrededor del mundo se preserva el ADN de animales para que en el futuro los científicos puedan estudiarlo e incluso usarlo para la clonación.

Mapeo de ADN

A veces los científicos tranquilizan animales de especies amenazadas para tomarles muestras de ADN. De este modo pueden establecer cuáles animales están emparentados con otros. La información del ADN muestra la amplitud de la distribución de las poblaciones animales y si necesitan ayuda para sobrevivir.

Glosario

ADN: información codificada dentro de cada célula animal, que controla la manera como el cuerpo se desarrolla y se comporta.

Anfibios: animales que viven parte de su vida en el agua y otra parte en la tierra.

Arácnidos: grupo de animales del cual hacen parte las arañas.

Branquias: órganos ubicados detrás de la cabeza de los peces, por los cuales pasa el agua y que permiten absorber oxígeno.

Carnívoro: animal que solo come carne.

Cartilaginoso: pez sin huesos que tiene un esqueleto hecho de un material resistente y flexible llamado cartílago.

Clonación: método para producir una copia exacta de un ser vivo.

Cromatóforo: célula en la piel de algunos animales que puede cambiar de tamaño para modificar su color.

Crustáceos: grupo de animales que tienen conchas duras. Las langostas y los cangrejos son crustáceos.

Dromeosaurio: tipo de dinosaurio pequeño que evolucionó para dar origen a las aves.

Ecosistema: comunidad de plantas y animales en un ambiente específico.

Equinodermos: grupo de animales que viven principalmente bajo el agua y tienen exoesqueletos cubiertos de piel dura y flexible, como estrellas de mar y erizos.

Especie: nombre de un tipo particular de animal que es único.

Exoesqueleto: esqueleto protector ubicado en la parte externa del cuerpo.

Extinción: cuando una especie animal desaparece por completo.

Filo: grupo grande de animales.

Género: grupo de animales similares. Por ejemplo, diferentes tipos de felinos están dentro del género *Felis* ("gato" en latín).

Herbívoro: animal que solo come plantas.

Hermafrodita: animal que es macho y hembra al mismo tiempo.

Hibernación: periodo en el cual un animal reduce las funciones corporales y duerme de manera prolongada durante el invierno para ahorrar energía.

Omnívoro: animal que come carne y plantas.

Primates: grupo de animales que incluye a los monos, lémures, simios y seres humanos.

Pupa: fase del desarrollo de un insecto en la que se oculta en una cápsula rígida para transformarse en adulto.

Reintroducción: llevar animales provenientes de zoológicos y parques naturales de regreso a áreas silvestres.

Reptiles: grupo de animales de sangre fría y piel impermeable cubierta de escamas.

Reubicación: capturar y trasladar animales silvestres a un hogar más seguro en la naturaleza.

Segmentado: dividido en secciones.

Taxonomía: clasificación (organización y denominación) de animales en grupos.

Vejiga natatoria: saco lleno de aire dentro del cuerpo de un pez, que le ayuda a flotar.

Veneno: sustancia tóxica que secreta un animal.

Vertebrado: animal con columna vertebral.

Zoología: estudio de los animales.

CAPÍTULO 4

PLANTAS

¡Datos brillantes!

◉ Sobre las plantas

Las plantas crecen en casi todas partes del mundo y son vitales para la vida sobre la Tierra. Liberan el oxígeno que los animales necesitan para vivir. Se han descubierto hasta ahora más de 35 000 especies.

Partes de una planta

La mayoría de las plantas tienen la misma estructura básica:

Las plantas tienen flores (ver p. 100) solo en ciertas épocas del año

Las hojas varían de forma, color y grosor, pero todas hacen el mismo trabajo

Las semillas se forman dentro de la flor (ver p. 106)

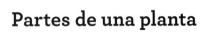

El tallo es resistente y le sirve a la planta para sostenerse

Las raíces le ayudan a la planta a anclarse al suelo

1. Las raíces absorben el agua y los minerales del suelo que la planta necesita para vivir.

2. El tallo de una planta está lleno de tubos diminutos. Funciona como una pajilla que transporta agua, minerales y el alimento a toda la planta. También ayuda a la planta a erguirse hacia el sol.

3. Las plantas tienen hojas de diferentes formas y tamaños. Las hojas llevan el agua y el alimento por sus venas y le sirven a la planta para fabricar alimento mediante la fotosíntesis.

4. Las flores producen semillas para que crezcan nuevas plantas.

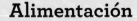

Alimentación

Las plantas fabrican su propio alimento:

1. Contienen una sustancia verde, la clorofila, que absorbe la luz solar. Una planta usa la luz solar como energía para fabricar su alimento. Este proceso se llama fotosíntesis.

2. La planta absorbe del aire el dióxido de carbono a través de las hojas.

3. Extrae minerales y agua del suelo a través de sus raíces.

4. Mezcla el dióxido de carbono, los minerales y el agua para crear azúcares, el alimento que necesita para crecer.

5. Durante la fotosíntesis, la planta produce oxígeno que sale a través de las hojas al aire.

Tipos de plantas

Existe una enorme variedad de plantas, desde árboles gigantes hasta plantas diminutas que solo se pueden ver con una lupa. La botánica es el estudio de las plantas.

← La más pequeña

Es una lenteja de agua del género *Wolffia*. Llega a tener un 1 mm de largo y produce las flores y frutos más diminutos del mundo.

↑ La planta más alta

La planta más alta es la secuoya roja, que crece en la costa occidental de Norteamérica. Los ejemplares más altos alcanzan hasta 112 m de altura.

↑ La flor más grande

La de la *Rafflesia arnoldii* de Asia alcanza un diámetro de 100 cm. Libera olor a carne podrida para atraer moscas que transportan su polen.

↑ La flor más cara

Las orquídeas son las más costosas del mundo. Algunos de los ejemplares más raros se han vendido en miles de dólares.

↑ Flores carnívoras

Algunas plantas son carnívoras (se alimentan de carne). Atraen insectos a flores, que luego se cierran de un golpe. Sustancias químicas, las enzimas, disuelven el cuerpo del insecto atrapado y la planta absorbe los nutrientes.

💡 ¡Sabelotodo!

● Las plantas no pueden crecer sin agua o sin luz solar.

● Algunas plantas carnívoras atrapan gusanos nematodos microscópicos, que se adhieren a sus hojas pegajosas.

● La planta de crecimiento más rápido del mundo es el bambú, puede crecer hasta 100 cm por día.

● El arroz es la planta más consumida por los seres humanos.

Dentro de una flor

Alrededor de 250 000 plantas producen flores, de todas las formas, tamaños y colores. En las flores se forman las semillas y frutos necesarios para que surjan nuevas plantas.

Partes de una flor

Cada parte de la flor cumple una función diferente:

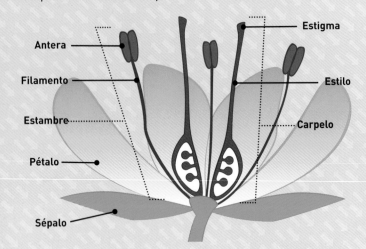

- Estigma
- Antera
- Estilo
- Filamento
- Carpelo
- Estambre
- Pétalo
- Sépalo

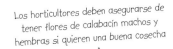

1. Los **sépalos** son hojas verdes en la base de la flor. Envuelven el botón de la flor hasta que se abre.

2. Los **pétalos** son de colores para atraer a los insectos a la planta.

3. Dentro de los pétalos están los **estambres**, pequeñas estructuras parecidas a alfileres. Son las partes masculinas de la flor. En la parte superior, en la antera, se fabrica un polvo amarillo, el polen.

4. Los **carpelos**, o partes femeninas de la flor, están en el centro. Contienen óvulos diminutos que se convertirán en semillas.

5. Cada carpelo tiene un extremo pegajoso llamado **estigma**. A veces el estigma está sobre delgados tallos.

6. Algunas flores tiene **nectarios**, o depósitos de un líquido dulce y azucarado.

Los horticultores deben asegurarse de tener flores de calabacín machos y hembras si quieren una buena cosecha

Horticultores cuidadosos

Es común encontrar partes femeninas y masculinas en la misma flor, pero no siempre es así. Por ejemplo, las flores de calabaza son machos o hembras, y algunas clases de árboles solo producen flores macho o hembra. Los horticultores deben asegurarse de tener en su huerta machos y hembras si quieren obtener frutos y semillas.

¡Superfoto

LO TIENE TODO

Una flor de botón de oro tiene partes masculinas y femeninas, pétalos y depósitos de néctar. Sus pétalos están marcados con líneas que solo son visibles para los insectos y que los guían hacia sus nectarios.

Un ramo de flores

Las flores tienen formas, colores, e incluso aromas diferentes.

¿Una o muchas flores?

Algunas flores producen una sola flor en el extremo de un tallo único, por ejemplo los tulipanes tienen una flor individual. A veces lo que parece una flor en realidad son muchas flores diminutas agrupadas, como los cardos. Existen muchas otras clases de flores con diferentes formas y nombres. Por ejemplo, una flor como el jacinto se denomina espiga, tiene muchas flores que crecen a partir de un solo tallo.

Un tulipán es un ejemplo de una flor individual en un tallo

Una "flor" de cardo en realidad contiene muchas flores diminutas agrupadas

Los colores de las flores

Los colores atraen a diferentes tipos de animales. Por ejemplo, el rojo atrae a los colibrís (arriba), las flores que necesitan ser visitadas por colibrís suelen ser de color rojo vivo. Las abejas parecen preferir las flores violetas o azules y a las mariposas les gustan las flores rojas, rosadas o lavanda. Las flores que atraen a las polillas nocturnas tienden a ser blancas, pues son visibles con la luz de la luna.

💡 ¡Sabelotodo!

● Una vez una flor ha sido polinizada y produce semillas comienza a marchitarse, lo que le indica a los visitantes que ya no vale la pena acercarse a ella.

● Los insectos ven los colores de las flores de forma diferente a la nuestra, ellos pueden ver la luz ultravioleta, una longitud de onda de la luz que los humanos no detectamos a simple vista.

Los aromas

Muchas flores necesitan que las aves y los insectos las visiten para que se lleven su polen o para que depositen en ella el polen de otra flor (ver p. 102). A veces las flores producen un olor particular para atraer a sus visitantes. Puede ser apestoso para atraer a las moscas o dulce para atraer a las abejas y las mariposas. Las flores que desean atraer insectos nocturnos como las polillas producen su aroma en el crepúsculo. Los aromas agradables de las flores se usan para hacer perfumes.

La polinización

Para que una flor pueda producir semillas primero debe ser polinizada. Las plantas logran esto de diferentes maneras.

La polinización

Un grano de polen del tipo apropiado de flor debe caer sobre el estigma del carpelo de una flor (ver p. 100) para que una semilla pueda desarrollarse. Una célula del grano de polen se une con la célula dentro del óvulo, da origen a una semilla, de la cual surgirá una nueva planta. Algunas plantas pueden polinizarse a sí mismas, pero la mayoría necesita granos de polen de otra flor similar.

Polen arrastrado por el viento

El cuerpo de una abeja cubierto de polen mientras visita una flor

Grano de polen visto de cerca

Insectos necesarios

Muchas plantas con flor necesitan que los insectos transporten el polen de una flor a otra. Los insectos visitan las flores por su néctar, y los estambres y estigmas de la flor están ubicados de manera que el insecto se frote contra ellos cuando trate de llegar al néctar. El insecto queda cubierto de polen y también deja polen de la flor anterior que visitó.

Que sople el viento

Algunas plantas como los pastos y muchos árboles necesitan que el viento lleve su polen de flor en flor. Por tanto, para aumentar las posibilidades de que llegue a una flor de su tipo, deben producir mucho polen. Las plantas polinizadas por el viento suelen tener flores pequeñas. Algunas, como los amentos, cuelgan en racimos alargados y liberan nubes de polen al aire. Los pastos tienden a liberar tanto polen que algunos humanos reaccionan a este y padecen de fiebre del heno.

El polen puede ocasionar fiebre del heno

¡Superfoto!

⭐ RECOLECCIÓN

Las abejas recolectan un poco de polen para ellas. Lo recogen en pequeños sacos en sus patas traseras. Lo llevan al panal para alimentar a las larvas de abeja.

Visitas inusuales

Murciélagos, hormigas, escarabajos, chinches, aves, mariposas, polillas, moscas, avispas e incluso babosas, transportan polen de flor en flor. Otros animales aún más sorprendentes también son polinizadores.

¡Sabelotodo!

● Los gálagos ayudan a polinizar plantas en su hábitat en África, al quedar cubiertos de polen mientras buscan néctar.

● Las abejas colectoras de aceite de África recogen un aceite especial producido por algunas flores, y las polinizan al mismo tiempo. Alimentan a sus larvas con el aceite.

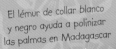

El lémur de collar blanco y negro ayuda a polinizar las palmas en Madagascar

Las lagartijas como este escinco pueden introducir su larga lengua en las flores para beber el néctar

El falangero mielero busca néctar en las flores de los árboles en su hogar en Australia

Ayudantes de altura

El lémur de collar blanco y negro es el principal polinizador de la palma del viajero en Madagascar. Los lémures trepan estos árboles altos y usan sus dedos para abrir las flores. Introducen sus largas lenguas en ellas y sus hocicos quedan cubiertos de polen al beber el néctar. Cuando visitan la siguiente flor se limpian el polen en ella.

Polen viajero

El falangero mielero poliniza las flores de las plantas de banksia y eucalipto. Son buenos trepadores, que se mecen de rama en rama mientras buscan flores. Beben el néctar con sus largas lenguas y llegan hasta el polen con su hocico, luego lo transportan a la siguiente flor.

Lagartos ayudantes

En ocasiones hasta los reptiles pueden ser polinizadores. En la selva tropical brasileña, el escinco de Noronha visita el árbol de mulunga para beber el néctar de sus flores. El lagarto queda cubierto de polen a medida que bebe, y viaja con este hasta la siguiente flor que visite.

¡La gran imagen!

Un dulce sorbo

Una mariposa saltarina (hespérido) usa su larga lengua como una pajilla para beber néctar de una flor de centaura. La mariposa queda cubierta de polen mientras bebe.

La lengua enrollada de una mariposa

 ¡Sabelotodo!

● Las plantas con flores aparecieron en la Tierra al final del Jurásico, hace 140 millones de años.

● El polen fosilizado puede ayudar a los científicos a averiguar qué clase de plantas florecieron hace mucho tiempo.

● Los granos de polen a veces sirven como evidencia de los detectives forenses que tratan de resolver crímenes. Identificar el polen les ayuda a establecer el lugar donde ha estado una persona o cosa.

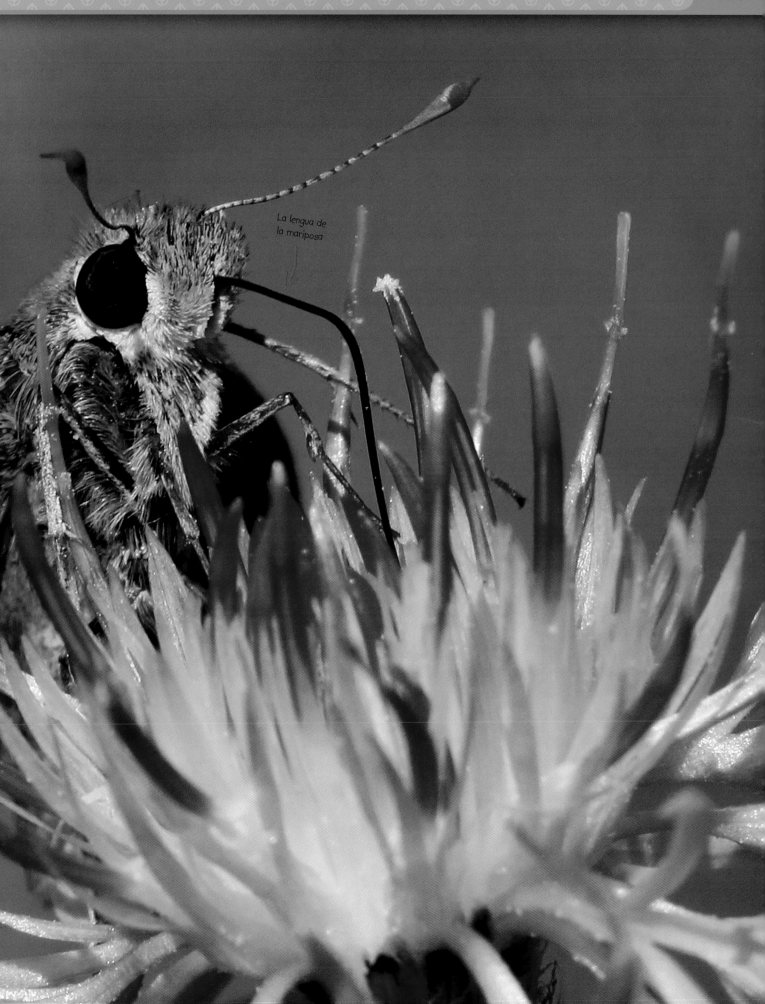

La lengua de
la mariposa

Semillas y frutos

Bajo la cubierta de una semilla hay una nueva planta lista para desarrollarse si se dan las condiciones.

El fruto que rodea la semilla

Al desarrollarse la semilla, las partes florales que la rodean cambian para convertirse en un fruto. Algunos son duros y secos, otros blandos y jugosos. Pueden contener una o muchas semillas y tienen diferentes formas. Por ejemplo, pueden ser bayas blandas, cápsulas duras o legumbres (vainas con una hilera de semillas en su interior).

Las semillas de la granada están recubiertas de una pulpa roja comestible

La nuez del castaño de Indias es una semilla dentro de un fruto

Un tomate es un fruto que tiene semillas en su interior

Una vaina de quimbombó

Corazón y semillas de manzana

Un kiwi y sus semillas

Las primeras frutas

Nuestros primeros ancestros comieron frutas, nueces y semillas, igual que nosotros. Lo sabemos porque se han encontrado fragmentos de semillas y plantas en coprolitos (heces fosilizadas). Un estudio de doce coprolitos prehistóricos en Mammoth Caves, Kentucky muestra que hace 4000 años la gente incluía en su dieta alpiste silvestre, semillas de girasol, fresas, moras y nueces de nogal americano.

¿Las nueces son frutos?

Las nueces son un tipo de fruto con una semilla en su interior. Cuando la semilla está lista para crecer no deja la nuez, germina a través de la cáscara dura que la rodea. Las drupas son un tipo de fruto blando y carnoso que tienen en su interior una semilla cubierta por una cáscara dura. Los duraznos, ciruelas y cerezas son drupas. Las gramíneas como el trigo tienen frutos secos pequeños con granos (semillas) en su interior.

Una nuez (fruto con una semilla en su interior que pronto germinará)

Una drupa (fruto carnoso con una semilla rodeada por una cáscara)

¡Sabelotodo!

● Te equivocas si crees que las almendras y los cocos son nueces. Son drupas.

● Las nueces contienen aceite, que se usa como alimento y para elaborar cosméticos.

● El arroz es el fruto comestible de un tipo de pasto o gramínea.

Viaje de las semillas

Cuando una semilla madura debe desprenderse de la planta y caer al suelo para germinar como un nuevo retoño. Las plantas tienen muchas maneras de dispersar sus semillas.

Las vainas secas de arveja se abren para liberar las semillas

Las semillas de amapola se dispersan cuando la cápsula se seca

Explosión de semillas

Las semillas necesitan caer tan lejos como sea posible de la planta progenitora. De otra forma, una pequeña área podría quedar atestada de plantas. Algunos frutos, como las vainas de arveja, se secan a medida que maduran y explotan con el tiempo, arrojando sus semillas a varios metros. A veces las vainas producen un fuerte ruido al estallar.

Hechos y cifras

Antiguas semillas germinadas: los científicos lograron hacer germinar plantas de semillas de hace 2000 años, halladas en excavaciones arqueológicas.

La vaina más grande: la liana entada de la selva tropical tiene una vaina de hasta 1.5 m de largo.

La cápsula más explosiva: el jabillo tiene una cápsula grande con forma de calabaza que explota como una granada de mano, esparce semillas grandes y trozos de su cáscara a 14 m de distancia.

Las semillas más grandes: la palma de coco de mar, de las Seychelles, produce semillas que pesan hasta 18 kg.

Con el viento

Muchas plantas necesitan que el viento disperse sus semillas. Por ejemplo, las semillas de los cardos y del diente de león tienen extremos plumosos que les sirven para flotar con la brisa, como pequeños paracaídas (arriba). Algunos árboles producen semillas dentro de láminas parecidas a alas, que les ayudan a girar con el viento.

Con animales

Las frutas son un buen alimento para los animales, que consumen las partes carnosas y escupen las semillas o las expulsan con sus excrementos. Las semillas están protegidas por su cubierta y pasan por el cuerpo de los animales sin dañarse. Algunas frutas están cubiertas de pequeños ganchos para aferrarse al pelaje de los animales.

⊗ La germinación

Una semilla germina (comienza a desarrollarse) cuando cae en suelo apropiado y la temperatura es lo suficientemente cálida.

Germinación de una semilla

Dentro de una semilla está el embrión de una planta que espera crecer. Cuando absorbe agua le crecen raíces, tallos y hojas minúsculas.

1. La semilla absorbe agua y se hincha. Luego se revienta la cubierta de la semilla.

2. Brota una pequeña raíz que crece hacia abajo para anclar la planta al suelo.

3. El tallo crece hacia arriba en busca de luz. La semilla contiene suficiente alimento para el brote hasta que pueda fabricar su propio alimento.

4. Las hojas se despliegan y comienzan a crecer.

5. Una vez el tallo y las hojas crecen y reciben luz, el brote está listo para fabricar su alimento mediante fotosíntesis (ver p. 98).

¿Vida larga o corta?

Las plantas anuales solo viven por un año. Las semillas germinan en primavera, florecen en verano, producen nuevas semillas y luego mueren. Las plantas bienales viven dos estaciones de crecimiento: germinan en el primer año, florecen en el segundo año y luego mueren. Las plantas perennes, como los árboles, viven por muchos años.

Las plantas anuales son reemplazadas cada año

Un evento raro: el florecimiento de una flor cadáver gigante

Una larga espera

Algunas flores tardan años para florecer y producir semillas. Los cactus pueden tardar 20 años en florecer, según la temperatura. Las flores cadáver gigantes tardan unos 10 años en florecer en su hábitat selvático en Sumatra, se conocen casos en los que han tardado 75 años en producir su flor, que libera un intenso hedor a carne podrida para atraer insectos.

¡Superfoto!

★ MUY ENRAIZADO

Este mezquite crece en regiones desérticas de México y Estados Unidos. Parece estar en un lugar muy seco, pero sobrevive gracias a la raíz primaria más grande del mundo, llega hasta 58 m bajo el suelo para absorber agua.

Las hojas

Transportan el agua y los nutrientes a través de sus venas y ayudan en la fabricación del alimento (ver p. 98). Tienen todo tipo de formas, tamaños y colores.

Sándwich de hoja

Una hoja está hecha de varias capas, como un sándwich. Cada capa realiza un trabajo diferente. Las capas superior e inferior son resistentes e impermeables, para proteger a la hoja de animales, enfermedades y el clima. Pequeños agujeros en la superficie, los estomas, permiten la entrada y salida de gases cuando la hoja hace fotosíntesis (ver p. 98). Bajo la superficie hay células que fabrican alimento y venas que lo transportan junto con el agua a toda la planta.

Puedes ver venas diminutas en una hoja seca

La capa superior de una hoja con un estoma (agujero) aumentada

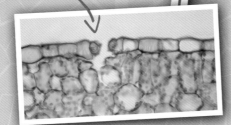

¡Sabelotodo!

● La hoja de la palma de rafia alcanza los 24 m de largo.

● La hoja flotante de la *Victoria regia* alcanza los 2.8 m de diámetro.

● Las púas (espinas) de los cactus en realidad son hojas.

¿Cuál hoja es cuál?

Puedes identificar una planta por la forma de su hoja. Una sola hoja en un pecíolo, es una hoja simple. Varias hojas pequeñas unidas a lado y lado de un tallo forman una hoja compuesta. Los bordes de una hoja también sirven para identificar una planta. Algunas hojas tienen bordes lisos, otras bordes aserrados u ondulados.

Forma y tamaño

Algunas plantas, como los narcisos, tienen hojas largas y angostas con nervaduras a lo largo (arriba), pero la mayoría de las plantas tienen hojas anchas y planas con nervaduras hacia fuera. Las plantas que viven en lugares fríos y ventosos tienen hojas pequeñas, para evitar el daño producido por el mal clima. Además, al crecer en suelos pobres, no obtienen los nutrientes necesarios para desarrollar hojas grandes. Las plantas que crecen en lugares cálidos y húmedos tienen hojas grandes.

⊗ Protección

Algunas plantas tienen espinas, pelos urticantes o veneno como protección para evitar que los animales se las coman.

Espinas

Las espinas pueden ser la modificación de una rama diminuta. Las plantas como los arbustos frutales suelen tener este tipo de espinas para evitar que los animales las mastiquen. Otras, como el cactus, tienen espinas que son hojas modificadas muy finas, ayudan a mantener alejados a los animales, y como son tan finas pierden menos agua que las hojas anchas y permiten la supervivencia en hábitats secos. El retamo espinoso cuenta con ambos tipos de espinas.

← *Las espinas de un cactus impiden que los animales se coman la pulpa*

💡 ¡Sabelotodo!

● Los pétalos del geranio tienen una sustancia química que paraliza escarabajos.

● Algunas pasionarias tienen pequeños puntos en sus hojas que parecen huevos de mariposa. Así disuaden a los insectos de poner sus huevos sobre las hojas.

Solución pegajosa

Algunas plantas producen una savia pegajosa o resina para atrapar a los insectos que las atacan. Los químicos en la savia pueden eliminar los hongos dañinos. La resina de las coníferas es un repelente de insectos natural y contiene sustancias que matan a los hongos y mantienen el árbol libre de microorganismos. Los antiguos egipcios la usaban para cubrir los cadáveres que momificaban, preservarlos y evitar ataques de insectos.

Las hojas de ortiga tienen pelos urticantes diminutos

Pelos urticantes

Las plantas urticantes tienen pequeños pelos sobre sus hojas o tallos. Los pelos producen un líquido venenoso que protege la planta. Por ejemplo, los pelos de la ortiga producen fuertes sustancias químicas y además son puntiagudos: penetran cualquier cosa que roce la planta. Los químicos fluyen del pelo hacia fuera y producen una sensación punzante. La ortiga brava del occidente de África tiene el efecto urticante más fuerte conocido de todas las plantas.

Resina brota de la corteza de un árbol

✿ ¡No me comas!

Las plantas a veces contienen sustancias químicas tóxicas y de sabor amargo que disuaden a los animales de comérselas. Algunos de estos químicos son mortales para los humanos, otros sirven para hacer medicamentos (ver p. 122).

Veneno por dentro y por fuera

Algunas plantas están cubiertas con sustancias nocivas. El desafortunado que roce una hiedra venenosa tendrá una desagradable erupción en la piel porque la planta produce una sustancia en su savia, llamada urushiol. Es tan poderosa que incluso la manipulación de hojas muertas puede producir una erupción. Algunas hierbas y plantas de jardín contienen una sustancia tóxica que puede ser mortal para los humanos, por eso nunca debes comer ninguna planta a menos que sepas que no es dañina.

Una erupción en la piel producida por tocar hiedra venenosa

Comedores de veneno

Algunos animales pueden comer plantas tóxicas sin enfermarse. Los koalas se comen las hojas tóxicas del eucalipto, pero su estómago es capaz de procesar la sustancia de tal forma que no les es nociva. Las mariposas monarcas incluso se alimentan de ciertas plantas a manera de defensa. Consumen grandes cantidades de la venenosa asclepia, que no les hace daño a ellas pero hace que sus cuerpos sean tóxicos para otras criaturas.

Los koalas solo comen hojas de eucalipto. Por fortuna pueden neutralizar la sustancia tóxica que contiene

Un gusano del maíz que se alimenta de una mazorca, hace que la planta envíe señales químicas para atraer al enemigo del gusano

¡Auxilio!

Cuando una planta de maíz es atacada por un gusano del maíz, la saliva del gusano hace que la planta produzca una señal química que flota en el aire. El olor que produce atrae a un tipo de avispa que es enemiga del gusano. Las plantas de maíz contiguas también detectan la señal química y comienzan a producir la misma señal química.

¡Superfoto!

⭐ SALIVA SALVADORA

Los alces a veces mordisquean plantas que contienen altos niveles de sustancias llamadas taninos, que pueden ser tóxicos. La saliva del alce neutraliza el efecto de los taninos.

Árboles

Un árbol es una planta leñosa con tronco. Los árboles son perennes (viven más de dos años) y son fundamentales para el bienestar de la tierra y para la atmósfera del planeta.

Los árboles ofrecen hogar a muchos animales. Aquí un herrerillo común alimenta a sus polluelos

En un bosque caducifolio la mayoría de los árboles tienen hojas anchas que caen en el invierno

Árboles de hoja ancha

Estos árboles tienen hojas amplias y planas en lugar de agujas, y flores que producen semillas. Crecen en todo el mundo y existe gran variedad de ellos. Algunos tienen flores que se ven con facilidad, otros producen flores tan diminutas que solo ves si te acercas mucho. Muchos árboles de hoja ancha son caducifolios, lo que quiere decir que pierden sus hojas durante el invierno, y suelen crecer en zonas templadas (ver p. 116-117) donde los veranos son cálidos, los inviernos moderados y las precipitaciones frecuentes.

Coníferas

Son árboles que producen sus semillas dentro de un cono en lugar de una flor. Casi todos tienen hojas finas o agujas (ver p. 115). Muchas coníferas son perennifolias: conservan sus hojas todo el año. Se desarrollan mejor en las regiones más frías del mundo. Un enorme bosque de coníferas, o taiga, se extiende por al norte del planeta desde el oriente de Siberia, pasando por Escandinavia hasta Canadá.

Cómo nos ayudan

Los árboles ofrecen refugio a criaturas, y nos proporcionan combustible y madera para construir. Contribuyen a mantener saludable el planeta. Cuando hacen fotosíntesis (fabrican su alimento), retiran dióxido de carbono de la atmósfera de la Tierra. Demasiado de este gas en la atmósfera ocasiona cambios perjudiciales en el clima, pero los árboles ayudan a mantener un equilibrio saludable de gases en el aire.

Las coníferas suelen crecer en las regiones más frías del mundo

¡Superfoto!

ÁRBOL ABUELITO

El pino longevo es el organismo que vive más tiempo en todo el mundo. Algunos ejemplares tienen hasta 4600 años de edad. Se encuentran en el suroccidente de Estados Unidos.

Dentro de un árbol

Un árbol necesita extraer agua y nutrientes del suelo para crecer y permanecer saludable. Lo logra por medio de sus raíces y tronco.

Las raíces

Se extienden en el suelo bajo el árbol (ver abajo). En los extremos de las raíces más grandes hay pelos que absorben el agua y los nutrientes que necesita el árbol. Si las raíces se dañan, enferman o quedan anegadas, el árbol morirá. Algunos árboles grandes desarrollan raíces tabulares que ayudan a sostener el tronco.

El tronco

Lleva los nutrientes y agua hacia arriba del árbol y ayuda a mantenerlo en pie para que las hojas puedan recibir la luz solar. El árbol está revestido por una capa de corteza protectora y debajo hay una capa llamada albura, que transporta los nutrientes y el agua por todo el árbol. El núcleo central del tronco, el duramen, sostiene al árbol.

El tronco de un árbol eleva las ramas y las hojas hacia la luz solar

¡Sabelotodo!

● Los arqueólogos a veces pueden establecer la edad de objetos y construcciones de madera antiguos estudiando los anillos en la madera.

● Algunos árboles pierden su corteza cada año. Se desprende y surge una capa nueva.

Este árbol gigante tiene raíces tabulares que lo ayudan a sostenerse

El tronco de un árbol estacional tiene un anillo por cada año de crecimiento

Los anillos de los árboles estacionales

Cada año le crece un nuevo anillo de células al tronco de un árbol bajo la corteza. Durante un año en el que el árbol recibe agua y luz solar en abundancia crece un anillo grueso. En un año con condiciones climáticas difíciles, como cuando hay sequía, crece un anillo delgado. Cada anillo tiene una parte clara y una oscura. La parte clara crece en primavera y verano; la parte oscura, en otoño e invierno.

Hojas que caen

Los árboles caducifolios pierden sus hojas cada invierno. En otoño las hojas cambian de color mientras mueren.

La clorofila

Las hojas contienen una sustancia de color verde llamada clorofila, que absorbe la luz. Esto le permite a la planta realizar la fotosíntesis y fabricar glucosa, el alimento de la planta (ver p. 98). En las épocas en las que el sol brilla más y los días son largos, las hojas fabrican mucha glucosa. Cuando los días se acortan en otoño, es más difícil fabricar alimento y los árboles viven de sus reservas. Ahorran energía al deshacerse de sus hojas.

¡Sabelotodo!

● Los colores más vivos en las hojas aparecen después de un verano seco, durante un otoño soleado y fresco. En estas condiciones los árboles fabrican muchos pigmentos rojos.

● El oriente de Estados Unidos es uno de los mejores lugares para ver hermosos colores de hojas en el otoño, porque el clima es el indicado y hay muchos árboles caducifolios.

● La clorofila se extrae de plantas para usarla como colorante de alimentos.

Por qué se caen las hojas

En la base de cada hoja caduca hay una capa de células llamada capa de separación. Diminutos tubos en esta capa llevan el agua a la hoja y el alimento al resto del árbol. En otoño, las células en esta capa bloquean los tubos, y dejan sin agua a la hoja, la clorofila de la hoja se descompone, luego la hoja se desprende por la línea de separación y se cae.

Si en el otoño hace mucho viento, las hojas se desprenden del árbol antes de estar listas para caer

Cambio de color

Todo el tiempo hay pequeñas cantidades de pigmento amarillo y anaranjado en las hojas, pero durante el verano quedan ocultos por la clorofila verde. Una vez desaparece el verde, los otros colores comienzan a aparecer. Los colores rojo y morado aparecen en algunos tipos de hojas. Esto es causado por grandes cantidades de glucosa (el azúcar que alimenta a la planta) en la hoja. El frío y la luz solar hacen que la glucosa se vuelva roja. Algunas hojas se vuelven marrones, color producido por materiales de desecho acumulados.

Algunas hojas se vuelven rojas por el azúcar que contienen

Agujas y conos

Las coníferas tienen hojas parecidas a agujas y conos en lugar de flores. Están bien adaptadas para crecer en climas difíciles.

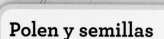

El cono macho es mucho más pequeño que el hembra. En este se fabrica el polen

Un cono hembra con sus escamas abiertas, fabrica las semillas de coníferas que vuelan con el viento

Simples agujas

Las agujas de las coníferas son fuertes, con un grueso revestimiento ceroso. También tienen una superficie pequeña. Esto es importante porque las coníferas suelen crecer en regiones con mucho viento en las que el agua escasea. Cuando el viento sopla sobre la superficie de una hoja se lleva la humedad, pero el revestimiento ceroso de las agujas y su forma reducen la pérdida de agua.

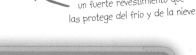

Las agujas de pino tienen un fuerte revestimiento que las protege del frío y de la nieve

Polen y semillas

Las coníferas producen dos tipos de conos: macho y hembra. Los machos son pequeños y crecen en racimos en la base de ramas nuevas. Las hembras crecen cerca de las puntas de las ramas. Un cono está formado por escamas superpuestas, que son hojas modificadas. Las escamas del cono macho contienen el polen y las hembras contienen los óvulos (ver p. 102). Con el clima seco, las escamas del cono se abren y el polen vuela desde los conos machos a los conos hembras.

(ver p. 102)

¡Sabelotodo!

● El pino más alto es el pino de azúcar, que alcanza hasta 61 m de altura.

● El aceite de pino se usa como ingrediente en muchos productos, como limpiadores y jabón de burbujas para darles olor a pino, y para lubricar los pequeños componentes de los relojes. Se extrae de las agujas y los conos de los pinos.

Una nueva conífera

Una vez los conos machos cumplen con su misión se secan, pero los conos hembras siguen creciendo y dentro de ellos se forman las semillas. Cada semilla tiene una cubierta con forma de ala que le ayuda a flotar con el viento cuando el cono se abre. Si cae en buen suelo dará origen a una nueva planta.

En el mundo

Los bosques de coníferas, o bosques boreales, de la taiga se extienden por el norte del planeta.

BOSQUES DE CONÍFERAS, TAIGA

Más de la mitad de los bosques del mundo se encuentra en cinco países: Brasil, Rusia, Canadá, Estados Unidos y China.

La selva tropical más grande del mundo está en la Amazonía, en Suramérica. La segunda más grande está en la cuenca del Congo, en África.

SELVA TROPICAL DE LA AMAZONÍA

Bosques

Un tercio de la superficie terrestre está cubierto de bosques, ya sea de coníferas, caducifolios o selvas tropicales.

Los bosques alguna vez cubrieron un área más grande en el planeta, pero con los siglos se han talado grandes áreas para usar la madera o porque se le ha dado a la tierra usos diferentes. Hoy, las selvas tropicales son las más amenazadas. Alguna vez representaron 14 % de los bosques del mundo, pero hoy solo suman el 6 %.

BOSQUE PERENNIFOLIO DE CONÍFERAS

BOSQUE TEMPLADO
(de coníferas y perennifolios)

SELVA TROPICAL ECUATORIAL

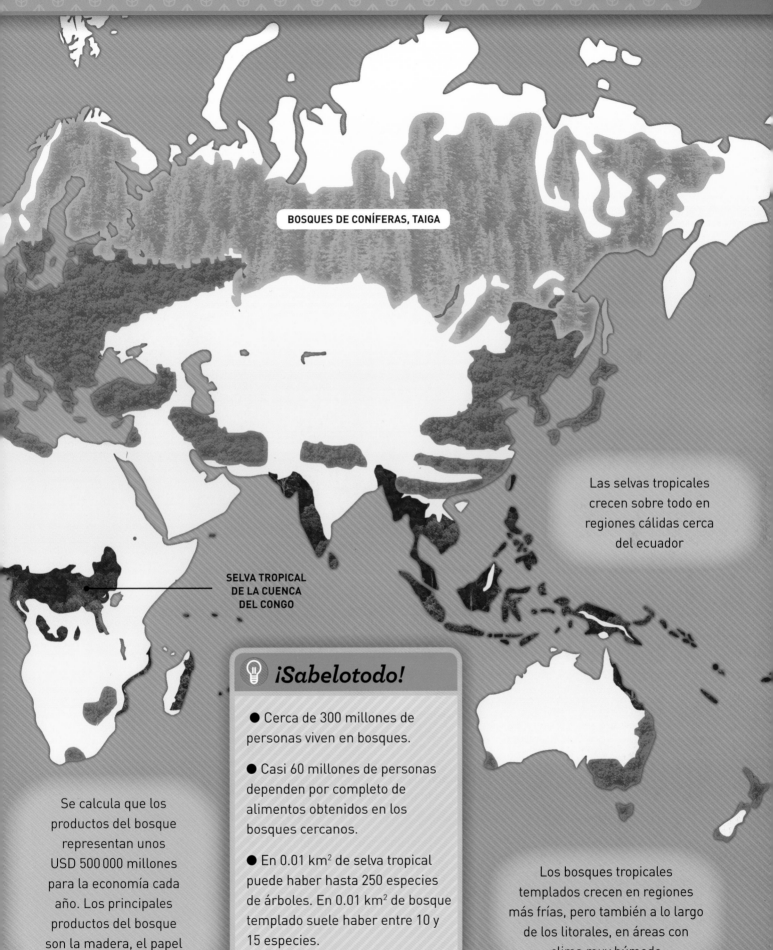

BOSQUES DE CONÍFERAS, TAIGA

Las selvas tropicales crecen sobre todo en regiones cálidas cerca del ecuador

SELVA TROPICAL DE LA CUENCA DEL CONGO

¡Sabelotodo!

● Cerca de 300 millones de personas viven en bosques.

● Casi 60 millones de personas dependen por completo de alimentos obtenidos en los bosques cercanos.

● En 0.01 km^2 de selva tropical puede haber hasta 250 especies de árboles. En 0.01 km^2 de bosque templado suele haber entre 10 y 15 especies.

Se calcula que los productos del bosque representan unos USD 500 000 millones para la economía cada año. Los principales productos del bosque son la madera, el papel y el cartón.

Los bosques tropicales templados crecen en regiones más frías, pero también a lo largo de los litorales, en áreas con clima muy húmedo

Plantas especializadas

Estos son algunos ejemplos de plantas especializadas que se han adaptado a ambientes inusuales donde otras plantas no podrían sobrevivir.

Una planta epífita en lo alto de un árbol de la selva, con sus raíces colgantes que absorben la humedad

Plantas parásitas

Un parásito es una planta o animal que vive dentro o sobre otro organismo, toma alimento de su huésped y no da nada a cambio. Una planta parásita se enreda alrededor de otra y hace crecer haustorios, estructuras succionadoras, que penetran en el huésped para obtener agua y alimento en vez de generar sus propias raíces. A veces puede matar a su huésped de hambre.

Raíces aéreas

Algunas plantas crecen sobre otras, por ejemplo sobre los árboles, y sus raíces no llegan al suelo. A diferencia de las parásitas, fabrican su propio alimento y obtienen el agua y los minerales que necesitan de la lluvia y la niebla que las rodea. Se llaman plantas epífitas, e incluyen los musgos, orquídeas de las selvas tropicales y bromelias.

El muérdago es una planta parásita. No tiene raíces propias y obtiene agua y nutrientes de los árboles huéspedes sobre los que crece

Las plantas costeras son las chicas rudas del mundo vegetal, toleran el clima hostil y el agua salada

Amantes de la sal

La sal es dañina para la mayoría de las plantas, pero algunas especies resistentes pueden soportarla. Crecen en playas, marismas salinas y litorales, y toleran el agua salada. Los mangles son las plantas halófitas, amantes de la sal, más resistentes. Crecen a lo largo de los litorales tropicales del mundo.

¡Superfoto!

PLANTA ASESINA

La higuera estranguladora recibe ese nombre porque crece alrededor de otros árboles y con el tiempo los mata. La de la derecha crece sobre las ruinas de un templo en Camboya.

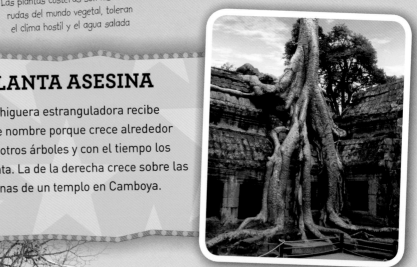

Esporas

Las algas, musgos y helechos son plantas que no producen flores ni semillas.

¡Sabelotodo!

● Los líquenes crecen casi en todas partes, desde los desiertos hasta los polos.

● Algunos líquenes no pueden sobrevivir a la contaminación. Si desaparecen los líquenes en la ciudad, es señal de que hay contaminación.

● Las algas son utilizadas para fabricar biocombustible, un sustituto del petróleo para el funcionamiento de motores.

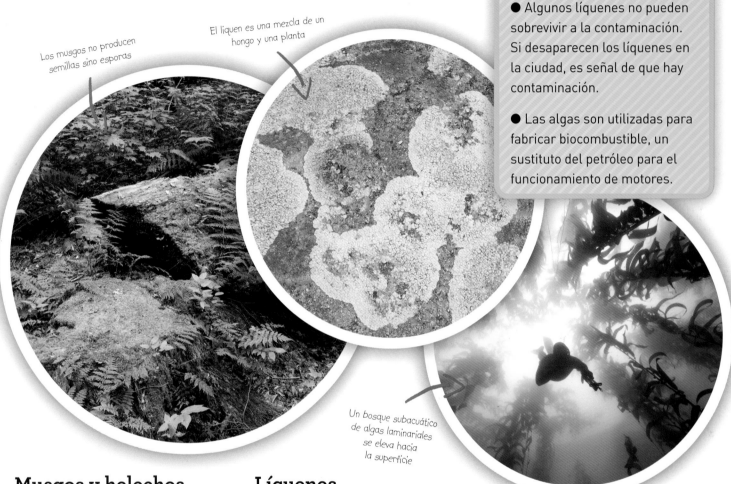

Los musgos no producen semillas sino esporas

El liquen es una mezcla de un hongo y una planta

Un bosque subacuático de algas laminariales se eleva hacia la superficie

Musgos y helechos

Los musgos son un grupo de plantas diminutas que crecen en lugares húmedos. No producen flores, polen o semillas. En cambio producen esporas, diminutas partículas que flotan en el aire como polvo y que pueden originar plantas nuevas. Los helechos y las algas marinas también producen esporas. Si miras la cara inferior de una hoja de helecho a finales del verano verás cientos de pequeños parches marrones. Cada uno contiene muchas esporas, que estallarán y saldrán volando cuando hayan madurado.

Líquenes

Los líquenes son singulares porque son tanto plantas como hongos (un reino de organismos que incluye champiñones y setas). La mayor parte de un liquen está formada por un hongo (cientos de filamentos diminutos) con algas unidas a este. Los filamentos absorben y almacenan agua, y el alga fabrica el alimento mediante fotosíntesis. Los filamentos producen un ácido que disuelve la piedra, y libera los minerales que necesita el alga para sobrevivir.

Algas

Las algas son mucho más simples que las plantas que producen semillas. No tienen hojas, tallo o flores, pero contienen clorofila para fabricar su propio alimento. La mayoría vive en el agua, y muchas son tan pequeñas que solo pueden verse con microscopio. Las macroalgas son el tipo más grande de algas, las laminariales alcanzan una longitud de hasta 65 m y forman bosques subacuáticos.

⊗ Plantas para comer

Los agricultores en todo el mundo cultivan cientos de plantas que luego se convertirán en alimento. Estos son algunos ejemplos que puedes encontrar en la cocina.

Aceite vegetal

Muchos aceites vegetales se usan para cocinar en casa o en la industria de alimentos. Los de oliva, girasol, nuez y palma se obtienen al presionar el fruto de la planta hasta que suelte el aceite. El de oliva se empleaba en la Roma antigua, y aún se elabora en el sur de Europa a partir del fruto del olivo. Los romanos lo frotaban en la piel y luego lo retiraban junto con la suciedad del día.

💡 *Hechos y cifras*

Las diez plantas más cultivadas, de mayor a menor:

1. **Trigo**
2. **Arroz**
3. **Maíz**
4. **Soya**
5. **Cebada**
6. **Sorgo**
7. **Mijo**
8. **Maní**
9. **Fríjol**
10. **Canola**

Cacao

Los granos de cacao crecen dentro de las vainas del cacaotero, un árbol tropical. Las vainas se recogen y se abren para sacar las semillas, las cuales se secan y tuestan para retirar su cubierta exterior. La almendra interior de la semilla se rompe en pedazos y se muele para hacer una pasta espesa de cacao, el licor, el cual se usa para elaborar el chocolate. Los aztecas inventaron el chocolate y lo usaban para elaborar una bebida con ají, harina de maíz y especias.

Las vainas del cacaotero contienen muchas semillas de cacao

Café

La planta de café tiene pequeñas bayas rojas. Cada baya contiene dos semillas, que son los granos de café. Las bayas se recogen y se dejan secar al sol. Después de unas semanas, se extraen los granos de las bayas y se tuestan, luego se muelen para producir café en polvo. Brasil es el mayor productor de café, seguido por Vietnam.

Las bayas de café se recogen a mano antes de ponerlas a secar

Hecho con plantas

Las plantas se usan para fabricar muchas cosas, desde objetos de madera hasta el libro que estás leyendo. Aquí hay algunos ejemplos de objetos hechos con plantas.

¡Sabelotodo!

● Se cree que el papel fue inventado en China cerca del año 100, y que era empleado por los emperadores chinos.

● El papel higiénico moderno fue fabricado por primera vez en el siglo XIX. Antes de eso se usaban trapos y musgo.

Una cosecha de algodón lista para ser recogida

Caucho

El caucho se usa para fabricar muchos objetos, desde bandas elásticas hasta neumáticos. Los árboles de caucho crecen en regiones tropicales de Suramérica, Asia y África. Cuando se hace una hendidura en un árbol de caucho exuda una resina, el látex. Este se usa para fabricar los globos para fiestas y guantes, entre otros. Para hacer el caucho más grueso, se mezcla con otros químicos.

Látex que gotea de un árbol de caucho

Algodón

El algodón viene del algodonero. Está hecho de las fibras esponjosas que crecen alrededor de las cápsulas de semillas de la planta. Las fibras se separan de las cápsulas y se limpian, luego se entrelazan para elaborar largos filamentos, el hilo. Este se coloca en un telar y se teje para fabricar la tela de algodón. El algodón se cultiva en África, Asia, Norte y Suramérica. Es el textil de origen natural más usado.

Papel

La madera está formada por fibras diminutas que se usan para hacer el papel. Los troncos se llevan a una fábrica de papel, donde son cortados en pequeños trozos, que se mezclan con agua para formar una pulpa acuosa. Luego se extrae el agua y las fibras son exprimidas, calentadas y secadas para crear láminas de papel delgado o de cartón.

Plantas medicinales

Las plantas han sido usadas para preparar medicinas por miles de años. Algunas medicinas comunes están hechas de extractos de plantas.

Venenos buenos

Algunas plantas contienen sustancias químicas que, aunque son venenosas, se extraen y procesan para elaborar medicinas. Por ejemplo, las digitales producen un veneno mortal, la digitalina, que se usa para elaborar un medicamento para tratar enfermedades cardiacas. Las hojas venenosas del tejo se usan para tratar el cáncer, y las sustancias tóxicas de la belladona se emplean en tratamientos oculares.

El curare se extrae de una liana de la selva amazónica, se calienta en una fogata y se impregna en las puntas de las flechas para cazar

Las digitales producen la mortal digitalina, usada en medicamentos para tratar enfermedades cardiacas

De la selva

Los indígenas de las selvas tropicales han usado las plantas locales como medicina por siglos. Muchas de las plantas que recogen son estudiadas por compañías farmacéuticas para convertirlas en medicamentos. Por ejemplo, los indígenas de la selva tropical amazónica usan el veneno de una liana, el curare, para impregnar las puntas de las flechas con que cazan. El veneno paraliza a los monos a los que les disparan y luego los consumen como alimento. El curare se usa también en tratamientos para relajar los músculos.

¡Sabelotodo!

● El extracto del narciso se usa para tratar enfermedades como el mal de Alzheimer y para curar heridas.

● En tiempos medievales los doctores tenían algunas ideas extrañas acerca del poder sanador de las plantas, ¡creían que frotarse una cebolla en la cabeza curaba la calvicie!

Antigua cura para el dolor de cabeza

La medicina derivada de las plantas más común quizá es la aspirina, originalmente provenía de la corteza del sauce blanco. Los antiguos egipcios masticaban la corteza para curar dolores de cabeza y los antiguos griegos la usaban para curar la fiebre. En el siglo XIX, los químicos encontraron la manera de extraer de la corteza el ingrediente medicinal: el ácido salicílico. Hoy este ingrediente especial se produce en laboratorios.

La aspirina proviene de la corteza del sauce blanco, aunque hoy se fabrica en laboratorios

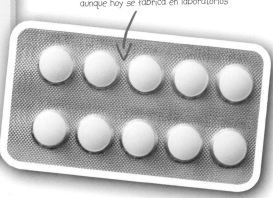

Plantas tradicionales

Alrededor del mundo la gente usa las plantas en festividades y para decorar sus hogares o sus cuerpos.

Plantas navideñas

Las plantas son parte importante en la festividad cristiana de la Navidad. Las casas se decoran con acebo y muérdago y se hacen árboles de Navidad. Los orígenes de estas tradiciones se remontan a las prácticas paganas anteriores a los tiempos del cristianismo. Pueden haber sido usados en ceremonias como la fiesta de la Chonta (abajo), para agradecer a los dioses por el buen clima y las buenas cosechas.

El árbol de Navidad se originó en tiempos anteriores al cristianismo, pues las plantas eran parte de las creencias paganas

El pueblo shuar usa la palma de chonta para fabricar cerbatanas

Ceremonia para una planta

La palma de chonta suramericana tiene su propia fiesta en Ecuador. La palma de chonta es tan importante para el pueblo shuar que llevan a cabo una ceremonia especial en la época de cosecha de la palma para pedir bendiciones al dios de la chonta, Uwi. Se hacen danzas y rituales en honor a Uwi, para asegurar una buena cosecha el siguiente año. La palma se usa como alimento, leña e incluso para fabricar cerbatanas.

Pintura corporal

Los pueblos indígenas en muchas partes del mundo usan colorantes extraídos de plantas para decorar sus cuerpos, en especial para ceremonias importantes. En la Amazonía, las semillas de achiote se mezclan con grasa animal para fabricar una pintura de color rojo. El achiote también es conocido como árbol pintalabios, porque sus semillas tienen el color de un pintalabios rojo.

Una mujer de la Amazonía pintada de rojo con achiote

💡 ¡Sabelotodo!

● En tiempos medievales se creía que colgar ruda, romero e hinojo en la casa protegía contra los espíritus malignos.

● Se creía que las calabazas y los nabos tallados, y con una vela encendida en su interior protegían de los espíritus en Halloween. En la actualidad aún son parte de la festividad.

⊗ Jardines

En los jardines y huertos se cultivan hermosas plantas o vegetales comestibles y frutas. Deben cuidarse muy bien para que sobrevivan.

Versión de un artista de los Jardines Colgantes de Babilonia

Jardines antiguos

Las personas han creado jardines desde tiempos antiguos, los Jardines Colgantes de Babilonia fueron una de las siete maravillas del mundo antiguo. De acuerdo con la leyenda, estos asombrosos jardines fueron creados por la esposa del rey Nabucodonosor alrededor del 600 a. C., en la región que hoy llamamos Irak. Nadie sabe si realmente existieron. Si fue así, es posible que las plantas hayan crecido en terrazas.

Una enorme calabaza premiada

Romperrécords

Los horticultores alrededor del mundo compiten para romper récords con los vegetales más grandes o más pesados. La calabaza más grande que se ha premiado pesó cerca de 800 kg y la papa más pesada era de más de 11 kg. El pepino cohombro más largo medido alcanzó unos 117 cm y la zanahoria más larga tenía más de 5 m.

El secreto para un suelo fértil

Los jardineros y horticultores deben asegurarse de que el suelo esté saludable y lleno de nutrientes. La mejor manera de hacerlo es enterrar restos vegetales, el compost, que se descompone en el suelo. Uno de los mejores compost es el estiércol (excremento) de animales herbívoros como la vaca. Una vez el estiércol se ha descompuesto, todas las bondades del material vegetal que contiene regresan al suelo.

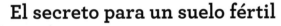

Los jardineros y horticultores deben cuidar el suelo tanto como las plantas

¡Superfoto!

⭐ **FLORES FANTÁSTICAS**

Keukenhof, en Holanda, es el jardín más grande del mundo. Tiene sembrados unos siete millones de bulbos de flores.

Temporadas de siembra

Las plantas crecen y se cosechan en diferentes épocas del año.

Campos inundados

En el Sudeste Asiático las semillas de arroz se siembran en junio, luego se inundan los campos para generar las condiciones que las plantas necesitan para crecer. Están listas para ser cosechadas a finales de septiembre. Se cree que el arroz ha sido cultivado de esta manera durante 5000 años. Hace mucho tiempo, todo el trabajo era hecho a mano por las familias de agricultores. Ahora se siembra y se cosecha con maquinaria.

Una buena cosecha de uvas

Los arrozales se inundan después de sembrar las semillas de arroz

La vendimia

La vendimia es la cosecha de uvas en las famosas regiones vinícolas de Francia. En septiembre los fabricantes de vino esperan los días más cálidos para recoger las uvas y aplastarlas para convertirlas en vino. Los vinos más finos son los elaborados con la fruta recogida a mano. Las uvas solían ser aplastadas por personas que las pisaban, hoy el trabajo se hace con máquinas. Cuando se ha concluido la cosecha, todos celebran con fiestas y cenas.

La temporada de jarabe

El jarabe de arce está hecho de la savia de los árboles de arce. La región canadiense de Quebec es la mayor productora de jarabe de arce en el mundo, con tres cuartos de la oferta mundial. En primavera se hacen perforaciones en los árboles para extraer la savia, la cual se hierve para hacer el jarabe. Durante esta temporada es tradición que las familias vayan a los bosques para disfrutar de una fiesta de jarabe.

La savia azucarada gotea de un arce

💡 ¡Sabelotodo!

● Se necesitan unos 40 litros de savia de arce para preparar un litro de jarabe.

Plantas en el espacio

En el futuro quizá habrá huertos en las naves espaciales y en la superficie de la Luna.

Primeras plantas espaciales

A bordo de la ISS (ver p. 28) se han llevado a cabo experimentos para hacer crecer semillas en semilleros dentro de cámaras de crecimiento, son cajas parecidas a invernaderos en miniatura. A las semillas se les suministra agua reciclada de la reserva de la estación, fertilizantes y luz artificial. Las plantas parecen crecer bien, incluso sin gravedad.

(ver p. 28)

¡Sabelotodo!

● A bordo de la ISS se han cultivado con éxito plantas de albahaca, mostaza, trigo enano, rábanos y fresa.

● Cultivar plantas en el espacio puede ayudar a que los astronautas permanezcan felices y saludables durante las largas misiones, pues les recuerda su hogar.

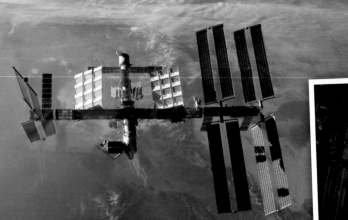

Lechugas que crecen a bordo de la ISS

Se hacen experimentos para planear la instalación de invernaderos en otros planetas como Marte

Semillas en el espacio

Se ha descubierto que algunas plantas mutan en el espacio. A veces hay pequeños cambios en la apariencia de las semillas, quizá ocasionados por la radiación solar que es más fuerte en el espacio. Científicos chinos han traído a la Tierra semillas que mutaron en el espacio y han hecho crecer plantas de estas. Aún no es claro del todo qué efecto produce en las semillas estar en el espacio, y se realizan más experimentos antes de que los grandes huertos en el espacio sean una realidad.

Huerto comestible

Si los astronautas llegaran a Marte o vivieran en una base en la Luna, estarían lejos de la Tierra por un largo tiempo. Necesitarían alimentos saludables y cultivar plantas comestibles podría ser vital. Tal vez en el futuro las plantas podrían crecer en grandes invernaderos espaciales parecidos a cápsulas. El oxígeno y el agua que producen las plantas podrían reciclarse para su uso en la base espacial.

Huertos muy especiales

Es posible cultivar plantas sin tierra, e incluso usando agua de mar en un desierto ardiente.

¡Mira, sin tierra!

Los cultivos hidropónicos son aquellos en los que las plantas no crecen en la tierra. En cambio, sus raíces se encuentran en arena o en grava. Se les suministran nutrientes y agua por medio de un sistema computarizado. Esto mantiene lejos a plagas, enfermedades y malezas, y las plantas reciben la cantidad exacta de alimento y agua que necesitan. Incluso pueden crecer con luz artificial.

Las plantas crecen en tubos hidropónicos, no sobre el suelo

Entre la niebla

Los cultivos aeropónicos son una manera de cultivar plantas que podría usarse en el espacio en el futuro. Las plantas cultivadas de esta manera tienen sus raíces suspendidas en el aire, y obtienen los nutrientes de una fina neblina que es rociada alrededor de estas por un sistema automático. Se puede reciclar el agua y no es necesario tener tierra, arena, grava, ni siquiera contenedores, una manera de cultivar que podría ser ideal en una nave o base espacial.

Plantas con sus raíces suspendidas, rociadas con nutrientes y agua

Invernadero con agua de mar

En un proyecto de invernadero en el desierto de Qatar se cultivan vegetales usando agua de mar. El Sahara Forest Project usa energía solar para evaporar agua de mar, generando agua dulce y aire fresco. Lo primero que se cultivó fueron pepinos cohombros, cosechados en 2012. En el futuro los cobertizos de agua de mar podrían ser usados en muchas regiones desérticas.

¡Sabelotodo!

● Es posible cultivar plantas en desechos de vidrio reciclado, cascarilla de arroz, fibras de coco e incluso en empaques de poliestireno.

● Los cultivos hidropónicos de burbujas consisten en hacer crecer plantas con sus raíces suspendidas sobre agua mezclada con nutrientes.

Glosario

Aguja: tipo de hoja muy fina propia de las coníferas.

Albura: capa dentro del tronco de un árbol que transporta agua y alimento a todo el árbol.

Caducifolia: planta que pierde sus hojas en invierno o en la estación seca.

Capa de separación: capa de células en la base de una hoja caduca, por donde la hoja se desprende del árbol.

Carpelo: parte femenina de una flor, compuesto por el estigma, el estilo y el ovario. Contiene los óvulos, que luego se convertirán en semillas.

Clorofila: sustancia verde de las hojas que absorbe la luz del sol, y permite a la planta fabricar su propio alimento.

Conífera: árbol que produce sus semillas en un cono y no en una flor.

Coprolito: excremento fosilizado de animal, como los humanos.

Cultivo aeropónico: proceso de cultivar plantas con sus raíces suspendidas en el aire.

Cultivo hidropónico: proceso de cultivar plantas sin tierra.

Dióxido de carbono: gas presente en la atmósfera de la Tierra. Las plantas absorben dióxido de carbono para fabricar su alimento.

Drupa: tipo de fruto que tiene en su interior una semilla cubierta por una cáscara dura. Un durazno es un ejemplo de drupa.

Duramen: núcleo interior del tronco de un árbol.

Espina: tipo especial de hoja que tienen algunas plantas, como los cactus.

Espora: partícula parecida al polvo que producen algunas plantas. No necesita ser polinizada. En cambio se aleja flotando y origina una nueva planta en otra parte.

Estambre: estructura parecida a un alfiler que produce el polen en una flor.

Estiércol: excremento en descomposición que es bueno para las plantas.

Estigma: parte superior pegajosa del carpelo. La superficie pegajosa recoge el polen.

Estoma: pequeño agujero en la superficie de una hoja que permite la entrada y salida de gases.

Fotosíntesis: proceso en que la hoja de una planta absorbe la luz solar y el dióxido de carbono, y lo usa para fabricar azúcar y oxígeno.

Fruto: parte de la planta que rodea y protege la semilla.

Germinación: proceso en el que una semilla comienza a crecer para convertirse en una planta.

Glucosa: tipo de azúcar fabricado por una planta y que usa como alimento.

Hoja compuesta: varias partes parecidas a hojas pequeñas sobre un mismo pecíolo.

Hoja simple: una sola hoja en un pecíolo.

Látex: líquido blanco producido por el árbol de caucho.

Nectario: depósito de néctar azucarado dentro de una flor.

Nuez: tipo de fruto que contiene una semilla. Cuando germina la semilla, crece de la nuez.

Nutriente: sustancia que necesita un organismo para crecer y estar saludable.

Parásito: planta o animal que vive dentro o sobre otro organismo, y toma alimento de su huésped sin dar nada a cambio.

Perennifolia: planta que conserva sus hojas todo el año.

Planta anual: planta que solo vive durante una estación de crecimiento. Florece, produce semillas y muere.

Planta bienal: planta que vive dos estaciones de crecimiento. En el primer año crece, en el segundo florece y muere.

Planta perenne: planta que vive durante muchas estaciones de crecimiento.

Polen: polvo amarillo que se une a un óvulo (una parte diminuta de la planta) para crear una nueva semilla.

Polinización: proceso en que un grano de polen cae sobre el estigma de una flor y crece a través del estilo hasta el óvulo, donde se unen para formar una semilla.

Polinizador: animal que transporta polen de una flor a otra.

Raíz primaria: raíz subterránea principal de una planta.

Raíz tabular: raíz gigante de un árbol que se desprende del tronco de un árbol sobre la superficie del suelo, y que ayuda a sostener al árbol.

Resina: líquido pegajoso producido por los árboles y que los protege de enfermedades y de los insectos.

Savia: líquido producido por una planta.

Sépalo: hoja verdosa en la base de una flor.

Taiga: enorme extensión de bosque que se encuentra en el norte del planeta, desde el oriente de Siberia, pasando por Escandinavia hasta Canadá. También conocido como bosque boreal.

CAPÍTULO 5

HISTORIA

Primeros humanos

Los homínidos, criaturas muy parecidas a los humanos, caminaron sobre la Tierra hace millones de años. De forma gradual, estos seres evolucionaron (cambió su naturaleza y apariencia) y se dispersaron por todo el mundo.

Se piensa que la apariencia y la estatura de los humanos cambiaron con el tiempo

¡Sabelotodo!

● Los fósiles de huellas más antiguas de homínido halladas, se encontraron en Tanzania, África.

● La primera construcción de piedra descubierta se remonta a hace un millón de años, también fue hallada en Tanzania. Era una estructura de rocas con forma de anillo, quizá usaron ramas a manera de tejado.

Las primeras huellas

Huellas fosilizadas halladas en África oriental sugieren que pequeños homínidos caminaron por primera vez en dos piernas, de manera permanente, hace 3.5 millones de años. Esto los diferenció de otras criaturas simiescas que caminaban en cuatro patas. Por siglos, los humanoides evolucionaron, cambiaron de apariencia y aumentaron su estatura. Vivieron en grupos familiares, cazaron, recolectaron plantas y empezaron a fabricar herramientas.

Puntas de flechas prehistóricas hechas de pedernal

Arte rupestre

Sabemos que los humanos vivieron en cuevas en algunas partes de África y Europa hace más de 100 000 años. Los primeros ejemplos de dibujos creados por humanos fueron encontrados en cavernas en Francia y España. Usaban pinturas hechas de piedras molidas para dibujar los animales que cazaban. También soplaban pintura alrededor de sus manos para dejar sus huellas plasmadas.

Impresiones de manos hechas por cavernícolas en la Cueva de las Manos en Argentina, entre 13 000 y 9000 años atrás

Herramientas

Los primeros humanos eran prácticos y desarrollaron habilidades para fabricar herramientas con astas de renos y pedernales, que golpeaban para afilarlos y darles forma, técnica conocida como talla de pedernal. Hacían herramientas de diferentes formas según su uso: cortar madera, cazar, cortar carne y raspar pieles de animales.

📖 Gran recorrido

Los arqueólogos piensan que los humanos modernos, los *Homo sapiens*, vivieron primero en África y se fueron dispersando por todo el planeta, en grupos, en busca de alimentos.

Los huesos bajo las cejas de los neandertales eran más protuberantes que los de los *Homo sapiens*

Los primeros humanos cazaban animales como los mamuts lanudos

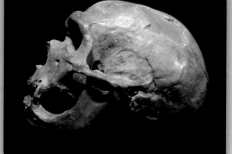
Cráneo de un neandertal de hace 35 000 a 50 000 años

Neandertal contra *Homo sapiens*

Una especie de humanos, los neandertales, vivió en Europa y Asia desde el año 130 000 a. C. hasta el 28 000 a. C. Eran más bajos y musculosos que el *Homo sapiens*, que comenzó a viajar fuera de África cerca del año 30 000 a. C. Los neandertales desaparecieron, es posible que estuvieran adaptados a vivir en climas helados, pero como el planeta se tornó más cálido eso les dificultó cada vez más la supervivencia.

Largo viaje

Durante los últimos dos millones de años ha habido periodos de frío extremo, las eras de hielo. Durante estas épocas heladas los humanos tuvieron que migrar (viajar) para encontrar alimento. Como el agua del planeta se congeló, el nivel del mar descendió y dejó expuestos puentes de tierra entre los continentes. Poco a poco, los humanos llegaron a todos los continentes al cruzar estos puentes, tal vez en grupos familiares.

Neandertales vivos

Por mucho tiempo se pensó que los neandertales habían desaparecido por completo. Sin embargo, hace poco los científicos elaboraron el mapa de ADN de los neandertales a partir de huesos antiguos hallados en cavernas de Croacia, Rusia, Alemania y España. Han encontrado que 4 % de la población no africana del mundo moderno tiene algo del ADN neandertal. Esto sugiere que algunos neandertales se mezclaron con el *Homo sapiens* y tuvieron descendencia.

¡Superfoto!

⭐ ENTIERRO APROPIADO

Los neandertales enterraban a sus muertos con objetos como flores y herramientas, es uno de los primeros ejemplos de rituales humanos. Este entierro se encontró en una cueva en Francia.

Primeros cultivos

Se calcula que hasta el año 8000 a. C. la gente obtenía su alimento al recolectar plantas o cazar. La situación iba a cambiar con la aparición de un nuevo modo de vida.

Estatuilla de arcilla, posiblemente de una diosa madre, de Çatalhöyük

Los primeros agricultores cultivaron cereales e introdujeron las semillas para elaborar pan

Los primeros cultivos

Los pueblos que vivían en las inmediaciones del río Nilo y las fértiles áreas del Cercano Oriente fueron los primeros en limpiar el suelo, sembrar semillas y cosechar granos en lugar de depender de los cereales silvestres. Ya no tuvieron que seguir a los animales que migraban o salir a buscar plantas silvestres para comer. Construyeron casas en aldeas y comenzaron a criar ganado.

Las primeras aldeas

Cuando la gente comenzó a asentarse de forma permanente en aldeas, la vida diaria cambió. Al no tener que dedicar todo su tiempo a cazar o buscar alimento, pudieron aprender otras habilidades como la alfarería, la talla y a fabricar canastos. Comenzaron a intercambiar objetos y alimentos con otras aldeas cercanas. Las aldeas se desarrollaron por primera vez en el Medio Oriente y Asia hace 11 000 años.

¡Sabelotodo!

● La gente de Çatalhöyük enterraba a sus muertos bajo el suelo de sus hogares.

● Decoraban sus paredes con pinturas y grabados, y colgaban cabezas de animales. Puede que hayan adorado a los toros.

Primeras casas

Çatalhöyük, ubicada en la actual Turquía, fue una de las primeras aldeas. Allí vivieron más de 6000 personas entre el 7500 y 5700 a. C. Tenían cultivos, criaban ganado y comerciaban madera, obsidiana, rocas, cobre y conchas con sus vecinos. Sus casas estaban pegadas unas a otras y no había calles. En cambio, caminaban sobre los techos planos y descendían a sus viviendas por escaleras de madera.

Reconstrucción de la habitación de una casa de Çatalhöyük

Las primeras ciudades

Escritura cuneiforme de Mesopotamia

Alrededor del 4000 a. C. se fundaron las primeras ciudades en la región de Mesopotamia, hoy Irak.

Estatua de un sacerdote de Uruk

Templos

Las primeras ciudades fueron centros religiosos, con importantes santuarios para los dioses locales. Por ejemplo, en la ciudad de Uruk había grandes templos con amplios salones para ceremonias, decorados con mosaicos y estatuas. En su apogeo, en el año 3000 a. C., Uruk fue el hogar de 80 000 personas.

Escritura

La primera evidencia de escritura viene de las primeras ciudades de Mesopotamia. Era una serie de símbolos, llamados inscripciones cuneiformes, que se tallaban sobre arcilla con un junco cortado en forma de cuña. Al inicio se usaron símbolos para llevar un registro de cantidades de productos, como granos.

¿Por qué una ciudad?

Tal vez la gente se reunió en asentamientos grandes en Mesopotamia porque resultaba más práctico. Podían trabajar juntos para evitar las inundaciones causadas por los ríos y construían diques o excavaban canales de irrigación. También necesitaban protegerse de vecinos enemigos que querían sus tierras. Pronto la gente comenzó a vivir en poblaciones rodeadas de muros de adobe.

¡Sabelotodo!

● La historia escrita más antigua conocida es la epopeya de Gilgamesh. Fue escrita en Mesopotamia hace 4500 años. Relata la búsqueda de la inmortalidad del rey de Uruk.

● Los primeros en escribir quizá fueron los escribas, que tenían educación, no gente del común.

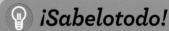

Ruinas de Uruk, la primera ciudad del mundo

📖 Toda acerca de la metalurgia

Cuando el ser humano aprendió a trabajar los metales, pudo fabricar herramientas, tesoros y armas.

Figura de cobre de un rey de Mesopotamia, hecha en un molde alrededor del 2000 a. C.

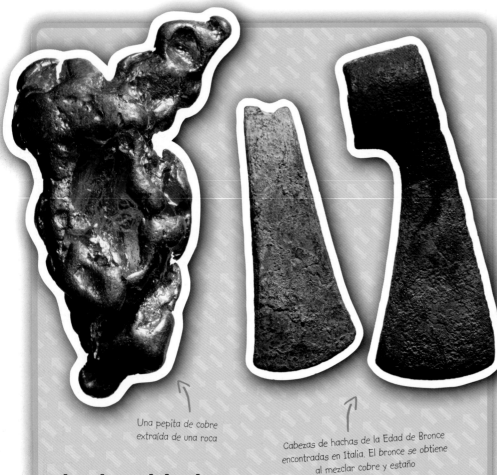

Una pepita de cobre extraída de una roca

Cabezas de hachas de la Edad de Bronce encontradas en Italia. El bronce se obtiene al mezclar cobre y estaño

El trabajo del cobre

Desde cerca del año 5000 a. C., los trabajadores del cobre comenzaron a fabricar herramientas y armas con el mineral que extraían de las rocas.

1. Las rocas con cobre se calentaban en un horno de leña.

2. El cobre fundido (líquido) se separaba de la roca.

3. Una vez frío, se martillaba hasta aplanarlo y luego se cortaba para darle forma.

4. El cobre fundido también podía ser vertido en moldes para hacer herramientas. Los artesanos aprendieron a añadirle arsénico para endurecerlo.

Edades de inventos

El conocimiento sobre cómo trabajar el cobre llevó a descubrir el bronce, metal que resulta de mezclar cobre y estaño. El bronce se fabricó por primera vez entre el año 3500 y 750 a. C., periodo denominado Edad de Bronce. La edad anterior se conoce como la Edad de Piedra, cuando solo se usaban herramientas de piedra. Cuando se descubrió el proceso de producción del hierro, alrededor del 750 a. C., la Edad de Bronce dio paso a la de Hierro.

💡 Hechos y cifras

ALGUNOS DE LOS PRIMEROS INVENTOS CLAVES

Cayucos: Europa, c. 8000 a. C.

Arado: Mesopotamia, c. 6000 a. C.

Canales: Mesopotamia y Egipto, c. 6000 a. C.

📖 Rueda que rueda

La invención de la rueda impulsó grandes cambios en la sociedad, por ejemplo, la manera de pelear en las batallas y transportar bienes.

Las primeras ruedas eran de madera, y seguramente se parecían a estas usadas en un carro ceremonial de India

Las primeras ruedas

Antes la gente solo podía mover cargas pesadas si las ponía a rodar sobre troncos. Entonces alguien tuvo la idea de fijar un tronco para hacer un eje y agregar ruedas en los extremos. Las primeras ruedas eran discos macizos de madera, se usaron en Mesopotamia y Europa central cerca del 4500 a. C. El primer dibujo de una carreta se encontró en una vasija, en Polonia, data de 3500 a. C. Fue enterrada cerca de los restos de un bovino gigante llamado uro, que pudo haber tirado de la carreta.

💡 ¡Sabelotodo!

● Los primeros carros de guerra hallados estaban enterrados en tumbas en los montes Urales, Rusia. Datan de alrededor del 2000 a. C.

● La batalla de Qadesh, en 1274 a. C., fue la primera en ser registrada. Se cree que quizá hubo empate entre los egipcios y los hititas.

Carros con ruedas y radios en la batalla de Qadesh, la primera batalla registrada

¿Uno de los primeros accidentes?

Cuando el faraón niño Tutankamón murió, fue enterrado con cuatro carros de cacería. Estudios de sus restos momificados muestran que tenía una pierna rota, y que pudo haber muerto por una infección de la sangre, ocasionada por la herida. Además de los carros había flechas de cacería y otros elementos, que sugieren que a Tutankamón le encantaba cazar.

Reconstrucción de uno de los carros de cacería encontrados en la tumba de Tutankamón

Carros de guerra

Entre el año 2200 y 1200 a. C. fueron inventados los radios de las ruedas, lo que las hizo más livianas y fáciles de controlar. Esto llevó a la invención del carro de guerra, que cambió la manera como luchaban los reinos entre sí. En 1275 a. C. el pueblo de los hititas (hoy Siria) luchó contra los antiguos egipcios en la primera batalla registrada, la batalla de Qadesh, donde usaron sus carros para tres hombres contra los carros para dos de los egipcios.

Egipto antiguo

Hace 5000 años un poderoso rey unificó dos reinos para crear un gran Estado, al que conocemos como Egipto. Gobernado por faraones, Egipto fue la civilización más grande de la región del norte de África y el Mediterráneo.

La vida diaria

Los egipcios del común vivían en casas de adobe y subsistían como agricultores o artesanos. Los faraones vivían en palacios y los sacerdotes en grandes complejos de templos, donde oficiaban rituales para complacer a sus dioses. En torno al año 2000 a. C., la ciudad de Tebas se convirtió en la capital. Allí se construyó el enorme templo de Karnak para honrar al dios Amón.

Sacerdotes del Egipto antiguo hacen una ofrenda a una estatua de Amón, el dios Sol

Las creencias

Esta civilización creía que cuando alguien moría, su alma seguía viviendo; por eso enterraban a sus muertos con muchos objetos que creían podían llegar a necesitar en el más allá. Los cuerpos se preservaban como momias: se trataban con químicos y eran envueltos en vendajes para que se secaran sin descomponerse. Los faraones, en particular, eran sepultados con enormes tesoros. Las pirámides de Guiza, cerca de la actual ciudad de El Cairo, fueron construidas como tumbas para los faraones.

Las pirámides en Guiza son las tumbas de antiguos faraones

Jeroglíficos de una tumba real

Los jeroglíficos

Los antiguos egipcios usaban un tipo de escritura de símbolos, los jeroglíficos. Estos se dibujaban y tallaban sobre las tumbas reales para contar la historia del muerto. El significado de los símbolos se desconocía hasta el descubrimiento en 1799 de la piedra de Rosetta. En ella aparece un mismo texto en jeroglíficos y en griego, y así se pudo descifrar el significado de los jeroglíficos.

¡Superfoto!

LOS SECRETOS DE LA PIEDRA

La piedra de Rosetta, que hoy se encuentra en el Museo Británico, en Londres, permitió a los arqueólogos comenzar a descifrar el significado de los jeroglíficos y aprender más sobre los antiguos egipcios.

📖 Los minoicos

Las islas en el mar Egeo, cerca de las costas de Grecia, se convirtieron en prósperas comunidades en la Edad de Bronce. Los nativos navegaban por todo el litoral para comerciar. Dejaron hermosos tesoros y algunos enigmas.

El palacio

Entre el 2000 y el 1700 a. C. los minoicos gobernaron la isla de Creta. Su palacio más grande se situaba en Cnosos. Estaba decorado con murales y cerámicas, y tenía tantos corredores como los de un laberinto, y dieron origen a la leyenda del Minotauro: un monstruo mitad hombre y mitad toro que vivía en el centro del palacio.

Restos del palacio minoico de Cnosos

💡 Hechos y cifras

En la Edad de Bronce se desarrollaron otras civilizaciones, como:

CHINA: la dinastía Shang gobernó entre 1700 y 1050 a. C., se practicaban sacrificios humanos.

INDIA: aldeas y poblados prosperaron en el valle del Indo y comerciaban entre sí.

GRECIA: el pueblo de Micenas enterraba a sus líderes con tesoros.

MÉXICO: los olmecas gobernaron en México. Estudiaban las estrellas y tenían escritura.

Toros y serpientes

Los murales y las esculturas muestran un ritual en apariencia peligroso (abajo). Jóvenes saltaban por encima de un toro que los embestía, lo agarraban por los cuernos y daban una voltereta hacia atrás para caer sobre el animal. El toro era sagrado para los minoicos, y al parecer también adoraban a una diosa serpiente. Su estatua se levantaba en medio del palacio, con serpientes enrolladas en sus brazos.

Final desastroso

Se cree que un terrible desastre pudo haber terminado con la civilización minoica. Cerca del 1600 a. C. hubo una enorme erupción volcánica en la cercana isla de Tera (hoy, Santorini). Pudo haber ocurrido un tsunami (ola gigante) y una lluvia de rocas y ceniza arrasó Creta. Los cretenses pudieron haber escapado, pero nadie lo sabe con certeza.

Un mural minoico muestra el misterioso ritual del toro

El palacio de Cnosos fue redescubierto a comienzos del siglo XX, y se desenterraron tesoros como esta hermosa vasija

📖 Grecia antigua

Entre 800 y 323 a. C. (aprox.) floreció la civilización de Grecia antigua. Hoy en día siguen vigentes muchos aspectos que desarrollaron.

La democracia

El centro de la Grecia antigua era la ciudad-Estado de Atenas. Por un tiempo, fue una democracia, es decir, sus habitantes votaban para escoger sus propias leyes. Este tipo de gobierno surgió allí y desde entonces ha inspirado gobiernos en todo el mundo. Para la época en que Atenas era una democracia, no existía un rey, tenía una asamblea, donde se debatían las ideas.

 Hechos y cifras

Algunos dioses griegos:

Zeus: rey de los dioses

Hera: esposa de Zeus

Posidón: dios del mar

Hades: dios del inframundo

Apolo: dios del sol

Artemisa: diosa de la cacería

Atenea: diosa de la sabiduría

Afrodita: diosa del amor

La Acrópolis, restos de antiguos templos griegos sobre una colina, hoy Atenas

La Acrópolis

Los antiguos griegos adoraban a dioses que, según creían, controlaban todo lo que sucedía en el mundo. Construyeron un conjunto de templos, llamado Acrópolis, sobre una colina en Atenas. En el centro estaba el Partenón, un templo dedicado a la diosa Atenea, quien según decían, cuidaba la ciudad.

Saber antiguo

En la Grecia antigua el conocimiento era muy apreciado. Historiadores, filósofos, poetas, dramaturgos, arquitectos y escultores de aquella civilización han influenciado el pensamiento universal por siglos. Los relatos más famosos que conocemos de la Grecia antigua provienen de *La Ilíada* y *La Odisea*, largos poemas escritos, que cuentan la guerra entre Troya y sus vecinos griegos.

Vasija griega que muestra al héroe Ulises luchando contra un cíclope, un monstruo de un solo ojo

El Partenón, templo dedicado a Atenea

Los emperadores chinos

Desde el siglo III a. C., China comenzó a unificarse como país y fue gobernado por dinastías de emperadores.

El primer emperador

Qin Shi Huang es considerado el primer emperador de China. Cuando murió en 210 a. C. fue enterrado en una tumba bajo una montaña artificial, custodiado por un ejército de más de 8000 soldados de terracota (cerámica), con caballos y carros de tamaño real. Tenían armas de verdad para proteger al emperador en la otra vida.

La Gran Muralla

El primer emperador ordenó la construcción de la Gran Muralla, que se extendía más de 6000 km a lo largo de China. Fue construida para mantener alejadas a las feroces tribus que amenazaban al país desde el norte, y con los años tuvo reformas y adiciones. En un tiempo, los soldados patrullaban desde allí.

Durante siglos la Gran Muralla fue reparada y reconstruida para mantener a raya a los enemigos

Las enseñanzas de Confucio

Los primeros emperadores de China promovieron las enseñanzas del filósofo Confucio (arriba), quien murió en 479 a. C. Confucio afirmaba que todo tiene un lugar correcto en el universo, promovía la honestidad, el respeto, la decencia y la lealtad, y sus preceptos los aplicaban tanto los emperadores como la gente del común.

¡Sabelotodo!

● Los guerreros de terracota fueron redescubiertos en 1974, cuando agricultores cavaban un pozo.

● Aún no se ha excavado la tumba principal de Qin Shi Huang. Según la leyenda el sepulcro está protegido por trampas. Todos los que la construyeron fueron asesinados para resguardar el secreto.

El antiguo Imperio romano

Fundado hacia el año 500 a. C., en la región que hoy se conoce como Italia, por los mil años siguientes controló grandes áreas de Europa y el norte de África.

Julio César, quien se convirtió en dictador de Roma

Vida en Roma

Los emperadores vivían en palacios y a veces visitaban sus villas en el campo. Los acomodados vivían en villas, muy lejos de los sectores marginados. La población de escasos recursos vivía en distritos, en apartamentos tan mal construidos que con frecuencia colapsaban.

El poderoso ejército

El secreto del éxito del imperio fue su ejército, que conquistaba tierras y las protegía de ataques. Su ejército estaba mejor entrenado que el de sus enemigos. Estaba organizado en grupos de soldados llamados legiones, identificadas con un nombre, insignia y una base fortificada.

Emperadores

Por muchos años Roma fue una república, pero en 49 a. C. el aristócrata Julio César marchó hacia la ciudad con su ejército y tomó el control. Desde 27 a. C. Roma fue gobernada por emperadores. Algunos provenían de familias poderosas y otros del ejército. La historia de Roma está llena de impactantes historias sobre el comportamiento de sus gobernantes, aunque quizá solo eran rumores.

Villa Adriana, la lujosa villa campestre del emperador Adriano

La Roma antigua es famosa por los juegos en que los gladiadores luchaban a muerte

El final del Imperio

En el año 285 el Imperio romano se dividió en dos, una parte la gobernaba el emperador de oriente y la otra el de occidente. El de oriente se convirtió en el Imperio bizantino, que duró hasta el siglo XV. El de occidente se estableció en Roma y cayó bajo las tribus germánicas en el siglo VI.

Restos de la Roma antigua están dispersos en la Roma actual

Alarico invadió Roma e incendió partes de la ciudad

El emperador Constantino se convirtió al cristianismo

El primer emperador cristiano

Por siglos los romanos adoraron a dioses paganos, hasta que el emperador de oriente Constantino (306-337) dio legitimidad al cristianismo. Rebautizó Bizancio como Constantinopla y guardó allí preciosas reliquias cristianas, como un supuesto trozo de la Santa Cruz, donde crucificaron a Jesús. Sin embargo, Constantino no era precisamente un santo. Arrojó a sus enemigos a los leones, ordenó envenenar a su hijo menor y asesinar a su esposa.

La destrucción

Tribus que rodeaban el Imperio comenzaron a atacar las fronteras de Roma en búsqueda de tierras para establecerse. En 410 el ejército de Alarico, *el visigodo*, invadió la ciudad. Sus tropas no destruyeron todo, pero se sabe que la basílica Emilia, en el centro romano, fue incendiada. En 455 los vándalos saquearon Roma y capturaron a la viuda e hijas del emperador. Al final, la ciudad cayó a manos de un bárbaro llamado Odoacro, que se convirtió en el primer rey de Italia.

Tras la caída

Pronto Roma quedó en ruinas y los campesinos armaron chozas entre sus restos. Sin embargo, la ciudad se recuperó de forma gradual para convertirse en el centro de la Iglesia católica romana. La ciudad es hoy la capital de Italia y las ruinas de aquel poderoso Imperio atraen a turistas y arqueólogos.

¡Sabelotodo!

● La mayoría de los oficios en la Roma antigua eran ejecutados por esclavos.

● Los esclavos eran personas que habían sido capturada en batalla, o hijos de esclavos.

📖 Los mayas

Aproximadamente entre el año 200 y 800, el pueblo maya dominó México, Belice y Guatemala. La mayoría de sus antiguas ciudades y templos permanecen ocultos bajo la espesa selva tropical.

La pirámide de Kukulcán, en las ruinas de Chichén Itzá, una ciudad maya en México

Mundo maya

Vivían en ciudades rodeadas de áreas de cultivo. La más grande, Tikal, tenía casi 100 000 habitantes. En ella hay templos, pirámides y obeliscos alrededor de una gran plaza central. Los sacerdotes eran importantes en la sociedad maya, y estudiaban el movimiento de las estrellas y los planetas para hacer profecías. Creían que los dioses necesitaban sangre humana y sacrificaban personas para complacerlos.

💡 ¡Sabelotodo!

● Los mayas tenían su propio alfabeto.

● Los sacerdotes mayas tenían un espantoso método de sacrificio. Les arrancaban el corazón a sus víctimas.

● En el siglo IX, la civilización maya llegó a su fin, probablemente debido a sequías y guerras.

Juego mortal

Los mayas practicaban un singular juego de pelota. Dos equipos se enfrentaban en un patio empedrado rodeado por muros con aros de piedra en la parte superior. El objetivo era pasarse una pelota, sin tocarla con las manos, e introducirla en los aros. Los juegos eran eventos ceremoniales a los que asistían sacerdotes y gobernantes. A los ganadores se les ofrecía una fiesta, y en ocasiones el líder del equipo perdedor era sacrificado.

Un aro de piedra en un patio para jugar pelota

El registro del tiempo

Los mayas desarrollaron las matemáticas y métodos para llevar el registro del tiempo, que les servían para estudiar el cielo. Tenían su propio calendario de 365 días y llevaron registros detallados de eventos como los eclipses. Construyeron observatorios para ver las estrellas, y en particular para seguir al planeta Venus. Programaban guerras y sacrificios de acuerdo con los movimientos de Venus en el cielo.

La Plataforma de las Águilas y los Jaguares en Chichén Itzá, aquí se realizaban sacrificios humanos

📖 Los vikingos

Entre el año 700 y 1100, los vikingos escandinavos invadieron y conquistaron partes del norte de Europa. Al principio robaban tesoros, tomaban esclavos y regresaban a su hogar. Luego empezaron a tomar posesión de las tierras.

¿Quiénes eran?

Los vikingos provenían de Dinamarca, Suecia y Noruega. Eran guerreros, navegantes, agricultores y artesanos. Hablaban un idioma llamado nórdico antiguo, *vikingo* significa "invasión pirata" en ese idioma. Sus primeros ataques comenzaron en Gran Bretaña e Irlanda a finales del siglo VIII.

Reconstrucción de un barco vikingo

Los dioses y las runas

Durante siglos los vikingos tuvieron creencias paganas. Adoraban a muchos dioses, y tenían muchos mitos que relataban batallas entre dioses, gigantes y monstruos. Tenían su propio alfabeto, el rúnico, y tallaban los símbolos sobre piedras y objetos.

Runas vikingas talladas en una piedra en Suecia

Barcos vikingos

Los vikingos navegaron hasta Norteamérica, Rusia, África y Medio Oriente para comerciar bienes y buscar nuevas tierras. Tenían barcos veloces para las invasiones y naves de carga más grandes para el comercio. Sus navíos de guerra era llamados *långskip* (barcos largos) o *drakkar* (barcos dragón), por los feroces dragones tallados en su proa. Tenían una vela cuadrada grande y podían llevar entre 40 y 60 hombres, que impulsaban la nave con largos remos.

⭐ BARCO FUNERARIO

El barco *Oseberg* es uno de los mayores tesoros vikingos hallados hasta ahora. El enorme barco fue enterrado en Noruega con dos mujeres adentro, se presume que una de ellas era una gobernante importante y la otra un sacrificio humano.

¡Superfoto!

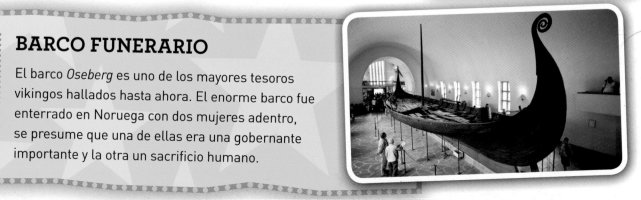

Reyes conquistadores

En la historia de Europa, el lapso entre el año 1000 y 1500 se conoce como Edad Media. Fue la época de los caballeros, señores feudales, castillos y reyes.

Castillos

La Europa medieval era un lugar arrasado por la guerra, donde los nobles luchaban para controlar sus reinos. Los señores feudales construían castillos-fortalezas con altas murallas y pocas entradas, para defenderse de los ataques, los atacantes tenían que derribar los muros o sitiar el castillo, hacían pasar hambre a sus habitantes hasta que se rendían.

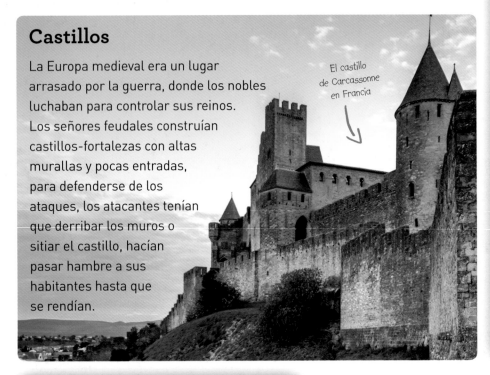

El castillo de Carcassonne en Francia

Hechos y cifras

La vida de un caballero:

A los siete años el hijo de un caballero era enviado a la casa de otro caballero para ser paje, aprender modales, escritura y habilidades de caza.

A los catorce años se convertía en escudero y recibía lecciones de combate. Era el asistente del caballero en la batalla.

A los dieciocho años se convertía en caballero. Debía hincarse ante su señor y jurar lealtad.

Si un caballero vivía hasta los **treinta años**, por lo general dejaba de luchar y se dedicaba a vivir de sus tierras.

La Iglesia medieval

La Iglesia católica era muy poderosa en tiempos medievales. En ese entonces construyeron las primeras grandes catedrales y había muchos conventos y monasterios. Allí se escribieron los primeros libros a mano decorados con dibujos, llamados iluminaciones. Los libros eran objetos raros y preciosos, que solo los miembros más ricos de la Iglesia y de la nobleza poseían.

Manuscrito iluminado

Los caballeros medievales se enfrentaban en justas para practicar sus habilidades

Tiempos feudales

En la Europa de la Edad Media todo el mundo tenía un rango o posición en la sociedad. Los reyes tenían un poder ilimitado y eran dueños de todas las tierras. Le seguían los señores, nobles a quienes se les otorgaban extensas tierras a cambio de suministrarle al rey hombres para la guerra. Los caballeros eran nobles de menor rango que luchaban para un señor a cambio de tierras. Estos les arrendaban sus tierras a los campesinos, quienes pagaban con trabajo y parte de lo que cultivaban.

📖 El Nuevo Mundo

Entre 1400 y 1600 los europeos colonizaron América. Es una historia violenta de guerra y búsquedas de tesoros.

Máscara ceremonial inca hecha de oro

La llegada de Colón

En 1492 Cristóbal Colón dirigió una expedición de tres barcos financiada por los reyes de España. Su objetivo era encontrar una ruta más corta hasta Asia, por Occidente, a través del Atlántico. ¡Algunos miembros de su tripulación temían que el mundo fuera plano y que los barcos cayeran por el borde! Muchos meses después, al llegar a tierra, en San Salvador, creyeron que habían llegado a Japón.

El conquistador Hernán Cortés conoce a Moctezuma

El dominio español

Para 1516, España había enviado soldados, llamados conquistadores, para reclamar como propia Suramérica. Durante los siguientes años los nativos fueron obligados a trabajar como esclavos para los españoles. Muchos murieron por enfermedades que traían los españoles.

El fin de los imperios

En 1519, los conquistadores españoles conocieron al gobernante del imperio azteca, Moctezuma. Aunque eran sus invitados, lo asesinaron junto con muchos otros aztecas y se llevaron sus tesoros de oro a España. En 1532, las fuerzas españolas derrotaron a los incas del Perú, y también capturaron a su emperador. Para 1550, los españoles dominaban el Caribe, Centro y Suramérica, y partes de Norteamérica.

Reconstrucción de la Santa María, uno de los barcos de Colón

💡 ¡Sabelotodo!

● Colón fue un comerciante de esclavos. Capturó indígenas americanos en sus viajes y los vendió en España. Muchos murieron en el trayecto.

● Colón nunca creyó que hubiera descubierto un continente nuevo. Murió pensando que había encontrado una parte de las Indias.

Dueños del mundo

Desde finales del siglo XV, los avances en la construcción de barcos y la elaboración de mapas hicieron posible navegar distancias más largas desde Europa hacia otras partes del globo. Los países europeos comenzaron a enviar barcos para encontrar nuevas tierras y apropiarse de ellas. Esta ilustración muestra un mapa del mundo, de 1560.

Disputas en el mar

En 1494, Portugal y España acordaron repartirse el mundo. Las tierras al occidente de Portugal y España serían para España, y las tierras descubiertas al oriente pertenecerían a Portugal. Pero Enrique VII de Inglaterra tenía otros planes. Le pagó a un explorador llamado John Cabot para dirigir una expedición por mar hacia el oeste. En 1497, Cabot llegó a la costa de Labrador, hoy Canadá, y la reclamó para los ingleses.

España e Inglaterra eran enemigos. A mediados del siglo XVI, España transportaba muchos tesoros de sus tierras recién descubiertas en Centro y Suramérica. La reina inglesa Isabel I animó a sus marineros a atacar los barcos españoles y robarlos en su camino de regreso a España.

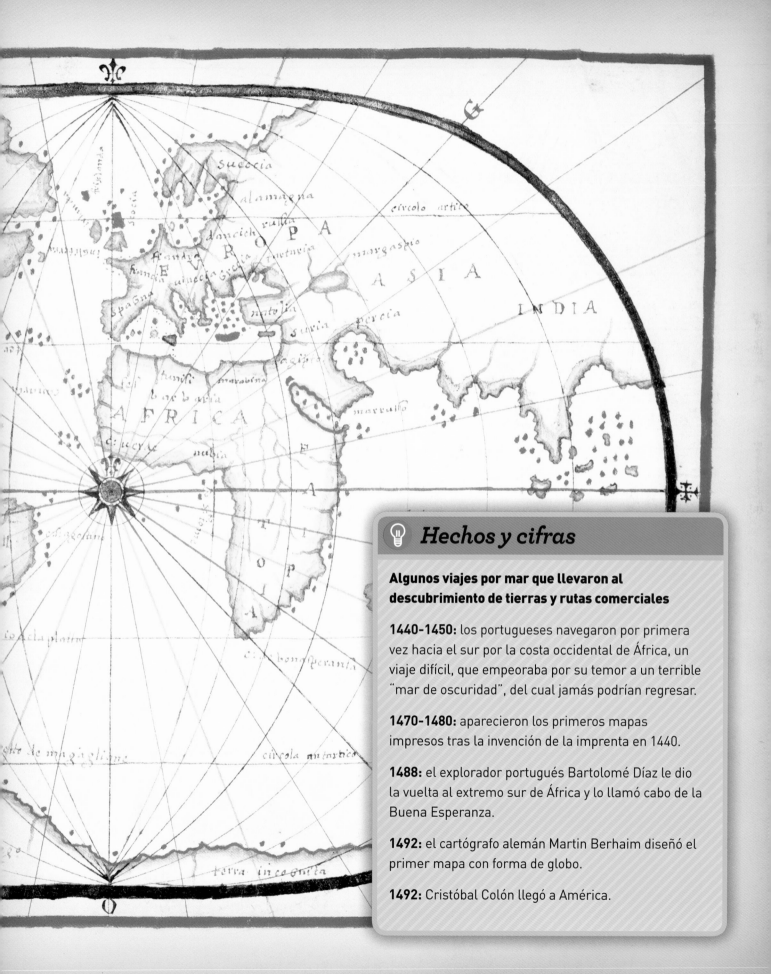

Hechos y cifras

Algunos viajes por mar que llevaron al descubrimiento de tierras y rutas comerciales

1440-1450: los portugueses navegaron por primera vez hacia el sur por la costa occidental de África, un viaje difícil, que empeoraba por su temor a un terrible "mar de oscuridad", del cual jamás podrían regresar.

1470-1480: aparecieron los primeros mapas impresos tras la invención de la imprenta en 1440.

1488: el explorador portugués Bartolomé Díaz le dio la vuelta al extremo sur de África y lo llamó cabo de la Buena Esperanza.

1492: el cartógrafo alemán Martin Berhaim diseñó el primer mapa con forma de globo.

1492: Cristóbal Colón llegó a América.

La Reforma

En tiempos medievales, la Iglesia católica, liderada por el papa, era poderosa en toda Europa. Nadie cuestionó su poder hasta 1517, cuando comenzó una época de revueltas religiosas, conocidas como la Reforma.

La columna Mariana en Múnich, en conmemoración de la guerra de los Treinta Años

William Tyndale hizo la primera traducción de la Biblia al inglés, fue martirizado (ejecutado por su fe)

Martín Lutero

En 1517, un monje y filósofo alemán, Martín Lutero, fijó en la puerta de la iglesia católica de su ciudad una lista de nuevas ideas religiosas. Atacaba el poder del papa en Roma, criticaba la manera como la Iglesia ganaba dinero al vender "indulgencias", o perdón oficial por los pecados. Sus nuevas ideas pronto se extendieron. Muchos cristianos del norte de Europa comenzaron a apartarse de la Iglesia católica y establecieron sus propias Iglesias, con base en las ideas de Lutero, que darían origen al protestantismo.

Nuevas biblias

Hasta ese momento, la Biblia solo estaba en latín y solo los sacerdotes la leían. Pero Lutero y otros la tradujeron a sus propios idiomas y la reprodujeron mediante el reciente invento de la imprenta. Entonces, cualquier persona pudo leer la Biblia y no necesitaba ir a la iglesia para escucharla. Cuestionar al papa y traducir la Biblia fue interpretado por los gobernantes europeos como traición.

Guerras religiosas

Algunos reinos europeos se hicieron protestantes y otros continuaron siendo católicos. Siguieron años de guerras religiosas entre ambos lados, mientras los católicos intentaban restablecer el poder del papa. Entre 1618 y 1648, la guerra de los Treinta Años devastó gran parta de Alemania. Se cree que acabó con 40 % de sus habitantes. Un tratado terminó la guerra en 1648.

¡Superfoto!

⭐ APARECE LA IMPRENTA

En la década de 1440, el alemán Johannes Gutenberg inventó la imprenta. La llamada "Biblia de Gutenberg" (derecha) fue el primer libro que se imprimió.

El Imperio otomano

El Imperio otomano musulmán fue uno de los más grandes y duraderos de la historia. Alcanzó su apogeo en el siglo XVI y dominó las tierras alrededor del oriente del Mediterráneo.

Barbarroja, un temido corsario otomano

La caída de Constantinopla

En 1453 Constantinopla cayó bajo los invasores otomanos, que la bautizaron como Estambul y la convirtieron en su capital. Los ejércitos del sultán (gobernante de los otomanos) ingresaron tras asediarla por tierra y mar. Saquearon la ciudad y esclavizaron a sus habitantes. Después de esta victoria, el Imperio otomano se expandió por el suroriente de Europa y la costa sur del Mediterráneo.

Piratas otomanos

Los piratas musulmanes, o corsarios, zarpaban de la costa otomana para atacar los asentamientos y barcos de los cristianos. En doscientos años, a partir de 1500, cerca de un millón de europeos fueron secuestrados y vendidos como esclavos en mercados de las costas del norte de África.

El gobierno de los sultanes

Los sultanes vivían en el palacio de Topkapi en Estambul, protegidos por un ejército de soldados, los jenízaros. La vida diaria del sultán era de lujos y estrictos rituales. Usaba trajes de seda que botaba después de usarlos una única vez. Una parte del palacio era un harén donde vivían la madre y las esposas del sultán. Allí llegaban a vivir hasta mil mujeres.

En Estambul puedes visitar el hermoso palacio de Topkapi

💡 ¡Sabelotodo!

● El Imperio otomano fue gobernado por la misma familia durante siete siglos.

● Cuando un sultán heredaba el trono, ordenaba matar a todos sus hermanos y sobrinos para deshacerse de cualquier rival cercano.

La iglesia de Hagia Sophia se convirtió en una mezquita para los gobernantes otomanos de Estambul, hoy es un museo

📖 Años de revolución

Una revolución es un cambio que se produce de manera acelerada en un país, cuando un tipo de gobierno es derrocado y reemplazado por un sistema diferente, por lo general de manera violenta. A finales del siglo XVIII ocurrieron dos grandes revoluciones.

Representación de una batalla de la Guerra de Independencia estadounidense

En Estados Unidos

Entre 1775 y 1783, trece colonias de Norteamérica lucharon para independizarse del dominio británico. Tras años de guerra tuvieron éxito. En la Declaración de Independencia, de 1776, expusieron las ideas que sustentaban su nueva nación, entre ellas que "todos los hombres fueron creados iguales" con derecho a "la vida, la libertad y la búsqueda de la felicidad".

Revolución francesa

En 1789 comenzaron revueltas contra el gobierno del rey Luis XVI en París, y pronto se extendieron a toda Francia. Eran lideradas por los llamados revolucionarios, que derrocaron al rey e impusieron sus ideas con un gobierno republicano, bajo el lema "*liberté, egalité, fraternité*" (libertad, igualdad y fraternidad). El rey y su familia fueron ejecutados, al igual que otros miembros de la nobleza francesa.

La bandera francesa ondeada durante la Revolución francesa

Ideas nuevas

Las Revoluciones francesa y estadounidense marcaron un cambio en las ideas: la gente dejó de creer en el gobierno de un monarca. La Revolución francesa ocasionó años de conflicto, e incluso hubo un breve retorno de la monarquía, pero al final el país se convirtió en una república sin gobernantes reales. Ambos países introdujeron nuevas formas de gobernar que daban más participación a las personas del común.

El Congreso ayuda a gobernar Estados Unidos, se reúne en el Capitolio, en Washington D. C.

Copia de la Declaración de Independencia que se conserva en Washington D. C.

📖 La Revolución Industrial

A finales del siglo XVIII, la invención de nuevas máquinas cambió el mundo para siempre. Este periodo fue conocido como Revolución Industrial, comenzó en Gran Bretaña y pronto se extendió a otros países.

Aparecen las fábricas

La producción de textiles en Gran Bretaña cambió: los telares de vapor reemplazaron a los manuales. Pronto se construyeron las primeras fábricas equipadas con maquinaria que podía producir mucho más algodón que nunca. La nueva tecnología se extendió a otros países. La máquina de vapor funcionaba con carbón, por lo que aumentó la demanda de este recurso y también la del hierro, con el que se construía.

Ferrocarriles de vapor

Las máquinas de vapor, como esta de 1852, hicieron posible recorrer largas distancias en corto tiempo

Se construyeron canales, trenes y mejores barcos para transportar los suministros que necesitaban las nuevas industrias, y los productos que estas fabricaban. En 1825, se inauguró el primer ferrocarril público entre Stockton y Darlington, Gran Bretaña. Fue el comienzo de un gran cambio en el transporte mundial.

💡 ¡Sabelotodo!

● En Gran Bretaña, los trabajadores se sublevaron y destruyeron la maquinaria nueva porque perdían sus empleos debido a estas. Fueron llamados luditas.

● El gobierno británico estableció una ley que castigaba con la muerte la destrucción de maquinaria. Algunos luditas fueron colgados y a otros los llevaron a colonias penitenciarias en Australia.

Trabajadores indignados se sublevan fuera de una mina de carbón en Bélgica, en 1868

Nuevas ciudades, nuevos problemas

La Revolución Industrial fue un enorme cambio en la forma de vida de la gente. Las personas se trasladaban del campo a las ciudades para trabajar y no volver a hacer trabajo manual. Algunos obtuvieron riquezas, otros solo penas. Las ciudades crecieron con rapidez, pero las condiciones de trabajo y vivienda solían ser insalubres y había hacinamiento.

¡Sigue los hechos!

La Revolución Industrial

Sigue las flechas para descubrir algunos de los grandes avances de la Revolución Industrial, que comenzaron a cambiar el mundo.

1733

John Kay inventó la lanzadera volante para tejer más rápido.

1709

Abraham Darby inventó una manera de producir hierro con carbón mineral en lugar de carbón vegetal (el que se produce al quemar madera).

1712

Se usaron por primera vez máquinas de vapor. El vapor se usaba para bombear agua de las minas de carbón.

1793

El estadounidense Eli Whitney inventó la desmotadora, que separa las semillas de algodón de las fibras.

1825

Se inauguró el primer ferrocarril público entre Stockton y Darlington, Gran Bretaña.

1830

George Stephenson inició el primer servicio de trenes entre Liverpool y Manchester, Gran Bretaña.

¡Sabelotodo!

● Al comienzo, a muchas personas les daba miedo viajar en trenes de vapor, creían que viajar a alta velocidad podía causar la muerte.

1769

James Watt logró que la máquina de vapor fuera más eficiente.

1771

Richard Arkwright construyó la primera fábrica del mundo, en Cromford, Gran Bretaña. Producía hilo de algodón.

1764

James Hargreaves inventó la hiladora Spinning Jenny, para tejer más tela con menos obreros.

1779

Se construyó el primer puente de hierro fundido en Colebrookdale, Gran Bretaña.

1785

Edmund Cartwright inventó el telar mecánico, una máquina de vapor para tejer.

1842

El gobierno británico dictó una ley que prohibió a niños menores de diez años trabajar en minas de carbón bajo tierra.

1834

El agricultor estadounidense Cyrus McCormick patentó la segadora mecánica para cosechar.

💡 ¡Sabelotodo!

● James Hargreaves, el inventor de la hiladora Spinning Jenny, nunca fue al colegio, no sabía leer ni escribir.

● En el recorrido inaugural del primer ferrocarril público del mundo, los pasajeros iban en vagones abiertos expuestos al tiempo atmosférico. El tren tardó dos horas en viajar 19 km.

● En las primeras fábricas y minas trabajaban niños pequeños en condiciones terribles.

Primera Guerra Mundial

Entre 1914 y 1918 Europa quedó inmersa en la Primera Guerra Mundial, que se extendió por todo el continente, el Medio Oriente y África oriental, y en la que participaron tropas de muchos países del mundo.

Una guerra global

La guerra comenzó entre Gran Bretaña, Francia y Rusia (llamados los Aliados), de un lado; y Alemania y el Imperio austrohúngaro del otro. Los combates se llevaron a cabo en el frente occidental entre Bélgica y Suiza, y en el frente oriental entre Alemania y Rusia. La guerra también ocupó territorios del Medio Oriente y África oriental.

El detonante de la conflagración fue el asesinato del archiduque Francisco Fernando, heredero del trono austrohúngaro. Le dispararon minutos después de que esta foto fue tomada

Hechos y cifras

● Cerca de 8.5 millones de soldados murieron en la Primera Guerra Mundial, también conocida como la Gran Guerra. Hubo millones de heridos.

● Los pilotos de aviones de combate se convirtieron en héroes. Uno de ellos fue el alemán Manfred von Richthofen, el Barón Rojo, que derribó más de 80 aviones, murió en 1918.

Un nuevo tipo de combate

La capacidad de fuego de los bandos enfrentados en este conflicto bélico obligó a los soldados a resguardarse en trincheras, un sistema de zanjas (abajo). El área entre los bandos enemigos, o tierra de nadie, estaba cubierta de alambre de púas y campos minados. Las condiciones eran terribles, pues tenían que lidiar con la lluvia, el lodo, los cadáveres y las ratas. Una de las peores armas fue el gas venenoso, que mataba o dejaba ciegos a los soldados atacados.

En la Primera Guerra Mundial se usaron por primera vez tanques de guerra

Nuevas formas de ganar

Nuevas armas cambiaron la manera de luchar. La ametralladora fue usada para disparar a los rivales que atravesaban la tierra de nadie. Millones de soldados y civiles murieron. Los aeroplanos, recién inventados, contaban con armas de fuego. Los barcos enfrentaron la nueva amenaza de los submarinos, que disparaban torpedos bajo el agua. En 1917, Estados Unidos entró a la guerra y aportó a los Aliados suficiente armamento para derrotar al enemigo. En noviembre de 1918 se declaró un armisticio (cese de hostilidades).

De nuevo la revolución

En el siglo XX hubo revoluciones en Rusia y China que cambiaron la política en el mundo.

Retrato de Mao Zedong, líder de la Revolución china

La Revolución rusa

En 1917, el Partido Bolchevique tomó por la fuerza el poder en Rusia y derrocó al régimen zarista. Su líder era Vladimir Lenin (izquierda), quien fundó el primer Estado comunista. El comunismo era una nueva forma de organizar la sociedad, en la que el gobierno poseía todas las tierras y medios de producción. En las siguientes décadas, Rusia se apropió de los países vecinos y creó la Unión Soviética, un grupo de Estados comunistas.

La Revolución china

En 1949, el líder Mao Zedong proclamó la República Popular China e inició un gobierno comunista que confiscó tierras y encarceló a los opositores. La llamada Revolución Cultural inició en 1966 y fue un proceso de profundización de las prácticas del comunismo. Mao murió en 1976, pero en China aún se gobierna bajo la idea de que el Estado debe controlar muchos aspectos de la vida.

Un retrato de Iósif Stalin en un desfile durante su mandato

El gobierno de Stalin

Tras la muerte de Lenin, Iósif Stalin asumió el poder. Ordenó ejecutar a miles de personas solo porque sospechaba que podían ser enemigos. Apresó a millones de excompañeros y rivales y los envió a campos de concentración, donde soportaron duros trabajos. Murió en 1953, después de llevar a la Unión Soviética a la Segunda Guerra Mundial (ver p. 156).

¡Superfoto!

★ SÍMBOLOS COMUNISTAS

El martillo y la hoz representan la unión de los trabajadores y se convirtieron en símbolos del Partido Comunista. El color rojo también representa esta opción política.

Segunda Guerra Mundial

En 1939 Europa quedó de nuevo inmersa en una guerra cuando las fuerzas alemanas de Adolfo Hitler invadieron Polonia. Nuevas armas sembraron el terror en el campo de batalla y entre los civiles, mientras la guerra se extendía.

¿Quiénes se enfrentaron?

Las potencias del Eje: Alemania, Italia y Japón, se enfrentaron contra los Aliados: Gran Bretaña, Francia, Canadá, Australia, Nueva Zelanda, India, Rusia, Estados Unidos y otros. Alemania estaba gobernada por el austríaco Adolfo Hitler y su Partido Nacional Socialista. Los nazis tenían un sistema de gobierno que implicaba un Estado totalitario, enemigo del comunismo y que buscaba dominar toda Europa. Por su parte, Japón quería controlar Asia y el Pacífico.

Un retrato de Adolfo Hitler, líder del Partido Nazi, en una oficina

Bombarderos y *U-boats*

Ambos bandos desarrollaron nuevos aviones que podían bombardear ciudades y fábricas. Los aviones alemanes atacaron Londres y otras ciudades británicas, mientras que los aviones estadounidenses y británicos bombardearon ciudades y centros industriales alemanes. En ambos bandos murieron miles de civiles. Hitler contaba, además, con una flota de submarinos de ataque, los *U-boats*. Los buques aliados sufrieron muchas bajas antes de que nuevas armas antisubmarinos redujeran la amenaza.

Hechos y cifras

● Desde septiembre de 1940, Londres fue bombardeada por 57 noches seguidas por la Luftwaffe (fuerza aérea alemana), en un periodo que se denominó Blitz.

● Los *U-Boats* nazis persiguieron a los buques aliados en el Atlántico, en la llamada batalla del Atlántico. Los alemanes hundieron más de 3500 barcos de carga y 175 buques navales. Los aliados hundieron más de 750 submarinos.

Fila para recibir alimentos en Londres. Se racionó la comida, la ropa, el combustible y hasta el jabón

El ataque a Pearl Harbor

La guerra se extiende

Alemania arrasaba Europa con sus aviones, tanques e infantería. Sus fuerzas invadieron Polonia, Francia, Holanda y Bélgica antes de ser detenidas en el canal de La Mancha en 1940. Luego, Alemania invadió Rusia y llegó a las puertas de Moscú. Los combates se desataron también en el norte de África. En 1941, Japón atacó la base naval estadounidense de Pearl Harbor, lo que produjo que Estados Unidos se sumara a la guerra. Los japoneses les arrebataron Filipinas a los estadounidenses y Singapur a los británicos.

El final de la guerra

Para mediados de 1942, los Aliados enfrentaban la derrota, pero el curso de la guerra estaba por cambiar. Los Aliados se concentraron en usar su poder industrial para producir armas y tomaron la delantera.

Una gélida derrota

Los inviernos en extremo fríos y la vastedad de Rusia impidieron allí el triunfo alemán. Los rusos trasladaron fábricas completas al oriente para mantenerlas lejos del alcance de los nazis, y su defensa de ciudades como Stalingrado y Leningrado provocó los asedios más largos y duros de la historia. Al final, los rusos obligaron a los nazis a retroceder.

Los prisioneros de guerra alemanes en la Unión Soviética, hacia el final de la Segunda Guerra Mundial

La derrota de Hitler

En junio de 1944, miles de soldados aliados desembarcaron en la costa de Normandía, Francia (arriba), listos para expulsar a los nazis del país. Tropas y equipos se desplegaron en las playas, a veces bajo un intenso fuego. Los Aliados recuperaron Francia, el norte de África e Italia, y para 1945 Alemania se enfrentaba a la derrota. Hitler se suicidó en abril y los nazis se rindieron el 7 de mayo.

La guerra del Pacífico

Las fuerzas navales de Estados Unidos y Japón se enfrentaron en el Pacífico. El buque de guerra más poderoso era el portaviones, y cada bando trataba de destruir las flotas del otro. Los estadounidenses expulsaron a los japoneses de las islas del Pacífico occidental, pero no querían invadir Japón. En cambio, los obligaron a rendirse luego de arrojar dos bombas atómicas, una en la ciudad de Hiroshima y la otra en Nagasaki. El enorme poder de destrucción nuclear hizo que Japón se rindiera en agosto de 1945.

El monumento de la Paz de Hiroshima, en memoria de quienes murieron debido a la bomba nuclear

¡Superfoto!

PARA RECORDAR

En todo el mundo hay cenotafios, o monumentos a los fallecidos en las guerras. Este es uno ubicado en Londres, donde se realizan oficios religiosos anuales para recordar a los caídos.

📖 La Guerra Fría

Después de la Segunda Guerra Mundial había hostilidad entre los países comunistas y los democráticos. Fue un periodo conocido como la Guerra Fría.

El muro de Berlín dividió en dos la ciudad

Tensión y peligro

Durante la Guerra Fría las naciones rivales se espiaban unas a otras y apresaban o asesinaban a espías. La frontera simbólica entre el oriente comunista y el occidente democrático se denominó Cortina de Hierro, pero Alemania la volvió física: una madrugada, el ejército del lado comunista empezó a construir un muro que separó en dos a Berlín, y evitó por años que la gente pudiera pasar de un lado a otro de la ciudad.

Casi hubo guerra

En 1962 Estados Unidos y la Unión Soviética estuvieron al borde de la guerra nuclear durante la crisis de los misiles en Cuba. La Unión Soviética dispuso misiles nucleares en la isla comunista de Cuba en pleno mar Caribe, desde donde podían disparar a sus enemigos. Los estadounidenses exigieron que retiraran el armamento y amenazaron con invadir Cuba. Al final, la Unión Soviética aceptó retirar los misiles.

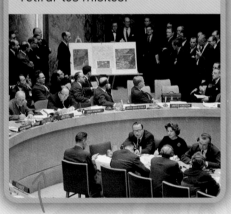

Las Naciones Unidas debatieron la crisis de los misiles en Cuba, dada la amenaza de una guerra nuclear

El muro de Berlín fue derrumbado en 1989

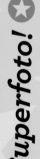
¡Superfoto!

⭐ ESPÍA

Este avión espía *Blackbird* fue usado por Estados Unidos durante la Guerra Fría. Volaba a gran altura, tomaba fotos de objetivos claves como las bases enemigas y sitios de misiles supersecretos.

El final de la Guerra Fría

En la década de 1980, la Guerra Fría terminó cuando los líderes de la Unión Soviética cambiaron sus políticas, y se desintegró en varios países. También fue clave la reunificación de Alemania, cuyo máximo símbolo fue la demolición del muro de Berlín en 1989.

El nuevo milenio

En el año 2000, los países cristianos celebraron los dos mil años del nacimiento de Jesucristo. El nuevo milenio fue muy esperado y despertó muchas inquietudes. Estos son algunos de los retos que el mundo enfrenta en este siglo.

💡 ¡Sabelotodo!

● No hay acuerdo sobre la gravedad del cambio climático y sus causas.

● El hielo en el Ártico parece derretirse tan rápido que gran parte habrá desaparecido para el año 3000.

● La capa de hielo de Groenlandia contiene suficiente agua para elevar 7 m el nivel de nuestros océanos.

Cambio climático

Los científicos que miden la capa de hielo de los polos norte y sur han detectado que se está derritiendo. Nadie sabe con certeza cuánto se ha derretido, pero esto hará que algunas tierras se inunden y que los patrones del clima cambien en todo el planeta. El efecto del cambio es problemático. Si las estaciones cambian, los agricultores deben encontrar maneras diferentes de cultivar. Si hay más inundaciones, las personas que viven cerca de las costas tendrían que mudarse.

La gente en algunas regiones de África depende de sus cultivos locales como fuente de alimento, y cuando hay sequía se producen hambrunas

Fin de las hambrunas

Millones de personas no tienen suficientes alimentos. En África y Asia, muchas personas dependen de sus cultivos para sobrevivir. Si los cultivos se pierden por el mal clima puede haber hambruna, cuando la gente pasa mucha hambre. Podemos buscar soluciones para las hambrunas, si se desarrollan cultivos más resistentes e incluso si se altera el clima.

La nueva ciencia

Los inventos han desempeñado un importante papel en el cambio de la historia. Con la invención de la rueda, la imprenta y la máquina de vapor cambió la manera en que vivían y trabajaban las personas. En el futuro, es muy probable que otros inventos modifiquen nuestra forma de vida. Por ejemplo, es posible que la ciencia médica pueda curar graves enfermedades.

Hubo celebraciones en todo el planeta por la llegada del nuevo milenio

Los casquetes polares se derriten. Nadie sabe cuánto o a qué velocidad

Glosario

a. C.: abreviatura para antes de Cristo, periodo que termina con el nacimiento de Cristo.

Acrópolis: grupo de templos construidos sobre una colina en Atenas para honrar a la diosa Atenea.

Aliados: países que se unieron para luchar contra Alemania y sus simpatizantes durante la Primera y la Segunda Guerra Mundial.

Bolchevique: nombre dado a los comunistas que tomaron el poder en Rusia en 1917.

Caligrafía: letras escritas a mano.

Catolicismo: rama del cristianismo, cuyo líder es el papa.

Comunismo: ideología sobre la forma en que debe estar organizada la sociedad y el gobierno, en que todo pertenece y está bajo el control del Estado.

Confucianismo: filosofía china basada en las enseñanzas de Confucio, quien murió en 479 a. C.

Democracia: forma de gobierno en que la gente del común vota para aprobar nuevas leyes y elegir a sus líderes.

Dictador: gobernante con poder absoluto.

Dinastía: grupo familiar que gobierna un reino por varias generaciones.

Edad de Bronce: periodo entre 3500 y 750 a. C., cuando la producción de bronce era muy importante para las culturas.

Edad de Hierro: entre 750 y 50 a. C. (aprox.), cuando el hierro era el material más importante para fabricar objetos en las culturas europeas.

Edad de Piedra: periodo anterior al 130 000 a. C., cuando los seres humanos solo usaban piedras para fabricar herramientas y no habían descubierto el uso de los metales.

Egipto antiguo: reino que se extendió por las riberas del Nilo, en África, hace 5000 años, fue gobernado por los faraones.

Frente occidental: área de conflicto que se extendió por Europa occidental durante la Primera y Segunda Guerra Mundial.

Frente oriental: área de conflicto entre Alemania y Rusia en la Primera y Segunda Guerra Mundial.

Gran Guerra: nombre con el que también se conoce la Primera Guerra Mundial.

Grecia antigua: periodo entre 800 y 323 a. C. (aprox.), en que se desarrollaron la cultura y la democracia en las ciudades-Estado de Grecia.

Guerra Fría: periodo entre 1945 y finales de la década de 1980 en que hubo hostilidad entre los países comunistas y los democráticos y amenaza de guerra.

Hititas: reino en el Medio Oriente (hoy Turquía y Siria) que existió alrededor del año 1500 a. C.

Imperio otomano: reino musulmán que se extendió al oriente y al occidente del Mediterráneo desde el siglo XIV hasta comienzos del siglo XX.

Inscripción cuneiforme: primer tipo de escritura hallado, que consiste en una serie de marcas hechas con un junco en forma de cuña, que se presionaba sobre arcilla húmeda.

Jenízaros: tropas musulmanas del Imperio otomano, en la región que hoy es Turquía.

Jeroglíficos: tipo de escritura con símbolos usada por los antiguos egipcios en el norte de África, hace unos 5000 años.

Långskip **(barco largo):** nave vikinga de guerra hecha de madera, con una proa larga en la que se tallaba un dragón.

Mayas: reino que existió en lo que hoy es el sur de México, Belice y Guatemala, entre el año 200 y 800 (aprox.).

Primera Guerra Mundial: enorme conflicto que se extendió por toda Europa, Medio Oriente y África, entre 1914 y 1918.

Protestantismo: rama del cristianismo que se originó en el siglo XVI.

Reforma: periodo de levantamientos religiosos en Europa que comenzó en 1517.

Revolución Industrial: Periodo de cambio, a partir del siglo XVIII, cuando se inventaron máquinas, como la de vapor, se abrieron las primeras fábricas y aparecieron las ciudades industriales.

Rúnico: alfabeto de símbolos usado por los vikingos de Escandinavia y otros pueblos germánicos y nórdicos, incluidos los anglosajones.

Segunda Guerra Mundial: enorme conflicto que destruyó Europa entre 1939 y 1945.

Sultán: gobernante del Imperio otomano, un reino al oriente del Mediterráneo.

U-boat: tipo de submarino de ataque alemán usado durante la Segunda Guerra Mundial.

Vikingos: guerreros, agricultores y artesanos escandinavos que se dispersaron por el norte de Europa entre los años 700 y 1100 (aprox.), y que posiblemente llegaron a Norteamérica y Medio Oriente.

CAPÍTULO 6

GENTE Y LUGARES

¡Datos brillantes!

Asentamientos

Cuando nuestros ancestros buscaban un lugar para establecerse, escogían sitios con agua dulce, fuentes de alimentos y combustible, y cercanos a otras comunidades para comerciar.

El lugar apropiado

La mayoría de las grandes ciudades se desarrollaron junto a los ríos, que suministraban agua para la gente y sus animales y servían para irrigar los cultivos. Antes de la construcción de las vías terrestres, los ríos eran importantes rutas de comercio y de acceso al mar.

La Île de la Cité, isla en el río Sena, corazón histórico de París (Francia)

París en 1889, cuando se erigió la torre Eiffel a la entrada de la Feria Mundial

La torre Eiffel

Una ciudad nace

300 a. C.
200 a. C.
100 a. C.
0
100
200
300
400
500
600
700
800
900
1000
1100
1200
1300
1400
1500
1600
1700
1800
1900
2000
2100

1. En 250 a. C. la tribu de los parisios se estableció en una aldea de pescadores en las riberas del río Sena, hoy Francia. Gracias a su ubicación, la aldea se convirtió en un importante punto de comercio.

2. Bajo el control romano en el año 52 a. C., Lutecia, hoy París, fue una próspera villa de más de 20 000 habitantes.

3. En la Edad Media, París se convirtió en la capital de Francia. Se construyó la universidad de la Sorbona y muchos monumentos.

4. El rey Luis XIV gobernó una ciudad majestuosa, pero la mayoría de sus 650 000 habitantes eran pobres. El 14 de julio de 1789 los parisinos se tomaron la prisión de la Bastilla y derrocaron la monarquía.

5. Para mediados del siglo XIX, 1.6 millones de personas vivían en París, entonces el barón Haussmann recibió la orden de modernizar la ciudad. Reemplazó las estrechas calles por amplios bulevares.

6. París es hoy una megaciudad con 10 800 000 habitantes.

De caseríos a megaciudades

Las personas eligen vivir en grupos. Los asentamientos varían de tamaño, desde caseríos (más pequeños que aldeas) hasta megaciudades.

⬆ Aldeas

Algunas personas aún viven en aldeas tradicionales, como esta en África (arriba), allí construyen viviendas circulares con los materiales disponibles, como lodo.

⬇ Barrios de invasión

Son construidos con desechos por gente pobre. Suelen estar en las afueras de ciudades de países en desarrollo. Muchas carecen de electricidad y no son higiénicas.

⬆ Megaciudades

Tokio es una de las megaciudades más grandes, con unos 36 000 000 habitantes. Otras megaciudades son Yakarta (Indonesia), Cantón y Shanghái (China), y Seúl (Corea del Sur).

⬆ Ciudades de mercado

En Europa, en tiempos medievales, a ciudades como Trier en Alemania se les concedió permiso para tener un mercado. Esas ciudades prosperaron gracias al comercio y algunas se convirtieron en zonas populosas.

⬅ Despoblados

A veces, una población es abandonada debido a un desastre natural o por el cierre de sus industrias. Chernóbil, Ucrania, fue evacuada en 1986 después de que un accidente nuclear la convirtió en un lugar muy peligroso para vivir.

💡 ¡Sabelotodo!

● Un caserío es un grupo pequeño de casas.

● Una aldea es una comunidad con unos cientos o miles de habitantes, que suele tener al menos una tienda.

● Un pueblo suele tener un centro con tiendas y otros negocios, instituciones de salud, escuelas y a veces áreas industriales.

Trabajos

La mayoría de las personas necesitan un trabajo para su sostenimiento y el de sus familias. Entre los tradicionales están la obtención de materias primas de la Tierra y la elaboración de objetos a partir de ellas. Los geógrafos se refieren a ellos como sector primario y sector secundario.

En los países ricos se usan máquinas para cosechar

El té es recogido por las mujeres

¡Sabelotodo!

● Cuando los países comienzan a desarrollarse, la mayoría de las personas trabajan en el sector primario.

● A medida que se vuelven más ricos, los países pueden construir fábricas y comprar maquinaria, y hay más trabajos en el sector secundario.

● Hoy, solo 3 % de los trabajadores estadounidenses está en el sector primario, en el siglo XIX era el 65 %.

Cultivos

Las personas comenzaron a cultivar hace unos 10 000 años. Desde entonces, los sistemas de riego, fertilizantes y pesticidas han revolucionado la agricultura. Muchas granjas agrícolas de Europa y Norteamérica usan maquinaria para hacer gran parte del trabajo.

A mano

En Asia y África muchos cultivos aún se cosechan a mano y esto genera trabajo para muchas personas. Los alimentos se exportan a otros países y son una importante fuente de ingresos.

Extracción bajo tierra

La demanda de carbón, como combustible, y de metales valiosos, como el oro, uranio y cobre, genera millones de empleos para los mineros. Muchos trabajan bajo tierra en condiciones precarias y peligrosas. Sudáfrica, Rusia y Ucrania tienen una importante producción minera.

Sector secundario

Los trabajos secundarios se basan en la fabricación, procesamiento y construcción. La metalurgia, la construcción de vivienda y de barcos, y la elaboración de cerveza son trabajos del sector secundario. Los trabajadores toman las materias primas y las convierten en productos.

Fabricar productos de metal hace parte del sector secundario

Servicios y ciencia

En los países más ricos, muchos trabajos ahora los realizan máquinas, y por eso la mayoría de las personas trabajan en la prestación de servicios, el desarrollo de tecnología y la investigación, trabajos del sector terciario y cuaternario.

Prestación de servicios

En el sector terciario se incluye la venta de productos, el transporte, la atención en salud, la hotelería, los restaurantes, la banca y las actividades relacionadas con la justicia. El entretenimiento, como el teatro, la televisión y la música, hacen parte de este sector. Más del 80 % de los trabajadores en Estados Unidos se desempeñan en este sector.

Entre las actividades del sector terciario está el entretenimiento

San José, California, es conocido como la capital de Silicon Valley

Información e investigación

En el sector cuaternario se encuentran la consultoría, los servicios de investigación e información, las TIC (Tecnologías de la Información y la Comunicación). San José fue alguna vez una población de agricultores, pero en 1943, la compañía de tecnología IBM estableció allí su sede principal. Hoy es una de las ciudades más grandes de la región.

Negocios y finanzas

Londres es uno de los centros de negocios más grandes del mundo. La prestación de servicios financieros hace parte del sector terciario, y cerca de un cuarto de millón de londinenses trabaja en esta actividad.

Canary Wharf es uno de los centros financieros de Londres

¡Sabelotodo!

● Muchas personas pagan impuestos sobre el dinero que ganan y las cosas que compran. Los gobiernos destinan ese dinero a seguridad, escuelas, salud, vías y otros servicios.

● En algunos lugares, conocidos como paraísos fiscales, se cobran impuestos tan bajos que las empresas y las personas ricas transfieren su dinero allí para reducir el pago de impuestos.

Ricos y pobres

Más de 3000 millones de personas, casi la mitad de la población mundial, viven con menos de USD 2.50 al día, y solo el 20 % de la población recibe tres cuartos de los ingresos del mundo. Los diez países más pobres se encuentran en África.

País de contrastes

En Bombay, India, un acaudalado hombre de negocios indio construyó una vivienda de USD 1000 millones, con 27 pisos y estacionamiento para 168 autos, a corta distancia de uno de los barrios de invasión más grandes de Asia, ¡donde viven más de un millón de personas!

Más de la mitad de los habitantes de Bombay vive en barrios de invasión

Personas piden comida en Dadaab, Somalia

¿Por qué hay países pobres?

La pobreza puede ser resultado de desastres naturales, como inundaciones y sequías, o de guerras y enfermedades. A veces los países tienen minerales valiosos, pero el dinero de su venta queda en manos de personas poderosas y no llega a los pobres.

Cada vez más ricos

Muchos productos vienen marcados como "Hecho en China". El aumento de fábricas chinas que elaboran productos para el mundo occidental ha sacado a más de 400 millones de chinos de la pobreza. Shanghái tiene tantos millonarios que se ha convertido en la capital del lujo.

La calle Nanjing, en Shanghái, es una de las avenidas comerciales más concurridas del mundo

💡 *Hechos y cifras*

● Cada día 21 000 niños mueren debido a la pobreza.

● Cerca de 1600 millones de personas viven sin electricidad.

● 870 millones de personas no tienen suficiente para comer.

● Al menos 80 % de la población mundial vive con menos de USD 10 al día.

● 1700 millones de personas no tienen acceso a agua limpia.

Manifestantes contra la inequidad ocuparon un parque cerca de Wall Street, en Nueva York, en 2011

La brecha crece

En Estados Unidos, uno de los países más ricos del mundo, la brecha entre ricos y pobres crece. Hoy, el 1 % de la población rica tiene más dinero que el 90 % de la clase baja juntos, y 60 % de los niños en Detroit, Míchigan, vive en la pobreza.

La gente y el poder

Cuando la gente vive en grupos elige un líder para que los represente. Una tribu puede elegir a uno de sus mayores como jefe, y en algunos países tienen monarcas; otros, un presidente o primer ministro.

¡Sabelotodo!

● Un monarca puede ser un rey o reina, príncipe o princesa, emperador, gran duque, sultán o emir.

La reina Isabel II es la monarca británica

Iósif Stalin, dictador de la Unión Soviética, responsable de la muerte de millones de sus compatriotas

Abraham Lincoln fue el presidente número 16 de Estados Unidos

Monarquía o república

En una monarquía, si el rey o reina muere o dimite, su hijo o hija mayor hereda el título. Muchos monarcas son hoy jefes de Estado (representante principal de un país), pero no gobiernan de manera directa. Los países sin monarquías se llaman repúblicas y tienen un presidente como jefe de Estado.

Dictadura

Los dictadores tiene el poder absoluto sobre el país. Suelen tomarse el poder por la fuerza, o logran ser elegidos mintiéndole a la gente. No llevan a cabo elecciones justas cuando llegan al poder y suelen tener su propia guardia, que castiga a quien se atreva a hablar en contra de sus ideas.

Democracia

Abraham Lincoln la describió como el "gobierno de la gente, por la gente, para la gente". En una democracia, las personas votan por políticos para que los representen en el gobierno. Los políticos pertenecen a partidos y el líder del partido con la mayoría de los votos se convierte en el presidente o primer ministro del país.

 ¡Superfoto!

★ JEFES TRIBALES

Los primeros líderes fueron los jefes de las aldeas o clanes. Hoy, los jefes tribales son representantes importantes de sus pueblos, como sucede con los dani, una de las tribus mejor conocidas de Papúa Nueva Guinea. Aquí se ve a su jefe (derecha) en una danza de guerra tradicional.

Migraciones

Cuando las personas se trasladan de un lugar a otro se denominan migrantes. Muchos escogen dejar sus hogares y establecerse donde haya más trabajo, una mejor paga o educación para sus hijos.

Estos trabajadores migrantes recogen tulipanes

Migrantes económicos

Cuando las personas de países pobres se desplazan a áreas donde los salarios son más altos, se les llama migrantes económicos. Los trabajadores de Europa oriental suelen viajar a Europa occidental en verano para recoger frutas y verduras. A Estados Unidos llegan muchos suramericanos, algunos trabajan en jardinería y limpieza.

Inmigrantes ilegales

Las personas que quieren vivir y trabajar en otro país necesitan un permiso. Hay personas que aún sin obtenerlo ingresan al país de manera clandestina. Se calcula que en Estados Unidos hay 12 millones de inmigrantes ilegales, que han cruzado la frontera mexicana sin autorización.

Trabajadores que marchan para apoyar a los inmigrantes ilegales en Los Ángeles, California

💡 ¡Sabelotodo!

● La migración tiene efectos positivos y negativos. Los trabajadores migrantes pueden enviar dinero a sus familias, pero sus países de origen pierden su fuerza laboral y sus habilidades.

● Los inmigrantes son una mano de obra barata, pero realizan trabajos que podrían hacer los locales y hacen que los salarios sean bajos.

Nómadas

Para algunos mudarse de un lugar a otro es una forma de vida. Se calcula que hay 35 millones de nómadas, que se desplazan en busca de alimento para ellos y sus animales. Como los sami de Laponia, que siguen a sus rebaños de renos, los nómadas del Tíbet y Mongolia, y los bereberes del norte de África.

Los Komi del norte de Rusia son pastores nómadas de renos

¡Superfoto!

⭐ LA PUERTA DE ENTRADA

Más de 12 millones de inmigrantes europeos pasaron por la isla Ellis en Nueva York, entre 1892 y 1924, en busca del "sueño americano". Después de un duro viaje por mar, debían pasar por una larga revisión y chequeo médico, con los que se establecía si podían entrar al país y trabajar.

Refugiados

Mientras los migrantes eligen mudarse a otro lugar, los refugiados se ven obligados a dejar sus hogares debido al hambre, los conflictos o desastres naturales, como terremotos o inundaciones.

Este campamento en Indonesia alojó a sobrevivientes del tsunami de 2004

Hechos y cifras

● Hay unos 10.6 millones de refugiados, 441 000 personas que piden asilo y 27 millones de desplazados.

● La mayoría de los refugiados y desplazados son de África y Asia.

● Cerca del 80 % de desplazados son mujeres y niños.

Campos de refugiados

Suelen ser desaseados y las enfermedades se propagan debido al hacinamiento. A veces las personas viven en estos refugios temporales hasta por diez años. Se llama refugiados a las personas que se ven obligadas a marcharse a otro país. Aquellos que viven en campos en sus propios países se llaman desplazados.

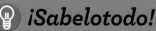

Aunque una guerra haya terminado, las minas terrestres que quedan hacen que el regreso de las personas sea muy peligroso

Conflicto

La guerra es una de las principales razones por las que la gente se convierte en refugiada. Se marchan porque están en peligro, y cuando estallan los conflictos, los gobiernos gastan dinero en armas en lugar de ocuparse de su pueblo. En 2013, más de un millón de sirios vivían en campamentos de refugiados después de huir de la guerra civil en su país.

Hambrunas

Las hambrunas y la guerra suelen ir de la mano. Cuando las personas están en medio del conflicto, no pueden cultivar alimentos para proveer a sus familias, pues suele ser muy peligroso trabajar en el campo. La sequía es otra causa de las hambrunas. Si no llueve, las semillas no pueden crecer y las personas y sus animales no tienen con qué alimentarse.

Estos refugiados escapan de la guerra en la República Democrática del Congo

¡Sabelotodo!

Las personas que huyen de la guerra, o cuya raza, religión u opiniones las ponen en peligro, pueden buscar seguridad o asilo en otro país. A veces les pagan a otros para que los ayuden a escapar. Muchos son capturados y enviados de regreso, mientras que otros mueren en el viaje.

En el mundo

Estados Unidos se encuentra en el puesto 51 en la lista de expectativa de vida. Esto puede deberse a deficiencias en la atención en salud para los más pobres y al número de personas con sobrepeso.

La gente de África subsahariana tiene la expectativa de vida promedio más baja

Expectativa de vida

Este mapa muestra la expectativa de vida promedio de la gente alrededor del mundo.

Quienes viven en países ricos con mejores servicios de salud y bienestar social, como Japón, Suiza, Canadá y Australia, viven más tiempo. La gente de los países pobres a menudo muere antes de alcanzar la mediana edad.

- 80 años o más
- 75–80 años
- 70–75 años
- 65–70 años
- 60–65 años
- 50–60 años
- 50 años o menos

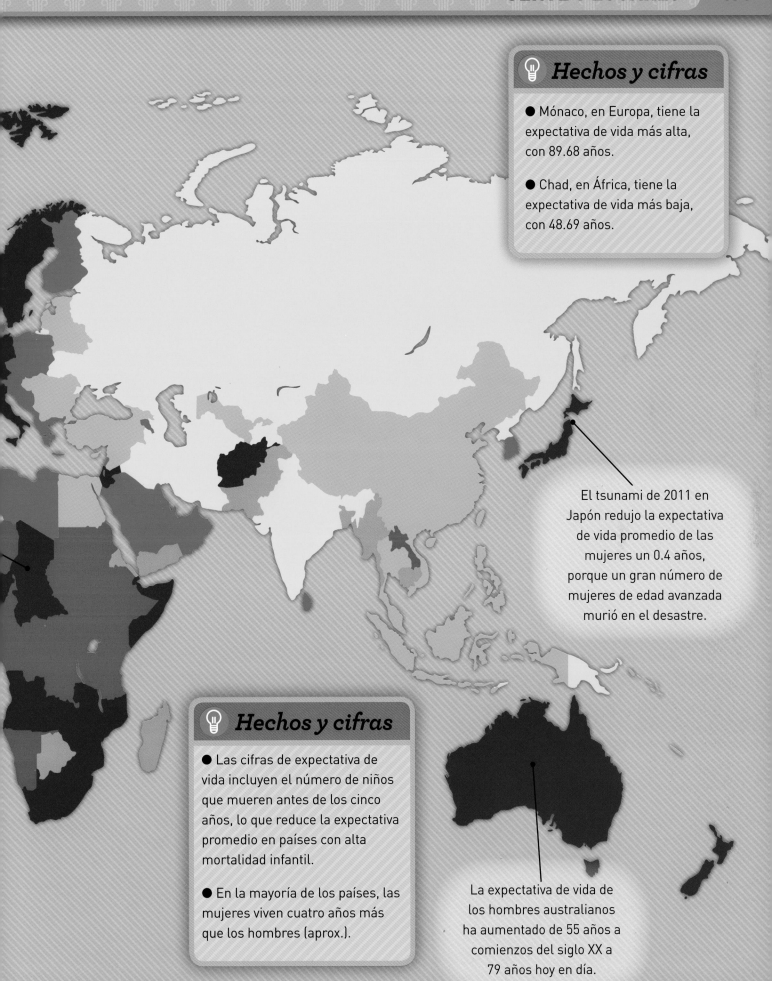

Hechos y cifras

● Mónaco, en Europa, tiene la expectativa de vida más alta, con 89.68 años.

● Chad, en África, tiene la expectativa de vida más baja, con 48.69 años.

El tsunami de 2011 en Japón redujo la expectativa de vida promedio de las mujeres un 0.4 años, porque un gran número de mujeres de edad avanzada murió en el desastre.

Hechos y cifras

● Las cifras de expectativa de vida incluyen el número de niños que mueren antes de los cinco años, lo que reduce la expectativa promedio en países con alta mortalidad infantil.

● En la mayoría de los países, las mujeres viven cuatro años más que los hombres (aprox.).

La expectativa de vida de los hombres australianos ha aumentado de 55 años a comienzos del siglo XX a 79 años hoy en día.

Religiones abrahámicas

Son las religiones que reconocen al profeta Abraham como una figura importante, y que creen en un solo dios. Se originaron en el Medio Oriente.

Judíos introducen oraciones entre las piedras del Muro de las Lamentaciones en Jerusalén

Un vitral con la imagen de Jesucristo

Los musulmanes oran cinco veces al día, ubicados en dirección a La Meca

El judaísmo

Es la más antigua de las religiones abrahámicas y tiene cerca de doce millones de fieles. El libro de la Torá contiene las leyes judías, e incluye, entre otras, normas acerca de los alimentos que se pueden consumir. El calendario judío es lunar y tiene 354 días. El Rosh Hashaná (Año Nuevo) se celebra en septiembre u octubre.

El cristianismo

Es la religión más grande del mundo, con más de dos mil millones de fieles. Se divide en varios grupos, entre ellos protestantes, católicos romanos, ortodoxos, bautistas y metodistas; y todos creen que Jesucristo es el hijo de Dios. Los cristianos celebran el nacimiento de Cristo en la Navidad y su resurrección en la Pascua.

El islam

Es la segunda religión más grande del mundo, con unos 1500 millones de fieles, conocidos como musulmanes. Se basa en las enseñanzas del profeta Mahoma y en las palabras que Alá envió al mundo a través de él. Están escritas en un libro sagrado, el Corán. Hay dos grupos principales: los sunitas y los chiitas.

¡Superfoto!

EL HAJ

Los musulmanes tienen la obligación de visitar el lugar de nacimiento de Mahoma, en La Meca (Arabia Saudita), al menos una vez en sus vidas. Miles de musulmanes hacen una peregrinación de cinco días hasta allí, llamada Haj. Realizan una serie de rituales, como caminar alrededor de un santuario con forma de cubo, el Kaaba, siete veces.

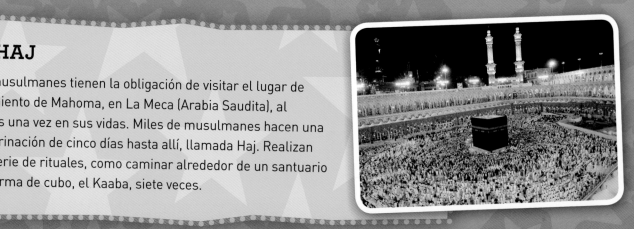

Religiones indias

Las principales religiones en India son el hinduismo, el budismo, el jainismo y el sijismo. En todas se cree en la reencarnación y el karma.

Ghanesha es el dios hindú del éxito

El hinduismo

Es la tercera religión más grande, con 800 millones de fieles. Se originó en el norte de la India hace unos 4000 años y la practica más del 80 % de la población del país. Los hindúes adoran muchos dioses, pero creen que todos son manifestaciones de uno solo: Brahman.

El budismo

Con más de 500 millones de seguidores, es la cuarta religión más grande del mundo. Siguen las enseñanzas de Sidarta Gautama, quien nació en India alrededor del 563 a. C. y es considerado como el Buda supremo. Los budistas aspiran a alcanzar la iluminación, o comprensión del significado de la vida.

Monje budista en Laos

¡Superfoto! ★

SIJISMO

La mayoría de los sijs viven en el estado indio del Punjab. El Templo Dorado de Amritsar es su lugar más sagrado. Los sijs siguen las "cinco K": Kesh, no cortarse el pelo; Kara, usar un brazalete; Kanga, llevar un peine; Kachera, usar ropa interior especial; y Kirpan, llevar una espada ceremonial.

El jainismo

Tiene cerca de cinco millones de seguidores. Su meta es alcanzar el moksha, o fin del ciclo de nacimiento-muerte-renacimiento. Los jainistas creen que todas las almas, incluidas las de las plantas y animales, son iguales, y por eso siguen una dieta vegetariana que excluye alimentos como papas, cebollas y ajo, porque para comerlos se mata toda la planta.

Los monjes jainistas, como este, cubren su boca y nariz para evitar aspirar insectos

El colonialismo europeo

En el siglo XV los monarcas europeos enviaron exploradores por el mundo en busca de nuevas tierras y rutas de comercio. Querían establecer colonias en el extranjero para hacerse más ricos y poderosos.

Suramérica

En 1500 Pedro Álvares Cabral llegó a tierras de Brasil y las reclamó para la corona portuguesa. Para la misma época, Cristóbal Colón llegó a Centroamérica y reclamó la región para España (ver p. 145). En los siguientes 350 años, España conquistó gran parte de Suramérica, el Caribe y el suroccidente de Norteamérica.

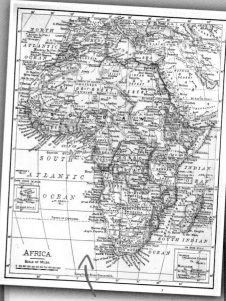

Las áreas rosadas muestran las colonias británicas, y las verdes regiones dominadas por Francia

Estatua de Cristóbal Colón en Argentina

Representación de la llegada de los ingleses a Jamestown

Norteamérica

A comienzos del siglo XVII, británicos y franceses se instalaron en Norteamérica. Los británicos fundaron Jamestown en Virginia y Plymouth en Massachusetts. Los franceses se establecieron en Port Royal y en Quebec, Canadá, donde comerciaban con pieles.

África

Entre los siglos XVII y XX, África se veía como un rompecabezas gigante, repartido entre Francia, Gran Bretaña, Alemania, Italia y Bélgica. La delimitación no tuvo en cuenta las divisiones tribales ni las diferencias de idiomas. Esto tuvo un efecto duradero, y creó disputas entre diferentes grupos que continúan hasta hoy.

Asia

Los portugueses, los primeros europeos que comerciaron con Asia, ocuparon India e Indonesia. Más adelante, los holandeses dominaron gran parte de Indonesia, y los británicos y franceses lucharon por India. Los británicos ganaron y los franceses se tomaron Indochina.

Las *baguettes* francesas todavía son populares en Vietnam, que fue colonia francesa

¡Sabelotodo!

Aunque los colonizadores europeos ya no están a cargo, su comida, construcciones e idiomas aún permanecen. Por ejemplo, en Suramérica la gente habla español y portugués.

Pueblos indígenas

Las poblaciones indígenas o nativas son descendientes de las personas que vivían en el área antes de que fueran colonizados por los europeos.

Tribus africanas

Las tribus de pigmeos como los batwa han existido en las selvas de África por 60 000 años. El más alto de ellos rara vez mide más de 1.5 m, y su baja estatura les permite moverse con facilidad en la selva. Tristemente, estos cazadores-recolectores enfrentan hoy la pérdida de sus tierras ancestrales.

El pueblo chukchi se viste con prendas hechas de pieles de reno o foca

Los chukchi

La mayor parte del pueblo chukchi vive en Rusia, cerca al círculo polar Ártico. Originalmente se dividían en dos grupos. Los chukchi nómadas eran pastores de renos, que les daban leche, carne y pieles. Los chukchi marinos vivían en aldeas, eran pescadores y cazaban mamíferos marinos.

Los batwa son conocidos por su música, danzas y relatos

Aborígenes australianos

Antes de que los británicos colonizaran Australia, los aborígenes habitaban el país. Eran cazadores-recolectores pacíficos que adoraban a su tierra. Los aborígenes creen en el Tiempo del Sueño, una era sagrada en que los espíritus crearon el mundo. La música, danza y relatos aún son partes importantes de su cultura.

El diyiridú es un instrumento tradicional aborigen

Nativos norteamericanos

La costa pacífica de esta parte del continente alguna vez fue hogar de muchas tribus, cada una con su propia lengua y cultura. Obtuvieron riquezas al comerciar con pieles, y tallaron tótems en troncos de cedro como símbolo de su riqueza e importancia.

En el parque Thunderbird en Victoria, Canadá, se encuentran muchos monumentos de nativos norteamericanos

⚎ Turismo

Ahora que la gente en muchas partes del mundo dispone de más dinero y los viajes en avión son rápidos y asequibles, el turismo internacional se ha convertido en una industria creciente.

Hechos y cifras

● En 2012 hubo más de mil millones de turistas internacionales.

● Los destinos turísticos más populares son Estados Unidos y Francia.

● Las cinco ciudades turísticas más importantes son París, Londres, Nueva York, Antalya (Turquía) y Singapur.

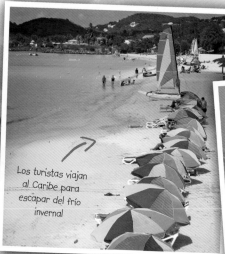

Los turistas viajan al Caribe para escapar del frío invernal

En Zacinto, Grecia, los turistas suelen perturbar los nidos de las tortugas cabezonas

La importancia del turismo

El turismo genera empleo y es la principal fuente de ingresos en algunas partes del mundo, como en las islas del Caribe. Las islas pequeñas y rocosas no tienen mucha tierra disponible para la industria o para la agricultura, pero suelen tener hermosas costas y playas, que es lo que muchos turistas buscan.

Problemática

Los países con paisajes vírgenes o plantas y animales raros son populares destinos vacacionales, pero el turismo puede afectar estos ambientes. A veces, los hábitats de vida silvestre pueden verse perturbados o contaminados. El agua es desviada hacia los hoteles, causando escasez para la población local, las plantas y animales.

El ecoturismo en la selva tropical de Costa Rica es muy popular

Ecoturismo

El ecoturismo reduce el impacto que el turismo tradicional tiene sobre las comunidades y los hábitats. Busca apoyar a la población local y asegurar que el dinero se quede en la región, en lugar de ir a las empresas foráneas de turismo.

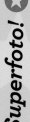

¡Superfoto!

⭐ MACHU PICCHU

La ciudad de los incas del siglo XV, se levanta a 2430 m sobre el nivel del mar en las laderas de los Andes en Perú. Dos mil personas la visitan a diario y el sitio se erosiona poco a poco por las pisadas de los turistas. Los geólogos temen que un deslizamiento pueda arrastrar las ruinas de piedra hasta el río Urubamba.

Festivales y celebraciones

A las personas alrededor del mundo les encanta divertirse. Diferentes culturas tienen festividades únicas. Suelen incluir música, desfiles, comidas especiales y disfraces.

Este esqueleto recuerda a los héroes de la Revolución mexicana

El Año Nuevo chino

El Año Nuevo chino se celebra entre el 21 de enero y el 20 de febrero. Antes de las festividades, la gente asea sus viviendas para alejar la mala suerte. Se visten con prendas nuevas de color rojo para alejar a los espíritus malignos. El día de Año Nuevo, los niños encuentran un sobre rojo con dinero y dulces bajo su almohada.

Día de los Muertos

El Día de los Muertos se celebra el 1 y 2 de noviembre en México. Es una fiesta nacional en la que se reúnen familias y amigos para recordar a los fallecidos y orar por ellos. Es tradicional comer esqueletos y calaveras de azúcar, y la gente desfila por las calles disfrazada de esqueleto.

¡Kung hei fat choi!
(¡Feliz año!)

Los inmigrantes irlandeses y escoceses probablemente introdujeron el Halloween en Estados Unidos

El Halloween

Tal vez se originó con un festival celta llamado Samhain, en el cual la gente encendía antorchas y usaba disfraces para espantar a los fantasmas. En Irlanda y Escocia se creía que los faroles de nabos con caras talladas protegían contra los malos espíritus. Hoy, los niños se disfrazan para pedir golosinas y se hacen faroles de calabazas.

 ¡Superfoto!

MASCARADA

El carnaval de Venecia, al norte de Italia, se realiza antes de la Cuaresma. Un evento importante es el baile de máscaras en el teatro La Fenice. Las máscaras se pintan a mano y se decoran con hojas de oro, plumas y gemas.

¡La gran imagen!

El carnaval

El carnaval de Río de Janeiro, Brasil, es el más grande del mundo. Durante los cuatro días que anteceden a la Cuaresma, dos millones de personas salen a la calle a disfrutar del espectáculo.

Lo más destacado del Carnaval de Río es el concurso entre las escuelas de samba, realizado en el Sambódromo. Los integrantes generalmente provienen de las favelas, barrios de invasión en los sectores más pobres de la ciudad

Las bahianas, de Bahía, Brasil, usan faldas amplias

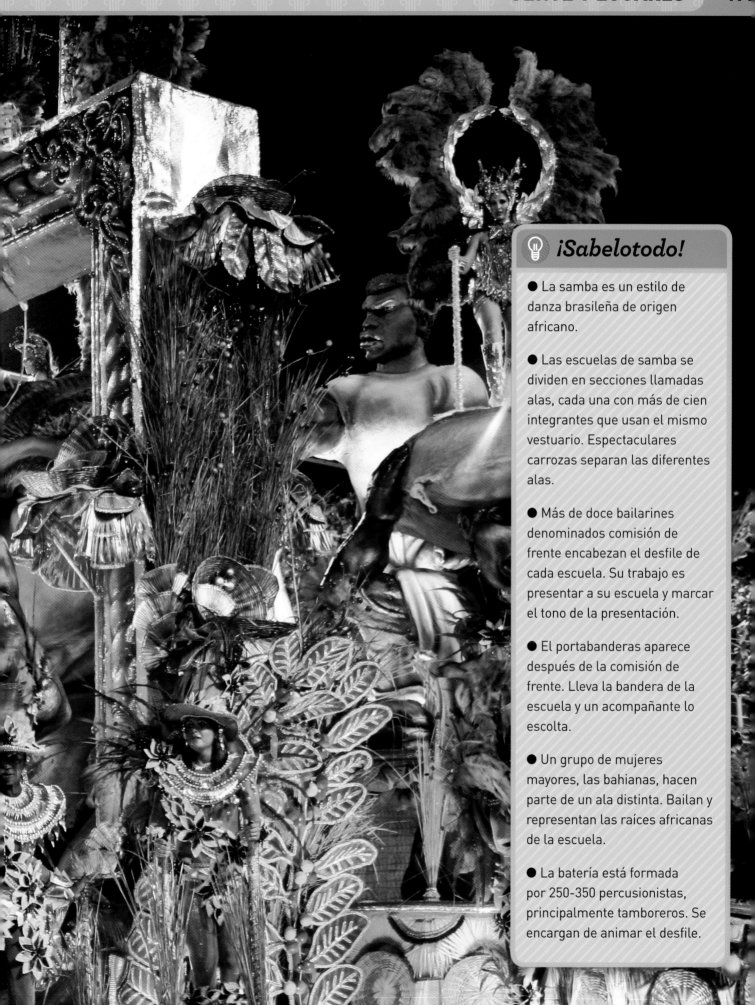

💡 ¡Sabelotodo!

● La samba es un estilo de danza brasileña de origen africano.

● Las escuelas de samba se dividen en secciones llamadas alas, cada una con más de cien integrantes que usan el mismo vestuario. Espectaculares carrozas separan las diferentes alas.

● Más de doce bailarines denominados comisión de frente encabezan el desfile de cada escuela. Su trabajo es presentar a su escuela y marcar el tono de la presentación.

● El portabanderas aparece después de la comisión de frente. Lleva la bandera de la escuela y un acompañante lo escolta.

● Un grupo de mujeres mayores, las bahianas, hacen parte de un ala distinta. Bailan y representan las raíces africanas de la escuela.

● La batería está formada por 250-350 percusionistas, principalmente tamboreros. Se encargan de animar el desfile.

La vida en Canadá y Estados Unidos

Alguna vez fueron colonias europeas, y tienen culturas similares. Ambas son naciones de inmigrantes; en la ciudad de Nueva York se hablan cerca de 800 idiomas, y uno de cada cinco canadienses nació en otra parte.

El mercado de Bonsecours es el corazón de la vieja Montreal, en Quebec

Entretenimiento

Hollywood ha sido el centro de la industria del cine por más de cien años. En 1923 Walt Disney fundó allí un estudio que se convirtió en uno de los más grandes del mundo. Disneylandia, en California, abrió sus puertas en 1955. Por todo el mundo, los parques temáticos de Disney atraen a más de cien millones de visitantes al año.

Tres culturas

La mayoría de los canadienses hablan inglés y el monarca británico aún es el jefe de Estado del país, pero el francés es el idioma principal de la provincia más grande de Canadá, Quebec, que ha mantenido su identidad francesa (ver p. 174). El pueblo nativo de los inuit vive en los territorios del noroeste y Nunavut. Allí se habla inuit.

Fútbol americano

Es el deporte más popular de Estados Unidos. Más de cien millones de personas ven cada año por televisión el juego por el campeonato, el Super Bowl. Artistas famosos se presentan ante la multitud en el intermedio y las empresas invierten millones de dólares en anuncios comerciales que se transmiten durante los cortes.

Grandes áreas despobladas

Canadá es el segundo país más grande del mundo, pero solo tiene 0.5 % de la población mundial. Casi todos los canadienses viven a no más de 200 km de la frontera con Estados Unidos, por lo que el norte del país está casi deshabitado, con enormes áreas silvestres intactas.

Los osos grizzly y los osos negros viven en los remotos bosques canadienses

La vida en Latinoamérica

Las partes del continente americano donde el portugués y el español son los principales idiomas se conocen como Latinoamérica. Incluye México, Centro y Suramérica, y algunas islas del Caribe.

Una indígena quechua en Raqchi, un sitio inca cerca de Cuzco

Incas increíbles

Cerca del año 1200 a. C., los incas construyeron la ciudad de Cuzco, en los Andes. Conquistaron las demás tribus del área y construyeron un enorme imperio, que se extendió casi 4000 km a lo largo de los Andes, en Suramérica. En el siglo XVI, el Imperio inca fue arrasado por los españoles.

¡Sabelotodo!

Cuando llegaron los invasores de España y Portugal, muchos indígenas murieron en batalla, otros más murieron por las enfermedades que trajeron los europeos, entre ellas el sarampión, la influenza y la viruela, responsables de la muerte de más del 80 % de la población indígena, incluyendo a casi todos los que habitaban en Argentina.

Los mestizos mexicanos

México tiene una rica herencia indígena y fue el hogar de antiguas civilizaciones, como la maya y la azteca. En 1519 los invasores españoles llegaron a México y comenzó la conquista del Imperio azteca. Hoy, la mayoría de los mexicanos son mestizos, sus ancestros son indígenas y españoles.

Artistas celebran la herencia azteca en México

¡Superfoto!

AUTOS CLÁSICOS

Por muchos años Cuba ha tenido un gobierno comunista y está prohibido vender y comprar autos, y no hay repuestos. Los autos importados de Estados Unidos antes de la norma han sido reparados con lo que encuentran a mano.

Cultura y vaqueros

Casi todos los argentinos tienen ancestros europeos. La mitad de ellos vive cerca de la capital, Buenos Aires, llamada "la París suramericana" porque a sus habitantes les encanta la cultura, moda y comida. La pampa, al oriente de los Andes, es un área de llanuras fértiles donde los granjeros cultivan y crían ganado.

Los gauchos son vaqueros argentinos que pastorean el ganado en la pampa

En el norte de África

El norte de África está separado del resto del continente por el desierto del Sahara. Sus países musulmanes hablan árabe y tienen más en común con el Medio Oriente que con el África subsahariana.

Los bereberes nómadas viajan por el Sahara en camellos

En el desierto

Los bereberes son un pueblo indígena del norte de África. La tradición dice que los hombres cuidan del ganado y llevan una vida seminómada mientras viajan en busca de pastos y agua. Las mujeres elaboran artesanías, como coloridas alfombras con diseños, las kilims.

Hechos y cifras

● La capital de Egipto, El Cairo, es la ciudad más poblada de África, con cerca de 17 millones de habitantes en el área metropolitana.

● Con unos 6670 km, el Nilo, que fluye a través de Egipto, es el río más largo del mundo.

● El Sahara tiene una extensión de casi 9 000 000 km^2.

Tesoros antiguos

Egipto es uno de los países más poblados de África y la mayoría de sus habitantes viven cerca del Nilo. Entre los monumentos antiguos de Egipto están las pirámides de Guiza, la esfinge y los templos de Abu Simbel.

Los zocos

Un zoco es un bullicioso mercado árabe al aire libre. En los puestos se venden alimentos, especias, joyas, vestidos, textiles y artículos para el hogar; mientras músicos y encantadores de serpientes entretienen a los compradores. Estos siempre regatean con los vendedores, quienes piden precios más altos de los que esperan recibir.

 Este puesto en el zoco de Marrakech vende babuchas marroquíes

La Gran Esfinge, construida cerca del 2500 a. C.

Alimentos

Los musulmanes no comen cerdo, por eso el cordero y el pollo son las carnes más comunes en el norte de África. El cuscús, de trigo molido, es un alimento básico y suele servirse con un estofado de carne condimentado, el tajine.

El tajine recibe su nombre del recipiente cónico en que se prepara

En el África subsahariana

Es la parte del continente que se extiende al sur del desierto del Sahara. Es principalmente cristiana, pero el número de musulmanes está aumentando, y muchos pueblos tribales aún practican sus religiones tradicionales.

Guerreros masáis interpretando una danza tradicional con saltos

Masái Mara

La reserva natural Masái Mara, en Kenia, recibe su nombre del pueblo masái. Es el destino más famoso de África para hacer safari y alberga leones, leopardos, guepardos, jirafas, rinocerontes, cebras, ñus y otros animales. Los masáis son un pueblo seminómada que cría ganado, es conocido por sus joyas y atuendos coloridos.

Nación del Arcoíris

En el *apartheid* (segregación) en Sudáfrica, los grupos raciales vivían separados y la minoría blanca gobernaba. Nelson Mandela lideró la lucha contra el *apartheid* y fue encarcelado por 27 años. Después de su liberación, en 1990, se convirtió en el primer presidente negro del país, Sudáfrica fue conocida como la Nación del Arcoíris.

Estos fanáticos del fútbol usan los colores del arcoíris de Sudáfrica

Atletas invencibles

Los atletas de Kenia ganan casi todas las carreras de larga distancia. Muchos provienen de aldeas de la parte alta del valle del Rift, donde la altitud aumenta la cantidad de oxígeno que puede transportar su sangre. Los niños comienzan a entrenarse a temprana edad y corren a su escuela de ida y vuelta.

La malaria

Es una enfermedad que mata a millones de personas en el África subsahariana, sobre todo a niños. Es transmitida por mosquitos. Los mosquiteros tratados con insecticida han reducido el número de muertes, y los investigadores trabajan en una vacuna para erradicar la enfermedad.

El Keniano Raymond Kimutai Bett ganó la maratón clásica de Atenas en 2012

💡 ¡Sabelotodo!

● En África se hablan más de 2000 lenguas.

● Solo en Nigeria se hablan más de 500 lenguas.

● Ciertas lenguas usan silbidos o golpes de tambor para ser escuchadas a larga distancia.

La vida en Europa occidental

Tiene una rica y larga historia. Cuenta con una tradición cristiana y sistemas políticos democráticos. Doce de los países de Europa occidental son monarquías.

El corazón de Europa

Muchas organizaciones internacionales, entre ellas la Unión Europea (UE) y la OTAN (Organización del Tratado del Atlántico Norte) tienen su sede principal en Bruselas, Bélgica. Los idiomas oficiales de Bélgica son el francés y el holandés, pero 70 % de la población proviene del exterior, por lo que se pueden escuchar muchos idiomas en sus calles.

Banderas europeas ondean fuera de la sede principal de la UE en Bruselas

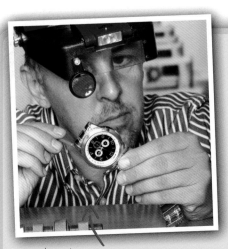
Los suizos son famosos por la calidad de sus relojes

Suiza

Suiza es un país montañoso sin salida al mar que se divide en una región de habla alemana, una francesa y otra italiana, pero no hace parte de la UE. El país ha estado al margen de conflictos desde 1815, y es el lugar de origen de la Cruz Roja. Gracias a su industria financiera es uno de los países más ricos del mundo.

¡Bon appetit!

La comida en Europa occidental es muy variada. Las pizzas y pastas italianas, la musaca griega, las salchichas alemanas, la paella española y los quesos franceses se saborean en todo el mundo, mientras que Bélgica es conocido por sus finos chocolates.

Mini-Estados

En Europa occidental están algunos de los países más pequeños del mundo.

⬆ El Vaticano es el Estado más pequeño del mundo, con 900 habitantes y 0.44 km².

⬆ El principado de Mónaco es el segundo Estado independiente más pequeño. Solo ocupa 2 km² de la costa mediterránea de Francia.

⬆ San Marino, en Italia, afirma ser el Estado más antiguo de Europa. Tiene un área de unos 61 km².

Algunas personas en Europa comen caracoles, aunque no todo el mundo los aprecia

La vida en Europa oriental

Tras la Segunda Guerra Mundial (ver p. 156), Europa oriental quedó bajo el dominio de la Unión de Repúblicas Socialistas Soviéticas (URSS). En 1991, la URSS se disolvió y el comunismo perdió el control sobre ella.

Rusia

Rusia es el país más grande del mundo, se extiende sobre dos continentes (Europa y Asia) y tiene nueve zonas horarias. Tiene 120 grupos étnicos y más de cien idiomas. Rusia se convirtió en una democracia después de la disolución de la URSS en 1991.

La catedral de San Basilio en la Plaza Roja de Moscú

(ver p. 156)

Hechos y cifras

● Hay más de 150 millones de personas que hablan ruso.

● En su punto más cercano, Rusia y Estados Unidos están a unos 4 km de distancia, trayecto que hay entre dos islas en el estrecho de Bering: la Diómedes Mayor, de Rusia, y la Diómedes Menor, de Estados Unidos.

El muro de Berlín fue un enorme lienzo para artistas del grafiti

El muro de Berlín

Después de la Segunda Guerra Mundial, Alemania quedó dividida en dos. Alemania Oriental era comunista y Alemania Occidental era democrática. En 1961 se construyó un muro que atravesaba la capital, Berlín, para separar el occidente democrático del oriente comunista. Fue demolido en 1989 y Alemania se reunificó un año después.

Breslavia, antiguamente la población alemana Breslau

Fronteras cambiantes

La geografía de muchos países de Europa oriental ha cambiado con los años. Polonia no existió entre 1795 y 1918, cuando su territorio fue repartido entre Rusia, Prusia y Austria. Breslavia, en el suroccidente de Polonia, ha sido parte de Bohemia, el Imperio austriaco, Prusia y Alemania.

¡Sabelotodo!

En un régimen comunista, no hay propiedad privada y el gobierno controla todo, desde los cultivos hasta los salarios. El comunismo en Europa oriental comenzó a colapsar a finales de la década de 1980.

En el Medio Oriente

El Medio Oriente ha sido llamado la encrucijada del mundo porque es el punto de encuentro de tres continentes. Tiene una rica historia y fue el hogar de varias civilizaciones antiguas, como la sumeria y la babilonia.

Religiones

El islam es la religión más importante del Medio Oriente. Los sunitas predominan en la mayoría de los países, pero hay gran número de chiitas en Irak, Irán y Líbano. Tras la Segunda Guerra Mundial, el Estado de Israel se estableció en Palestina, un área de mayoría musulmana. Los conflictos entre los israelíes y sus vecinos árabes continúan hasta hoy.

El monte del Templo en Jerusalén es un importante sitio religioso para judíos, musulmanes y cristianos

Idiomas

Esta señal de una calle de Jerusalén está escrita en inglés, árabe y hebreo

El principal idioma en el Medio Oriente es el árabe, seguido por el persa (o farsi), el turco, el bereber y el kurdo. En Israel se habla hebreo.

ZION GATE
باب النبي داود
שער ציון

El oro negro

El golfo Pérsico tiene las reservas de petróleo crudo más grandes del mundo y las naciones que se encuentran allí se han enriquecido al vender petróleo y gas a otros países. Los Estados del golfo Pérsico son monarquías gobernadas por reyes, emires y sultanes.

Kuwait es un pequeño país, con algunos de los campos petrolíferos más ricos del mundo

¡Superfoto! ★

AUGE

Desde la década de 1990, Dubái, en los Emiratos Árabes Unidos, ha vivido un auge en la construcción. En la ciudad se encuentra el Burj Khalifa de 830 m de altura, y en 2001 se iniciaron los trabajos en el Palm Jumeirah, islas artificiales con forma de palmera.

La vida en el subcontinente indio

Es un área del tamaño de Europa. Incluye Pakistán, Bangladesh, Nepal, Bután y la isla de Sri Lanka, además de India.

La gente de Nepal

La población de Nepal está formada por más de 60 grupos étnicos. Incluye a los gurkhas, que combatieron como soldados del ejército británico, y los sherpas, que habitan en las montañas. El Everest, el pico más alto del mundo, se encuentra en el norte de Nepal, y lo sherpas sirven de guías en las expediciones de ascenso.

Sherpas llevan cargas pesadas en el Himalaya

Bollywood

Bombay, en India, también llamada Mumbai, es uno de los centros de producción de cine más grandes del mundo. Los aspirantes a actores de toda India se congregan allí con la esperanza de convertirse en estrellas pero, igual que en Hollywood, solo unos pocos lo logran.

Esta bailarina india interpreta a una cobra

Condiciones difíciles

Bangladesh es uno de los países más pobres del mundo y uno de los más poblados. Se extiende a ambos lados del delta más grande del mundo y cerca de una quinta parte del país es agua. Las tierras bajas a menudo soportan inundaciones, las cuales enriquecen el suelo con cieno, pero también destruyen las viviendas y ocasionan enfermedades y muerte.

El viejo mercado en Daca, la capital de Bangladesh

¡Superfoto!

⭐ BUTÁN

En la escuela, en el reino budista de Bután, los niños toman lecciones de meditación. Todos los años se llevan a cabo festivales en los que los monjes usan disfraces y realizan danzas.

En Asia oriental

China, Mongolia, Corea y Japón son vecinos en Asia oriental pero, aunque son socios comerciales, no siempre se llevan bien.

Los nómadas de Mongolia han vivido en yurtas desde el siglo XII

Los arroceros en China aún usan búfalos de agua para arar

Un país de contrastes

En los últimos 20 años China ha cambiado más que cualquier otro país. Las ciudades modernas con enormes fábricas unidas por carreteras aparecen por todas partes. Entretanto, en áreas rurales, la vida sigue igual que hace cientos de años y la gente lucha por sobrevivir con menos de un dólar al día.

Tiendas con tecnología

Mongolia es uno de los países situados a mayor altura y tiene un clima extremo, con veranos cálidos e inviernos helados. Un tercio de los mongoles son nómadas que pastorean caballos, yaks, ovejas, cabras y camellos. Aún viven en tiendas tradicionales con forma de domo, las yurtas, pero muchas de ellas tienen paneles solares y antenas parabólicas.

Ciudades sobrepobladas

Corea del Sur y Japón son pequeños países con un gran número de habitantes. Sus capitales, Seúl y Tokio, están sobrepobladas. La mayoría de la gente usa el transporte público, que se llena en las horas pico. En Tokio los "empujadores de gente" trabajan para apretar a los pasajeros dentro de los vagones de los trenes.

Seúl es una de las ciudades con mayor densidad de población

Vivir sobre una falla

Varias de las placas de la corteza terrestre se encuentran cerca de Japón, y cuando se mueven a veces ocasionan terremotos. En 2011 un terremoto desencadenó un tsunami en la costa del Pacífico que mató a unas 20 000 personas y ocasionó un accidente en una planta nuclear. En Japón, además, hay muchos volcanes activos.

El monte Fuji hizo erupción en 1707 y expertos creen que otra erupción está por venir

Hechos y cifras

● Japón está formado por cuatro islas principales y casi 4000 islas más pequeñas.

● En Japón se registran más de 1500 terremotos al año, la mayoría de ellos son muy leves.

● China tiene 1300 millones de personas, más que los habitantes de cualquier otro país.

🏛 En el Sudeste Asiático

El Sudeste Asiático está formado por una península agreste y montañosa, y un gran número de islas volcánicas y coralinas. Su población es muy variada, hay diferentes culturas, idiomas y religiones.

Miles de botes atestan los canales en Bangkok, un auténtico mercado flotante

💡 Hechos y cifras

● El Sudeste Asiático consta de diez países independientes: Brunéi, Camboya, Indonesia, Laos, Malasia, Birmania, Filipinas, Singapur, Tailandia y Vietnam.

● Indonesia es el archipiélago más grande del mundo, con 17 508 islas. Tiene más de 700 lenguas y dialectos.

Tailandia

Los tailandeses suelen llamar a su país "la tierra de los hombres libres". Sus industrias más importantes son la agricultura y el turismo, y los principales productos son el arroz, el caucho y el azúcar. Su capital, Bangkok, es llamada "la Venecia de Oriente" porque tiene 83 canales. Cerca del 90 % de los tailandeses son budistas, y en Bangkok hay muchos monumentos budistas.

Los indios y los pueblos indígenas son los miembros más pobres de la sociedad malaya

Teatro de sombras

Se realiza con marionetas y es una forma de arte tradicional de Indonesia, introducido al país por los indios en el siglo VII. Un titiritero maneja hasta 300 marionetas detrás de una pantalla alumbrada por una lámpara, para hacer visibles sus siluetas. Las historias épicas pueden durar toda la noche.

Las marionetas tradicionales están hechas de cuero pintado y se mueven mediante varillas

Malasia multicultural

En Malasia viven juntos malayos, chinos e indios. Los malayos son el grupo más grande. Son musulmanes e incluyen a la mayoría de los servidores públicos y políticos del país. Cerca del 30 % de la población es china. Son los más ricos y se dedican a los negocios. Los indios y los grupos tribales indígenas forman el resto de la población.

La vida en Australasia

Australia y Nueva Zelanda son conocidas como Australasia. Australia es la isla más grande del mundo. Nueva Zelanda está formada por dos islas principales.

Hay siete ovejas por cada habitante en Nueva Zelanda

Los maoríes

Guerreros maoríes interpretan el haka

Son los indígenas de Nueva Zelanda. Su danza tradicional, el haka, incluye expresiones faciales feroces, gruñidos y gritos. Algunos maoríes llevan tatuajes especiales llamados moko, como señal de su identidad cultural.

Un país de ovejas

Nueva Zelanda es más grande que Gran Bretaña, pero con la mitad de población de Londres. Tiene hermosos paisajes intactos que atraen a muchos turistas. El clima moderado y los pastos abundantes son perfectos para criar ovejas y reses, y la agricultura es la principal actividad económica del país.

Herencia británica

Las banderas de Australia y Nueva Zelanda incluyen la bandera de Gran Bretaña, para recordar que antes fueron colonias británicas. Una de las razones por las cuales Gran Bretaña estableció una colonia en Australia fue para enviar prisioneros a la isla y descongestionar sus abarrotadas cárceles.

Hechos y cifras

● Australia es el sexto país más grande del mundo.

● Un quinto del territorio australiano es desértico.

● La temperatura más alta registrada en Australia fue de 50.7 °C, en enero de 1960.

● La población de Nueva Zelanda está formada por un 67.6 % de europeos, 14.6 % de maoríes, 9.2 % de asiáticos, 6.9 % de polinesios y 1.7 % de otros grupos.

Vida en la playa

En Australia hay playas de talla mundial para hacer surf

La mayoría de los australianos viven cerca del mar, y disfrutan de todo tipo de deportes acuáticos, desde natación hasta tablavela. Las olas son el paraíso para los surfistas y la Gran Barrera de Coral ofrece los mejores lugares para el buceo en el mundo.

La vida en Oceanía

Oceanía es una región formada por atolones coralinos e islas volcánicas en el Pacífico tropical. Los grupos principales de islas son: Melanesia, Micronesia y Polinesia.

Danzantes tribales en un festival en Papúa Nueva Guinea

¡Sabelotodo!

● Melanesia es una región que se extiende desde el Pacífico occidental hasta el mar de Arafura, al norte y nororiente de Australia. En la región se hablan más de 1300 lenguas.

Nación en riesgo

Kiribati, en Micronesia, es un país formado por atolones e islas. Ocupan una extensa área en el Pacífico y la mayoría se encuentra apenas uno o dos metros sobre el nivel del mar. Muchas personas se encuentran en peligro de perder sus hogares si los niveles del mar se elevan debido al calentamiento global.

Los atolones de Kiribati, a pocos metros sobre el nivel del mar, podrían desaparecer para el final de este siglo

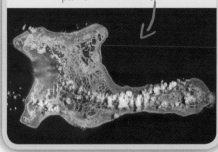

Lengua común

Al menos hay mil grupos culturales en Papúa Nueva Guinea (Melanesia), que hablan más de 800 lenguas diferentes. Para hablar unos con otros, usan el inglés pidgin, mezcla de inglés con lenguas nativas.

Este templo hindú está en Nadi, una ciudad multirracial en Fiyi

Fiyi multirracial

Fiyi es un grupo de islas en Melanesia. Los indofiyianos, el 40 % de la población, descienden de sirvientes y trabajadores llevados a Fiyi desde Asia por los gobernantes coloniales británicos. Aunque la mayoría de los pobladores de Oceanía son cristianos, los indofiyianos son hindúes y musulmanes.

¡Superfoto!

MISTERIOSOS MOAIS

La isla de Pascua es famosa por sus estatuas, o moais. Fueron elaboradas entre 1250 y 1500 por los polinesios, que probablemente llegaron a la isla en canoas.

Glosario

Apartheid: segregación en Sudáfrica que separaba a la gente por su raza o su color.

Archipiélago: grupo de islas.

Asilo: lugar que ofrece seguridad o refugio.

Atolón: arrecife, isla o cadena de islas de coral con forma de anillo.

Bohemia: reino que actualmente es parte de la República Checa.

Bulevar: avenida amplia, con hileras de árboles a los lados.

Calentamiento global: aumento gradual en la temperatura de la atmósfera terrestre ocasionado por los gases de efecto invernadero.

Celtas: grupo que incluye a los irlandeses, escoceses, galeses y bretones.

Ciudadano: habitante de una ciudad o país específico.

Clan: grupo cerrado de familias emparentadas.

Cultivable: que se usa para sembrar.

Discriminación: tratamiento desigual hacia alguien debido a su raza, religión o género.

Étnico: relacionado con el origen nacional o cultural.

Exportación: venta de productos a otro país.

Fabricación: elaboración de objetos a gran escala por medio de maquinaria.

Financiero: relacionado con asuntos de dinero.

Guerra civil: guerra entre los ciudadanos del mismo país.

IBM: uno de los principales fabricantes de computadores estadounidenses.

Indígena: habitante originario de un sitio en particular.

Indochina: los tres Estados de Vietnam, Laos y Camboya, que una vez hicieron parte del imperio francés.

Industria: negocio o tipo de actividad manufacturera.

Irrigación: suministro de agua a los cultivos.

Materia prima: material básico para elaborar un producto.

Monarquía: sistema político que tiene como jefe a un rey o reina.

Multirracial: mezcla de diferentes razas.

Nativo: persona nacida en un lugar en particular.

OTAN: Organización del Tratado del Atlántico Norte, una asociación de países de Norteamérica y Europa, que busca salvaguardar a sus miembros.

Península: porción de tierra rodeada casi por completo de agua.

Pesticida: sustancia química que mata insectos.

Procesamiento: serie de acciones para elaborar un producto.

Prusia: antiguo reino de Alemania.

Puente terrestre: conexión entre dos masas de tierra, en especial, durante tiempos prehistóricos, cuando los continentes aún estaban unidos.

Régimen: gobierno, en particular en el caso de las dictaduras.

Seminómada: persona que es nómada durante parte del año.

Sequía: largo periodo sin lluvias.

Silicon Valley: área en el condado de Santa Clara, California, en Estados Unidos, conocida por su industria informática.

Subcontinente: parte de un continente.

TIC: Tecnologías de la Información y la Comunicación, por ejemplo, los computadores personales, la televisión digital, el correo electrónico.

Tribu: grupo ligado por vínculos familiares, religiosos o culturales.

Unión Europea (UE): comunidad comercial formada tras la Segunda Guerra Mundial. A comienzos de 2013 tenía 27 miembros. Algunos países de la UE usan el euro como su moneda.

Wall Street: distrito financiero en la ciudad de Nueva York.

CAPÍTULO 7

ARTE Y CULTURA

🎭 Arte primitivo

Se ha hecho arte desde hace miles de años. Es posible que los artistas primitivos creyeran que su arte tenía poderes mágicos, y que les permitía tener éxito en la caza.

Una de las piedras halladas en la cueva de Blombos, Sudáfrica, con figuras geométricas talladas

Arte abstracto

Los primeros patrones hechos por el hombre fueron hallados en la cueva de Blombos cerca de Ciudad del Cabo, Sudáfrica. Hace más de 70 000 años, los habitantes pulieron las superficies de dos piezas de ocre e hicieron líneas entrecruzadas. Se desconoce si tenían significado, ¡tal vez fueron los primeros garabatos de la historia!

La Venus de Willendorf, hallada en Austria, es un ejemplo de una Venus paleolítica. La figura femenina de 11 cm de alto tiene 24 000 años

Primeras figuras

La figura tallada más antigua se halló en una cueva en Alemania. Es una figura femenina pequeña y regordeta hecha de un colmillo de mamut hace unos 35 000 años. Otras tallas similares, llamadas Venus paleolíticas, han sido encontradas en la misma área. Es posible que la gente creyera que tenían poderes mágicos.

💡 ¡Sabelotodo!

● En la misma cueva en Alemania donde se halló la primera figura tallada, se encontraron instrumentos musicales: flautas de marfil de mamut y huesos de ave.

Esta antigua vasija romana estaba rota cuando la encontraron, los arqueólogos unieron los pedazos

Inicio de la alfarería

Hace 18 000 años ya se hacían vasijas de arcilla. Los alfareros pronto comenzaron a decorar sus vasijas. El tipo de decoración y la forma les permiten a los arqueólogos fechar las vasijas, porque los alfareros solían elaborar el mismo tipo de vasija en la misma zona hacia la misma época. En muchos sitios antiguos quedaron vasijas que sobrevivieron siglos, y son excelentes para averiguar la edad de sitios antiguos.

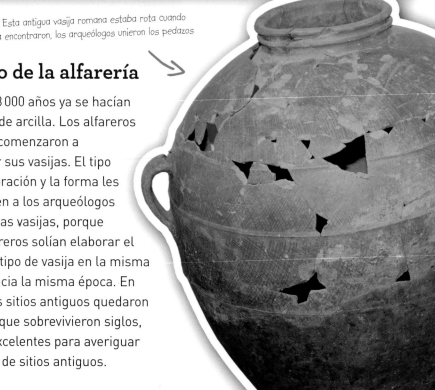

El arte en la actualidad

La intención de los artistas actuales es animarnos a ver el mundo de maneras diferentes e inesperadas. Usan técnicas variadas para crear sus obras.

Un grafiti de Banksy hecho con esténcil

El grafiti

Los artistas del grafiti trabajan sobre las paredes con pintura en aerosol. Algunos se han convertido en artistas exitosos, como el británico conocido como Banksy, quien ha mantenido oculta su identidad por muchos años. Banksy crea obras que se burlan de lo que se conoce como "poder centralizado", es decir, los gobiernos y grandes organizaciones.

¡Sabelotodo!

● Por siglos los artistas han impactado a la gente con nuevos estilos de arte. A comienzos del siglo XX, el surrealista Salvador Dalí juntó objetos insólitos para obtener efectos sorprendentes y siniestros. Su obra incluía un teléfono con forma de langosta.

El *performance*

El *performance* es una acción en vivo de artistas frente a una audiencia. Usan su propio cuerpo como parte de su arte. Por ejemplo, en 2010, la famosa artista Marina Abramovic, interpretó su obra *La artista está presente* en el Museo de Arte Moderno de Nueva York. Se sentó en silencio en el museo por varios días y los espectadores hacían fila para sentarse frente a ella.

Una videoinstalación en una exhibición de arte

Marina Abramovic sentada frente a una espectadora en el Museo de Arte Moderno de Nueva York

Arte con video

Muchos artistas modernos usan el video como parte de sus obras. Pueden filmarse a sí mismos, o usar imágenes y colores para crear efectos. Si la filmación se presenta junto con objetos, la obra se denomina videoinstalación. Los artistas que trabajan de esta forma suelen usar *software* para mezclar sonidos e imágenes.

Los libros

Los primeros libros fueron escritos a mano sobre pergamino hecho con la piel de animales (ver p. 144). Se han producido libros por más de 500 años y hoy se pueden descargar como archivos digitales.

En la impresión con tipos móviles, las letras y números se elaboraban por separado y se alineaban dentro de un marco

Los primeros libros impresos

Fueron elaborados con piezas llamadas tipos móviles. Se colocaba cada letra en un renglón, se cubrían con tinta y se presionaban sobre el papel. El primer libro impreso reconocido fue la Biblia de Gutenberg, en 1455 (ver p. 148), pero es posible que en Asia ya se imprimieran libros desde antes. Los tipos móviles se usaron hasta principios del siglo XX.

La impresión moderna

Desde principios del siglo XX, los libros han sido elaborados mediante un proceso llamado impresión *offset*. Las palabras y las imágenes son transferidas de manera fotográfica a una placa flexible de metal que se monta en una imprenta. La placa es tratada con químicos para que la tinta se adhiera solo a las áreas con imágenes. Luego se pasa un rodillo de caucho sobre la placa, el cual se impregna con la tinta, que se transfiere al papel.

Los libros electrónicos se leen en dispositivos computarizados

Una imprenta moderna puede elaborar miles de libros en poco tiempo

Libros digitales

Son archivos digitales, no impresos. Es posible que pronto los libros sean impresos en papel computarizado, es decir, en hojas flexibles muy delgadas que se pueden usar como papel pero que en realidad sean computadores (ver p. 305).

Los libros también son hechos en computadores. Este fue escrito en un computador; las imágenes fueron seleccionadas en la pantalla, y la diagramación fue hecha con un programa.

🎭 Juegos

Han sido populares desde tiempos antiguos, cuando se usaban trozos de piedra o hueso tallado para practicarlos. Ahora, gracias a la tecnología, personas de distintos sitios pueden enfrentarse en un juego.

Los primeros juegos

El primer juego de mesa conocido, el senet, fue hallado en tumbas egipcias antiguas del 3100 a. C. La tumba de Tutankamón contenía varios tableros de senet, incluida una versión pequeña para los viajes. Nadie conoce las reglas del senet, se cree que el ganador era quien lograra mover sus piezas por todo el tablero. Los jugadores lanzaban palitos, a manera de dados, para realizar sus movimientos.

Un tablero de senet egipcio

Para varios jugadores

Miles de personas en todo el mundo pueden disfrutar juntas de muchos juegos gracias a Internet, conocidos como MMOG (videojuegos de multijugadores masivos en línea, por sus iniciales en inglés), suelen desarrollarse en mundos fantásticos donde los jugadores pueden escoger ser diferentes personajes.

La Copa Mundial de Deportes Electrónicos, en que los participantes compiten por un título mundial en videojuegos

SCORE 10   HI-SCORE 0000   LIVES

Los primeros videojuegos tenían imágenes muy simples

Los primeros videojuegos

Existe desacuerdo acerca de cuál fue el primer videojuego. El primer juego popular para computadores caseros fue pong, un juego de tenis de mesa, inventado en Estados Unidos en 1972. Un punto de luz rebotaba entre dos líneas que representaban las raquetas. En esa época, los computadores eran la novedad, y un lujo, ¡y pong era muy excitante entonces!

💡 ¡Sabelotodo!

● Los vikingos tenían juegos de mesa hechos con trozos de hueso o dientes.

● La gente ha jugado ajedrez por 1400 años. Hoy es uno de los juegos más populares.

● Los niños en el Egipto antiguo jugaban con bolitas de piedra.

Tecnología para el entretenimiento

La tecnología ha sido muy importante en el desarrollo del entretenimiento. Estos son algunos avances que han cambiado la manera como lo disfrutamos.

1877

El estadounidense Thomas Edison inventó el primer fonógrafo, podía grabar sonido y reproducirlo.

1902

El italiano Guglielmo Marconi envió el primer mensaje de radio a través del Atlántico.

1922

La primera radio pública del mundo, la BBC, se fundó en Gran Bretaña.

1966

Los casetes de música salieron a la venta.

1970

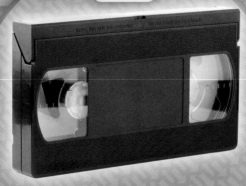

La gente pudo guardar programas de TV por primera vez en una videograbadora.

1983

Los primeros CD de música salieron a la venta.

💡 ¡Sabelotodo!

● La primera frase que grabó y reprodujo Thomas Edison en un fonógrafo fue "Mary tenía un corderito".

1926

El escocés John Logie Baird hizo la primera demostración de un sistema de televisión en funcionamiento.

1928

John Logie Baird hizo la primera transmisión de televisión internacional (de Nueva York a Londres) que mostraba la imagen de un rostro.

1936

La BBC lanzó el primer servicio de televisión del mundo.

1953

Llegaron los televisores a color. Al comienzo solo pocos tenían uno, eran muy caros.

1962

La primera señal satelital en vivo viajó por el satélite Telstar, entre Estados Unidos y Gran Bretaña.

1998

Presentaron los primeros reproductores de MP3, que almacenaban música de forma digital.

2005

Se empieza a acceder a la radio, la música y la TV mediante dispositivos computarizados, como los teléfonos celulares.

¡Sabelotodo!

● Logie Baird hizo la primera transmisión de una imagen de TV, era Snooky Bill, un muñeco de ventrílocuo.

● El primer programa de TV, en 1936, comenzó con las palabras "Buenas tardes, damas y caballeros. Es un gran placer para mí presentarles la magia de la televisión".

El espectáculo

Los primeros teatros estaban en la Grecia antigua (ver p. 138). Ahora hay teatros en todo el mundo, a los que asisten millones de personas.

El teatro en la antigüedad

Casi todas las ciudades de Grecia tenían un teatro al aire libre. Los actores eran hombres o niños con máscaras con expresiones faciales simples para mostrar si el personaje estaba feliz, triste o enojado. Había dos tipos de obras. Las comedias divertían a la gente y solían ser groseras. Las tragedias eran serias y solían terminar con la muerte de los personajes.

Las máscaras teatrales de la Grecia antigua aún se usan como un símbolo del teatro

El reconstruido teatro The Globe en Londres (Gran Bretaña). Igual que el teatro original, es circular y tiene techo abierto

Teatro en el siglo XVII

En la Europa medieval se presentaban las obras en carretas que iban por los pueblos. Las obras eran historias religiosas. Después de Grecia antigua no se construyeron teatros sino hasta el siglo XVI. El más famoso es The Globe, en Londres, donde se representaron las obras de William Shakespeare. Ese teatro se incendió, pero en 1997 se inauguró una réplica cerca del sitio original.

En el pasado

En tiempos de Shakespeare las mujeres no podían actuar y los personajes femeninos eran realizados por jóvenes vestidos como mujeres. La manera más barata de ver una obra era desde el foso, que no era cubierto, ¡por lo que podías mojarte si llovía! La gente incluso podía pagar para sentarse en el escenario. Había algunos efectos especiales, como una pequeña puerta secreta en el piso y un cañón en miniatura que era disparado en las escenas de batalla.

Los teatros modernos tienen mucho espacio para maravillosas escenografías y todo tipo de efectos especiales ingeniosos

¡Sabelotodo!

Estos son los nombres de algunas partes de un teatro:

Auditorio: área donde se sienta la audiencia.

Palco: sección privada de asientos costosos con una buena vista del escenario.

Tramoya: área oculta sobre el escenario donde hay equipos para bajar o subir los decorados.

Candilejas: luces dispuestas a lo largo de la parte frontal del escenario, a nivel del piso.

Foso de la orquesta: área bajo la parte frontal del escenario, donde se ubica la orquesta.

Proscenio: arco decorado sobre la parte superior y los lados del escenario.

Bastidores: áreas a cada lado del escenario donde los actores esperan antes de salir.

Teatro musical

Son obras de teatro con historias que incluyen música y baile.

Ópera

Los intérpretes de ópera actúan y cantan historias dramáticas con un estilo de canto tradicional. La ópera nació en Italia en el siglo XVI, muchas obras reconocidas son en italiano. Las partes más conocidas y dramáticas de las óperas son las arias, solos que permiten apreciar la voz de quien canta. Detrás de los cantantes principales suele haber un coro de actores y actrices que participan en la historia.

Los musicales son coloridos y tienen grandes elencos con vestuarios impactantes

Musicales

En los musicales se mezclan canciones, diálogos y baile para contar una historia. Incluyen estilos de música diferentes, acompañados de escenografía e iluminación. Funcionan bien en teatros grandes, con espacio para muchos cantantes sobre el escenario. Son famosos los musicales de Broadway, en Nueva York. Algunos musicales exitosos han sido llevados al cine.

Ballet

Tiene una larga trayectoria que se remonta al siglo XV en Francia. La historia se cuenta mediante coreografías. Quienes bailan deben ensayar todos los días. Se usan zapatillas con refuerzos y almohadillas en los dedos para poder bailar *en pointe* (en puntas), y parecer como si se flotara sin esfuerzo.

¡Sabelotodo!

● Los antiguos romanos interpretaban danzas sobre un escenario. Incluso les agregaban piezas de metal a sus zapatos, ¡tuvieron los primeros zapatos de tap!

● Las heroínas de las óperas suelen ser sopranos (capaces de cantar notas altas). Los héroes son tenores (voces de rango medio). Los cantantes masculinos que llegan a notas muy bajas se llaman bajos.

¡La gran imagen!

En todo el mundo

Cada región del mundo tiene sus propios bailes que se realizan en los rituales y celebraciones. Los bailarines suelen usar trajes tradicionales cuando los interpretan.

Estos bailarines interpretan una danza tibetana con trajes típicos

💡 ¡Sabelotodo!

Estos son algunos bailes del mundo:

● Danza china del dragón en el Año Nuevo chino: se usa una marioneta de dragón sostenida con varas.

● Danza clásica india: cuenta la historia de los dioses. La posición del cuerpo y los gestos de los bailarines tienen significado.

● Flamenco: estilo de baile tradicional de Andalucía, España. Es apasionado, con zapateo al ritmo de la guitarra.

● Tango: se bailó por primera vez en las calles de Argentina y Uruguay. Una pareja de bailarines se miran uno al otro o al público mientras realiza movimientos dramáticos.

● Danza de guerra haka de los maoríes: la realiza el equipo de rugby de Nueva Zelanda, los All-Blacks, antes de cada partido. Incluye cantos de guerra que exaltan la fuerza y valentía de los maoríes.

● A los jóvenes en muchas ciudades del mundo les gusta el baile callejero. Los estilos son improvisados.

🎭 Cómo se hace una película

Se hacen miles de películas al año. ¡Estos son algunos secretos detrás de cámaras!

Filmación de una película

 ¡Sabelotodo!

● La primera película fue *El caballo en movimiento*, en 1878. Tenía pocos cuadros que mostraban los pasos de un caballo.

Actrices glamorosas en el estreno de una película

Estos espectadores miran una cinta en 3D, filmada con una película especial

En el set

Cuando se hace una película, el elenco y el equipo técnico se reúnen en la locación para filmar, ya sea en exteriores o en un estudio de cine. Trabajan basados en un guion. La acción es supervisada por el director, responsable por toda la película, y por el productor, quien ayuda a que se realice en el tiempo y costos establecidos.

💡 **¡Sabelotodo!**

● La primera película a color de 1908, fue *A Visit to the Seaside* (Una visita a la playa), de ocho minutos. Mostraba la vida en la playa de Brighton, Gran Bretaña.

La edición

Después de la filmación, la película debe ser editada, que es cuando se reúnen las mejores secuencias de la filmación. El director puede eliminar algunas tomas que no salieron bien, o incluso cambiar algo de la historia. Se añaden efectos especiales computarizados y música. A veces la película se exhibe en privado a una audiencia para someterla a prueba, si no la pasa, puede ser reeditada.

La exhibición

El estreno es la primera exhibición de la película con público. Si el filme es importante, las estrellas llegan en limusinas con trajes glamorosos. Los fanáticos esperan afuera para dar un vistazo a los artistas, y hay muchos fotógrafos. En Hollywood, hogar de la industria cinematográfica de Estados Unidos, se realizan miles de estrenos al año; al igual que en Bombay, sede de la industria cinematográfica de Bollywood, India.

Efectos especiales

En muchas películas hay asombrosas escenas de acción que no pueden hacerse de verdad. Son realizadas por profesionales y mediante IGC (imágenes generadas por computador).

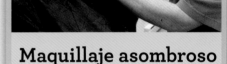

Un artista del maquillaje cambia la cara de un actor con una prótesis

Escenas de acción

Los dobles de acción hacen los trucos peligrosos en muchas películas, con equipos especiales. Por ejemplo, pueden conducir autos en una persecución a alta velocidad, chocarlos con otros autos o hacer que den volteretas. Los autos son reforzados con acero extrafuerte, aún así, como la filmación puede tardar semanas, muchos autos terminan destruidos antes de tener suficiente material filmado para completar la secuencia de una persecución.

Efectos con IGC

La realización de una película no siempre termina con la filmación. En la posproducción se pueden añadir o eliminar elementos. A veces los actores interpretan su parte frente a una pantalla sin imágenes, y fingen interactuar con un personaje invisible. El personaje faltante es añadido después por expertos, con IGC.

Maquillaje asombroso

Algunas películas, en especial, las de temas fantásticos o de ciencia ficción, necesitan artistas del maquillaje. Pueden tardar varias horas al día en maquillar a los actores y pegarles piezas de caucho, que son prótesis que los hacen ver como seres fantásticos.

Esta persecución y las explosiones fueron realizada por expertos, en el set, de manera segura

¡Superfoto!

EL MONSTRUO DE LA LAGUNA NEGRA

En esta película de horror de 1954 un actor usó un disfraz de monstruo hecho a la medida. ¡Cuesta creer que esto era aterrador!

La música del mundo

Diferentes países y regiones hacen su propia música basada en sus tradiciones culturales, con instrumentos autóctonos. A esta música local se le conoce como *world music* (música del mundo).

¡Sabelotodo!

● Los intérpretes japoneses de tambores taiko tocan el tambor más grande del mundo, el odaiko, que puede llegar a medir 2.5 m de diámetro.

● Los encantadores de serpientes de India tocan el pungi, una flauta. La serpiente sigue el bamboleo del instrumento. No escucha la música, aunque siente sus vibraciones.

Músicos africanos en un concierto

Tambores africanos

Son una tradición muy antigua que también hace parte de la música moderna. Los tambores se usan en rituales y para transmitir mensajes entre asentamientos. Quienes tocan los tambores y quienes los escuchan comprenden los mensajes, y como el sonido viaja largas distancias, pueden enviarse de una aldea a otra.

El sitar es un instrumento de cuerda de la India

Música de largo aliento

Los aborígenes australianos usan el diyiridú, elaborado con una rama de eucalipto hueca, a la que se le acondiciona una boquilla hecha con cera de abejas. Los intérpretes usan una técnica llamada respiración circular. Toman aire al mismo tiempo que soplan y pueden hacer que una nota dure tanto como deseen sin tener que aguantar el aliento.

Un intérprete de diyiridú en acción

En India

El raga es un esquema melódico de la música de India. *Raga* significa "color", y se dice que le da a la mente el color de una emoción. Algunos ragas son creados para tocarse en momentos específicos del día. Los ragas suelen ser tocados con el sitar, que tiene cuerdas como una guitarra.

Influencias musicales

Diferentes tipos de música de todo el mundo influencian la música popular actual. Mucha de ella es producida con instrumentos electrónicos, en particular, con guitarras y computadores.

Tamborileros en un carnaval

¡Sabelotodo!

● *Samba*, viene de la palabra *sembe*, de origen africano, y significa "invocar los espíritus de los ancestros". El término llegó con los esclavos africanos.

● La guitarra más cara es una Fender Stratocaster vendida por USD 2.7 millones, dinero destinado a la beneficencia. Estaba firmada por muchos artistas.

Músicos de *country* con sombreros Stetsons, o vaqueros

Música afro

Los africanos esclavizados que trabajaban en las plantaciones en América y el Caribe trajeron consigo su música. El *jazz*, el *blues* y el *reggae* se basan en música tradicional africana. La samba también está influenciada por los tambores africanos.

Inventos musicales

La invención de la guitarra eléctrica en el siglo XX cambió por completo la música moderna. Los guitarristas se convirtieron en los nuevos héroes del mundo musical. La guitarra Fender Stratocaster se convirtió en el modelo más deseado por los artistas. A partir de la década de 1980, la música popular cambió de nuevo con la llegada de los computadores. Los programas de computador permitieron el surgimiento de nuevos estilos de música como el *house*, el *drum and bass* y el *techno*.

Una copia de una Fender Stratocaster

La música *country*

Combina canciones tradicionales con instrumentos y arreglos modernos. Es muy popular en Estados Unidos, donde el programa de radio de mayor antigüedad, el *Grand Ole Opry*, transmite música *country* desde Nashville, Tennessee. Ha estado al aire desde 1925.

Música clásica

Ha sido escrita por compositores desde tiempos medievales hasta el presente, para ser interpretada con instrumentos musicales o voces. Hay muchos estilos.

¡Sabelotodo!

● El compositor Beethoven se fue quedando sordo. Tuvo que dejar de tocar en público pero no dejó de componer. Asombrosamente, escribió algunas de sus mejores obras después de haber perdido el oído.

La manera como se escribe la música se llama sistema de notación

Composición

La primera música clásica se interpretó en iglesias, eran cantos de adoración entonado por voces sin acompañamiento, y más adelante se incluyeron instrumentos. Los músicos comenzaron a escribir las notas de las piezas que componían en cinco líneas, el pentagrama, para que otros pudieran interpretarla. Además de las notas, los compositores añaden símbolos al pentagrama que representan la velocidad y el volumen con que se debe interpretar la pieza.

Para los reyes

Muchos de los grandes compositores clásicos eran contratados por aristócratas (personas adineradas) para crear música para sus cortes, esos aristócratas eran conocidos como mecenas y tener uno era importante, porque así el compositor tenía suficiente dinero para vivir de su trabajo. Músicos famosos como Mozart, Bach y Handel fueron compositores de cortes, trabajaban para sus mecenas y tenían que asegurarse de que a estos les gustaran las composiciones.

¿Tocar o cantar?

El oratorio y la cantata son dos tipos de piezas de música clásica para ser cantadas por coros o solistas acompañados por instrumentos. Las sinfonías y los conciertos son piezas escritas solo para instrumentos musicales, sin voces.

Coro con orquesta

Mozart trabajó para el príncipe-arzobispo de Salzburgo, Austria. Su música fue interpretada en la catedral de la ciudad

La orquesta

Es un grupo grande de músicos que tocan juntos, conducidos por un director. Está dividida en secciones compuestas por diferentes instrumentos: cuerdas, maderas, metales y percusión.

Un director hace que la orquesta toque al mismo tiempo

Organización

Puede haber más de cien personas en una orquesta y requiere de una muy buena organización. En cada sección hay un músico principal. Los violines se dividen en dos grupos: primeros y segundos violines, cada uno con un violín principal. El primer violín principal es el líder de la orquesta.

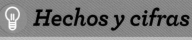

Hechos y cifras

Esta es una lista de instrumentos de percusión de la orquesta. ¡Intenta recordarlos!

Xilófono
Glockenspiel
Triángulo
Redoblante
Platillos
Bombo
Timbales

Sección de cuerdas

En una orquesta suele haber cuatro instrumentos de cuerda: violín, viola, chelo y contrabajo. El sonido se produce al frotar los arcos sobre las cuerdas y hacerlas vibrar. Al principio, las cuerdas de los violines eran hechas de intestinos de oveja, y el arco de cerdas de cola de caballo. Los violines pueden durar cientos de años. ¡Los que fueron fabricados hacia 1700 por una familia, conocida como Stradivarius, cuestan hasta USD 16 millones!

Un violín Stradivarius elaborado por Antonio Stradivari en Italia

La tuba tiene un tubo muy largo que produce un sonido grave

Los metales

La sección de metales de la orquesta hace sonar los instrumentos más ruidosos. Los músicos producen sonidos al poner a vibrar sus labios en las boquillas de los instrumentos. La vibración se desplaza por las columnas de los instrumentos y la hace resonar (vibrar y producir una nota). Un músico puede variar el sonido de un instrumento de viento si cambia la longitud de la columna, al presionar un pistón o deslizar una vara.

¡Datos brillantes!

🎭 Grabación

La mayoría de las grabaciones musicales se hacen en estudios profesionales y luego se mezclan, se modifican por computador para que suene muy bien.

La gente en el estudio

Productor: responsable del sonido de una pieza de música terminada.

Ingeniero de sonido: se asegura de que la música suene tal y como los músicos y el productor lo desean.

Músicos: una banda o cantante con algunos músicos de sesión que tocan junto a la estrella.

Lo básico

1. El estudio de grabación puede tener una sala de grabación para que los músicos toquen en vivo, y salas aisladas en las que cada músico toca aparte. La interpretación de cada artista se graba por separado.

2. El ingeniero de sonido y el productor están detrás de una consola en la sala de control. Toda la música se graba por medio de esta consola.

3. El productor puede pedirles a los músicos que toquen la misma canción varias veces hasta que suene bien.

4. Una vez que todas las partes han sido grabadas, el ingeniero de sonido puede empezar a armar la canción y mezclar las mejores interpretaciones, junto con efectos de fondo.

Ingeniero de sonido en acción

En el estudio

Estas son algunas de las cosas que puedes encontrar durante una sesión.

¡Sabelotodo!

● Elvis Presley grabó sus primeras canciones en los famosos estudios Sun en Memphis, Tennessee. Grabó dos canciones que le costaron USD 4.

● El álbum *Chinese Democracy* de Guns N' Roses es el más caro que se haya hecho hasta ahora. Su producción costó casi USD 13 millones.

⬆ Instrumentos

Los músicos tocan sus propios instrumentos en la sesión. La batería suele estar lejos del resto de la banda, porque hace demasiado ruido.

⬆ Insonorización

Los estudios son insonorizados para evitar que la música salga y que los sonidos no deseados entren.

⬇ Audífonos

Los músicos usan audífonos, con los que escuchan lo que están tocando junto con una pista de la pieza musical, que les sirve de guía.

⬆ Micrófonos

A cada instrumento se le acondiciona un micrófono para que el ingeniero pueda separar su sonido. Los cantantes tienen su propio micrófono.

⬅ Monitores

Al lado de los músicos hay monitores de estudio que les permiten escuchar la música.

Fotografía

Es el proceso de obtener imágenes al captar la luz de los objetos y paisajes. Las cámaras digitales captan la luz con sensores electrónicos y las análogas con láminas de plástico fotosensible.

Estudio de un fotógrafo

Al principio

Las primeras cámaras se inventaron en la década de 1830. Eran muy grandes y tardaban hasta 20 minutos en captar suficiente luz para producir la imagen. ¡Tal vez por eso los modelos de las primeras fotografías se veían tan cansados! En vez de película, se usaban placas de metal o vidrio recubiertas con químicos. Con el invento de los rollos de película en 1888, las cámaras se volvieron más pequeñas y económicas.

En las primeras fotografías se usaba la tinta color sepia, obtenida del molusco del mismo nombre, que producía imágenes en tonos marrones

Fotografía digital

Las cámaras digitales generan imágenes electrónicas a gran velocidad, que se envían de forma digital. Los fotógrafos aún necesitan la iluminación y la composición (la forma en que se disponen los objetos en la foto) apropiadas para que se vea bien. Los estudios de fotografía están equipados con distintos fondos y luces que se emplean para crear los mejores efectos.

Foto de un escarabajo tomada con un lente macro

Todo acerca de los lentes

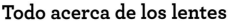

Una cámara necesita un lente, una pieza curva de vidrio que concentra la luz proveniente de un objeto y la dirige hacia la cámara. Para tomas a larga distancia, se usan lentes de acercamiento, compuestos por varios lentes alineados. Al ajustar la distancia entre estos, el fotógrafo se "acerca" a objetos lejanos. Para fotografiar de cerca se puede usar un lente macro, que enfoca los detalles más pequeños.

¡Superfoto!

⭐ SIN MOVERSE

Esta ilustración muestra a un fotógrafo de retratos en los primeros días de la fotografía. El sujeto tenía que permanecer quieto por 20 minutos mientras la cámara captaba suficiente luz para producir una imagen.

Tipos de fotografías

Las fotografías pueden documentar las experiencias humanas. Pueden ser obras de arte, registros de sucesos únicos, retratos y más.

Fotoperiodismo

Los fotoperiodistas muestran las noticias mediante fotos. Puede ser un trabajo peligroso, por ejemplo en las zonas de guerra. Los primeros fotoperiodistas documentaron la Primera Guerra Mundial (ver p. 154). Por primera vez se mostro un retrato de la guerra.

Los fotoperiodistas pueden mostrarle a la gente lo que está sucediendo en situaciones peligrosas

¡Sabelotodo!

● En 1920 las fotografías de dos hadas "reales" tomadas por dos jovencitas convencieron al mundo. 50 años después se reveló que eran falsas.

● En la década de 1930 los fotógrafos documentales crearon un registro único de la Gran Depresión.

● Las cámaras digitales salieron en 1994, y para 2012 cerca de 2500 millones de personas tenían una.

En movimiento

Para la primera fotografía, tomada en 1827, fueron necesarias ocho horas de exposición a la luz para obtener la imagen. Las cámaras modernas pueden crear una imagen en solo 1/500 de segundo.

Con una toma de una fracción de segundo la cámara captó el salto de este antílope

Fotografía callejera

El francés Henri Cartier-Bresson (1908-2004) fue el primer fotógrafo callejero. Sus fotografías en blanco y negro de desconocidos que hacían sus actividades diarias lo llevaron a captar lo que él llamó "el momento decisivo". La fotografía callejera aún es popular, y con las cámaras de los teléfonos celulares es más fácil que nunca tomar fotografías de personas en la cotidianidad.

Henri Cartier-Bresson fotografía una escena callejera en Brooklyn, en la década de 1940

⬤ Escultura

Es el arte tridimensional. Las piezas normalmente son talladas en madera o piedra. Las esculturas de personas o animales se llaman estatuas.

Estatuas poderosas

Por siglos, los artistas han elaborado estatuas de personas o dioses de manera muy realista. En la Grecia y Roma antiguas, los ingeniosos artistas incluso usaban poleas y la fuerza del agua para simular que las estatuas de los templos se movían, y hacer que la gente creyera que estaban viendo el poder de los dioses. A los emperadores de la Roma antigua les gustaba tener estatuas gigantes de sí mismos, llamadas colosos, para demostrar que eran poderosos y parecidos a dioses.

Los restos de un coloso del emperador romano Constantino, de unos 12 m de altura

Nuevas formas de escultura

En el siglo XX los escultores comenzaron a crear obras que no se veían como personas u objetos reales. Solían tomar sus ideas de formas naturales como las de los elementos del paisaje y comenzaron a simplificarlas. El contorno y la sensación de la superficie al tacto adquirieron más importancia que el realismo.

La escultura Cloud Gate de Anish Kapoor, en Chicago

Exhibiciones

Las esculturas modernas a veces se exhiben en sitios inusuales. Estos son algunos ejemplos de los escultores Antony Gormley, Svend Wiig Hansen y Arnaldo Pomodoro.

Another Place (Otro lugar), serie de figuras en Crosby Beach, Gran Bretaña

Man Meets the Sea (Hombre conoce el mar), en la costa de Dinamarca

Sphere within a Sphere (Esfera dentro de otra esfera), en el Vaticano

💡 ¡Sabelotodo!

● La estatua más alta del mundo, con 128 m, es el Buda del Templo de la Primavera en Lushan, China. Está cubierta de oro.

Diseño

Todo lo que hay en tu casa ha sido diseñado por alguien: un diseñador ideó la forma, el color y los materiales.

El diseño en la historia

Cada país tiene sus propios diseñadores y sus estilos favoritos. El diseño cambia con los siglos a medida que los estilos de vida de la gente se modifican y se desarrollan nuevas tecnologías. Durante el siglo XX, la hora de comer se hizo menos formal y el mobiliario de las cocinas también se hizo más casual. Los pesados muebles de madera dieron paso a piezas de línea dinámica más livianas de plástico y acero.

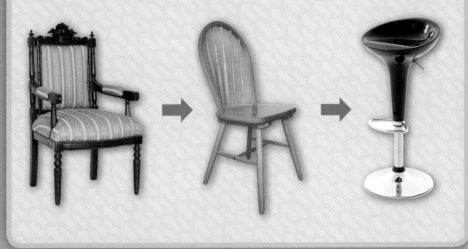

Por computador

Todos los objetos del hogar alguna vez fueron hechos a mano, pero ahora los objetos pueden producirse en fábricas dirigidas por computador. También existe la impresión 3D, que crea un objeto al superponer muchas capas delgadas de plástico y copiar un modelo de computador tridimensional.

Este cliente chino visitó la primera estación de impresión 3D del mundo, su cuerpo fue escaneado e impreso en miniatura en 3D

Forma y función

Un objeto bien diseñado debe ser hermoso y práctico. Los diseñadores llaman a estos dos aspectos forma y función. El francés Philippe Starck ha creado una variedad de productos, entre ellos muebles y cepillos de dientes. Una de sus piezas más famosas es este exprimidor de limones con forma inusual, que ha sido exhibido en el Museo de Arte Moderno de Nueva York.

El *Juicy Salif* de Philippe Starck está inspirado en la forma de un calamar

🎭 Moda

La moda cambia todo el tiempo. Puedes visitar museos de la moda para ver lo que la gente usaba en otras épocas, y asistir a desfiles para ver lo que se usará el próximo año.

Modas graciosas

Algunas modas extrañas e incómodas han sido populares en diferentes épocas. En Europa, en el siglo XIV, estuvo de moda usar zapatos con puntas muy largas y levantadas hacia arriba, que se amarraban a las rodillas. En el siglo XIX las damas usaban crinolinas, faldas muy anchas sostenidas por un armazón. En la década de 1970 estuvo de moda mantener el equilibrio sobre zapatos altos de plataforma.

CRINOLINE SKETCHES.

Una caricatura que se burla de las crinolinas demasiado amplias

El primero bosquejo de un atuendo de un diseñador de moda

El proceso

Para diseñar moda hay que proponer ideas para nuevas prendas que se elaborarán y se pondrán a la venta. Se bosqueja un atuendo y se escoge la tela. Luego se elabora en tela de algodón sencilla para que se la pruebe un modelo. Quien diseña hace los cambios necesarios para que se vea perfecta y se elabora un patrón. Las piezas del patrón se cortan en la tela y se cose todo el atuendo que se venderá.

Moda callejera

La moda no solo la dictan los diseñadores famosos. Mucha gente joven crea su propio estilo, por lo general con base en subculturas como la *punk* o el *hip-hop*. Algunos diseñadores usan elementos de la moda callejera en sus creaciones.

Una chica punk en una calle de Nueva York, en 2005

Vamos a un desfile

Un diseñador realiza un desfile para exhibir una nueva colección de ropa. Las modelos caminan por una plataforma, la pasarela, usando las prendas, frente a los espectadores.

La elección del diseñador

El diseñador escoge la decoración del escenario y la música para el espectáculo, de manera que sean apropiados para el tema de su colección. A los espectadores más importantes se les asignan asientos más cercanos a la pasarela para que puedan ver bien y ser vistos.

Los maquilladores arreglan a las modelos detrás del escenario

Los diseñadores muestran sus nuevas colecciones en los desfiles

Lo que no ves

Las modelos son vestidas y maquilladas detrás del escenario y se les arregla el pelo según indicaciones del diseñador. Después de exhibir un atuendo, las modelos deben cambiarse y peinarse de nuevo. El equipo que las viste, maquilla y peina debe ser rápido y organizado.

Venta de ropa

Los clientes pueden ordenar las prendas que les gustaron en el desfile, o pedir que se hagan algunos cambios, por ejemplo, en el color de las telas. A veces los diseñadores exhiben prendas alocadas en la pasarela para causar impacto, y luego las modifican antes de enviarlas a las tiendas.

¡Superfoto!

⭐ SONRÍE

Esta foto muestra un atuendo de estilo urbano del diseñador francés Jean Paul Gaultier. Le encanta presentar prendas que resultan impactantes y hacen sonreír a la gente.

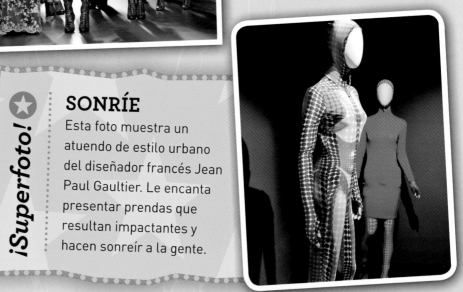

Los objetos más valiosos

Las pinturas y otras obras de arte se volvieron valiosas porque son objetos exclusivos y están hechos de materiales muy caros.

Cráneo de platino incrustado con diamantes de Damien Hirst, llamado *For the Love of God* (Por el amor de Dios)

Una fortuna en un huevo

Los diamantes han sido usados por largo tiempo para decorar objetos hermosos. En el siglo XIX, el joyero ruso Fabergé se hizo famoso por crear huevos decorados con oro, plata y joyas. Dentro de los huevos había pequeñas sorpresas como yemas o pollitos de oro. Los huevos Fabergé se subastaron por USD 17 millones.

Hechos y cifras

Algunas de las pinturas más costosas y la suma por la que fueron subastadas:

Los jugadores de cartas de Paul Cèzanne, USD 250 millones.

El grito de Edvard Munch, USD 119 millones.

No. 5 de Jackson Pollock, USD 140 millones.

Woman III de Willem de Kooning, USD 137.5 millones.

Adele Bloch-Bauer I de Gustav Klimt, USD 135 millones.

Muchos diamantes

Es posible comprar objetos con diamantes incrustados como zapatos, bolsos y hasta neumáticos. Tal vez por eso el artista británico Damien Hirst creó en 2007, a manera de crítica, un cráneo humano de platino con 8601 diamantes incrustados. Lo puso a la venta por USD 100 millones.

Un raro huevo Fabergé

Valiosos sin precio

El récord para la pintura más costosa varía de acuerdo con la obra que se subasta. Las pinturas de renombre mundial, como la *Mona Lisa* de Leonardo da Vinci, jamás serán vendidas porque pertenecen a museos. La *Mona Lisa* se encuentra en el Louvre de París, Francia, y tiene un seguro por pérdida de unos USD 750 millones. En 1911 la pintura fue robada, pero fue recuperada dos años después, cuando los ladrones trataron de venderla.

La *Mona Lisa* de Leonardo da Vinci

😷 Apreciación del arte

Figuras de un círculo de niños tomados de las manos

Puedes ver obras de arte originales en galerías y museos de todo el mundo, y ver reproducciones en computador.

El museo más importante

El Louvre, en París, Francia, recibe unos 8.8 millones de visitantes al año y es considerado el museo más popular. Hay más de 3000 obras de arte, entre ellas la *Mona Lisa*. Se ingresa al museo a través de una pirámide de vidrio que parece de la era espacial.

La entrada al Louvre en París

Arte subacuático

En España se encuentra la primera galería subacuática. Las figuras del círculo fueron hechas en concreto a partir de moldes de niños de la región. Las esculturas experimentarán cambios debido a las corrientes del océano, y están diseñadas para atraer animales marinos.

Mira arriba

En tiempos pasados a los artistas se les encargaba pintar los cielorrasos de los grandes edificios. El más famoso del mundo es el de la capilla Sixtina, en el Vaticano, pintado por Miguel Ángel a comienzos del siglo XVI. Muestra escenas de la Biblia y tardó más de cuatro años en realizarlo. El artista trabajó en lo alto de un andamio de madera, y arqueó todo el tiempo su cuello para mirar hacia arriba.

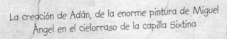

La creación de Adán, de la enorme pintura de Miguel Ángel en el cielorraso de la capilla Sixtina

💡 ¡Sabelotodo!

● Muchos de los museos más importantes del mundo tienen sitios web con secciones especiales para niños donde puedes realizar actividades relacionadas con el arte.

● En algunas ciudades hay museos especiales para niños, con exhibiciones interactivas. Averigua si hay uno en tu ciudad.

Edificaciones antiguas

Por miles de años la gente ha construido edificaciones con diferentes materiales y diseños. Algunas de las más antiguas siguen en pie y nos permiten saber sobre sus constructores.

El Coliseo en Roma, Italia

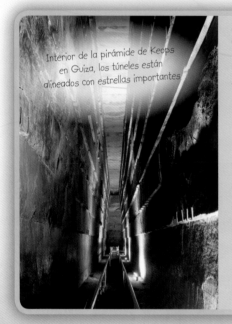

Interior de la pirámide de Keops en Guiza, los túneles están alineados con estrellas importantes

Las pirámides

Las pirámides del Egipto antiguo fueron construidas como tumbas para los faraones (ver p. 136). Las mejor preservadas están en Guiza. En su interior hay cámaras funerarias y túneles alineados con estrellas importantes. Los constructores creían que el alma del faraón viajaría al cielo por estos túneles. La forma de las pirámides puede representar los rayos del sol que caen sobre la Tierra.

El Coliseo romano

Los romanos construyeron grandes edificaciones. Una de las más famosas que sigue en pie es el Coliseo, un anfiteatro (estadio) construido para la celebración de los juegos romanos. Cerca de 70 000 personas ingresaban para ver luchar a los gladiadores contra animales salvajes. Bajo la arena se mantenían animales como leones, cocodrilos y tigres en jaulas que eran subidas a la superficie mediante poleas.

Angkor Wat

Este complejo de templos en Camboya es uno de los monumentos religiosos más grandes construido. Levantado en el siglo XII, estaba dedicado al dios hindú Visnú. Abarca 2 km^2 y está rodeado por una gran fosa. Representa el monte Meru, hogar de los dioses hindúes y centro espiritual del universo de acuerdo con el hinduismo.

Angkor Wat en Camboya

💡 ¡Sabelotodo!

● Los romanos fueron los primeros en usar cemento para construir.

● Se cree que el Coliseo pudo haber sido inundado para simular batallas navales.

🎭 Edificaciones modernas

Los arquitectos siempre idean nuevas maneras de crear edificios hermosos. Estas son algunas de las edificaciones más famosas debido a sus formas únicas.

La Casa de la Ópera de Sídney iluminada en la noche

La Casa de la Ópera

Esta edificación en Sídney, Australia, es obra del arquitecto danés Jørn Utzon. Se inauguró en 1973 y es Patrimonio de la Humanidad. Su diseño está compuesto de conchas de concreto entrelazadas que se levantan sobre el impresionante telón de fondo de la bahía de Sídney. El techo brillante la hace resplandecer bajo el sol en el día, y en la noche su iluminación es impactante.

El museo Guggenheim

Diseñado por el arquitecto estadounidense Frank Gehry, el museo Guggenheim en Bilbao, España, se inauguró en 1997. Su diseño inusual y divertido lo convirtió en uno de los edificios más importantes y famosos. Gehry eligió una forma que se adaptara a la ciudad y se fundiera con el paisaje del área. Tiene superficies curvas cubiertas de titanio brillante.

El Guggenheim, un museo de arte moderno y contemporáneo

💡 ¡Sabelotodo!

- El techo con forma de vela de la Casa de la Ópera de Sídney fue construido con más de un millón de paneles de granito de Suecia.

- Otros edificios inusuales son el Lloyds en Gran Bretaña y la Casa de la Cascada en Estados Unidos.

La Sagrada Familia

En Barcelona, España, se encuentra una catedral que ha estado en construcción desde 1882, ¡y aún no está terminada! La Sagrada Familia fue diseñada por el arquitecto Antonio Gaudí. Se inspiró en las formas naturales de árboles, conchas y plantas. La catedral debería estar terminada para 2040.

Los gigantes pilares que semejan árboles de la Sagrada Familia

Rascacielos

El primero fue construido en 1890 y tenía diez pisos. Desde entonces se han hecho cada vez más altos. ¡El Burj Khalifa en Dubái tiene 163 pisos!

El edificio Empire State

Este edificio en Nueva York fue terminado en 1932 y fue el primero en tener más de cien pisos. Tiene 443 m de altura y por muchos años fue el más alto del mundo. El piso 102 fue diseñado como plataforma de aterrizaje para dirigibles que podrían anclarse a su mástil de amarre.

Hechos y cifras

ALGUNOS DE LOS EDIFICIOS MÁS ALTOS

Burj Khalifa, Dubái: 828 m

Tokyo Sky Tree, Tokio: 634 m

Abraj Al Bait, La Meca: 601 m

1 WTC, Nueva York: 541.32 m

Taipei 101, Taiwán: 508.1 m

World Financial Centre, Shanghái: 491.95 m

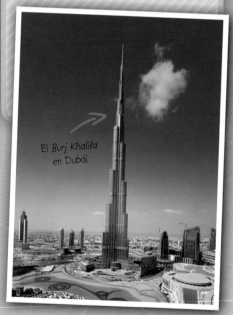

El Burj Khalifa en Dubái

Las torres Petronas

El horizonte de Kuala Lumpur, en Malasia, está dominado por las torres Petronas, dos edificios gemelos de 452 m de altura. De 1998 a 2004 fueron las estructuras más altas construidas. Hay un puente de 58 m que conecta las dos torres, a 170 m de altura. La superficie exterior simula un canasto, porque la cestería es la artesanía más importante de Malasia.

Las torres Petronas en Kuala Lumpur

El Burj Khalifa

El hasta ahora edificio más alto del mundo está en Dubái. Fue terminado en 2010. Hay apartamentos y oficinas. Mide 828 m de altura. Sus elevadores suben y bajan a 65 km/h, y tiene la piscina, el club nocturno, el restaurante y la mezquita ubicados a mayor altura del mundo. Los rascacielos están diseñados para balancearse con el viento, y en su parte más alta el Burj Khalifa puede mecerse unos 2 m adelante y atrás.

🎭 Ecoedificaciones

Los arquitectos diseñan hoy edificios con materiales naturales, como la paja o el bambú, para que generen su propia energía y reciclen agua y calor.

Materiales

La paja es un material amigable con el ambiente. Pacas de paja comprimidas (aplastadas) se convierten en bloques de construcción resistentes para hacer paredes, y son buenas para aislar los edificios y mantener el calor. También se puede usar una mezcla de tipos de tierra, o de paja con tierra. A diferencia de los ladrillos o el acero, la producción de estos materiales es económica y a escala local.

¡Superfoto!

⭐ JARDÍN VERDE

El nuevo Centro de Convenciones de Vancouver, Canadá, tiene un jardín de 24 m² sobre su techo. Miles de plantas crecerán allí e incluso habrá panales de abejas.

Energía de desechos

Uno de los principales objetivos de la construcción ecológica es reducir la producción de desechos. El agua que sale de las bañeras, las duchas o las lavadoras (conocida como aguas grises) se puede reutilizar en los sanitarios. Incluso las aguas negras se pueden recoger, tratar y reutilizar. Microorganismos naturales pueden descomponer los desechos para producir compost benéfico para la tierra.

Energías nuevas

Los expertos en ecoconstrucción tratan de usar fuentes naturales de energía para sus construcciones. A veces usan paneles solares que recogen energía solar o turbinas eólicas que giran para generar electricidad. Incluso algunas casas usan energía geotérmica, que recoge el calor natural que hay bajo la tierra y lo convierten en electricidad.

Una casa ecológica de madera de aspecto inusual, en Alemania

Glosario

Arte abstracto: movimiento artístico que no representa un objeto o una escena de manera realista.

Auditorio: área del teatro donde se sienta el público.

Bastidores: áreas a los lados del escenario de un teatro, que la audiencia no puede ver. Los actores esperan allí antes de salir a escena.

Candilejas: luces dispuestas a lo largo de la parte frontal del escenario de un teatro, a nivel del piso.

Coreógrafo: quien crea los pasos y movimientos de una presentación de danza.

Diyiridú: instrumento musical de los aborígenes australianos hecho de una rama ahuecada.

Elenco: actores y actrices de una producción teatral, programa de TV o película.

Flamenco: estilo de baile tradicional español que se ejecuta al ritmo de una guitarra.

Fonógrafo: primera máquina usada para grabar y reproducir sonido, creada en 1877.

Grafiti: tipo de pintura sobre las paredes, hecho con una lata de pintura en aerosol.

IGC: Imágenes Generadas por Computador que se usan en el cine y programas de TV.

Impresión _offset_: tipo de impresión en la que se transfieren las imágenes a una placa grande y flexible. Se cubre la imagen con tinta y luego es transferida a un rodillo que se usa en una imprenta.

Lente: pieza curva de vidrio que concentra la luz que viene de un objeto.

Libro electrónico: archivo digital que contiene los textos e imágenes de un libro.

MMOG: juego masivo en línea, con muchos jugadores que participan al mismo tiempo desde su computador.

Ópera: género tradicional, en el que se cuenta una historia dramática mediante el canto.

Palco: sección privada en el teatro con asientos costosos y buena vista del escenario.

Pentagrama: las cinco líneas sobre las que se escriben las notas musicales.

Performance: actuación en vivo de un artista frente a una audiencia, en la que usa su propio cuerpo como parte de su obra.

Pergamino: material hecho de piel de animales.

Proscenio: arco sobre la parte superior y los lados del escenario de un teatro, a manera de marco.

Prótesis: piezas de caucho que los actores usan para cambiar su apariencia para un personaje.

Samba: estilo de música brasileña.

Sección de cuerdas: parte de la orquesta que toca instrumentos que tienen cuerdas y arcos.

Sección de metales: parte de la orquesta que toca instrumentos de viento.

Sinfonía: pieza de música clásica escrita para una orquesta.

Sistema de notación: notas musicales y símbolos que se usan para registrar piezas musicales.

Sitar: instrumento musical indio con cuerdas.

Soprano: cantante femenina que puede alcanzar notas muy altas.

Surrealismo: movimiento artístico de comienzos del siglo XX, que buscaba impactar y sorprender a la gente con ideas inusuales.

Tango: baile tradicional argentino.

Tecnología digital: sensores electrónicos para grabar imágenes o sonidos y convertirlos en archivos digitales.

Tenor: cantante masculino que puede alcanzar notas medias, pero no las más altas ni las más bajas.

Tramoya: área oculta sobre el escenario de un teatro donde hay equipos para bajar o subir los decorados.

Venus paleolítica: figura femenina pequeña y regordeta tallada hace unos 35 000 años en algunas áreas de Europa. Una de las primeras formas de arte encontradas.

Videoinstalación: exhibición artística que incluye video.

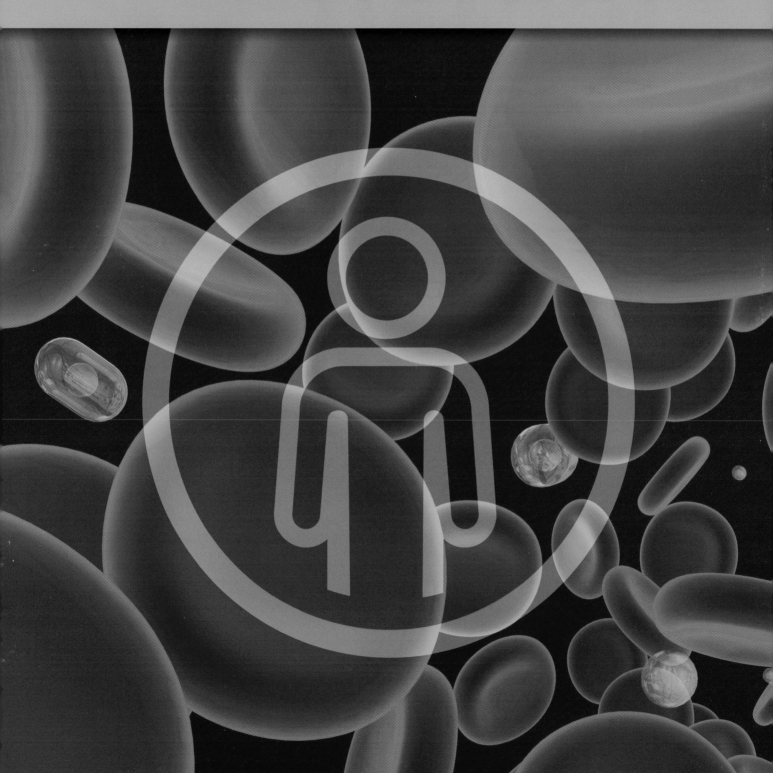

CAPÍTULO 8

CUERPO HUMANO

Los componentes básicos

Todos comenzamos la vida como una célula que se divide en dos, luego en cuatro, luego en ocho y así hasta que hay billones de células. Tenemos unas 200 clases de células que trabajan juntas para cumplir diferentes funciones.

Dentro de una célula

Miles de procesos químicos se llevan a cabo dentro de cada una de las células de nuestro cuerpo, cada segundo del día. Las células necesitan oxígeno y alimento, que son suministrados por nuestros pulmones y sistema digestivo. Nuestras células más grandes son del tamaño del punto que finaliza esta oración. La más pequeña solo puede ser vista con un poderoso microscopio.

Una membrana forma la pared de la célula. Tiene pequeñas aberturas (en verde) que le permiten a la célula recibir nutrientes y deshacerse de productos de desecho

Las células están llenas de citoplasma, una sustancia gelatinosa que mantiene todo en su sitio

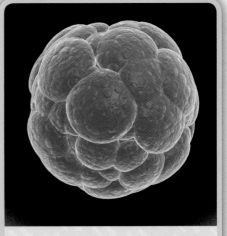

Partes de una célula

1. En el **núcleo** están los cromosomas, que contienen toda la información que necesita la célula para crecer y reproducirse.

2. En el centro del núcleo está el **nucléolo**, que elabora ribosomas. Estos fabrican proteínas para la reparación de las células.

3. Los **lisosomas** descomponen las sustancias indeseadas e inician la digestión. Las pequeñas partículas de alimento pasan luego a la mitocondria.

4. La **mitocondria** toma el alimento y lo descompone en agua y dióxido de carbono. Así se libera la energía para el funcionamiento de la célula.

5. Los **centriolos** se encuentran en parejas y ayudan a la célula a dividirse.

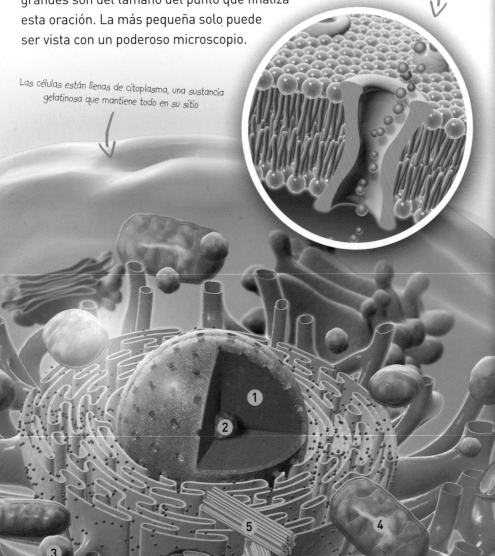

El ADN: mapa del cuerpo

El ADN (siglas de ácido desoxirribonucleico) es el conjunto de instrucciones con el que se construyen nuestros cuerpos. El ADN de cada persona es único, incluso entre gemelos idénticos.

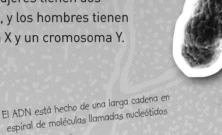

Cromosoma Y

Cromosoma X

Cromosomas

Son estructuras hechas de ADN que se encuentran en el núcleo de todas las células. Contienen entre 25 000 y 35 000 genes, las piezas de información que nos hacen quienes somos. Heredamos genes de nuestros padres, por eso puedes tener pelo castaño y ojos grises como tu mamá, o tener una nariz grande como la de tu papá.

¿Niño o niña?

Los cromosomas vienen por pares. El núcleo de una célula humana contiene 23 pares. El par 23 contiene los cromosomas X y Y que determinan si una persona es hombre o mujer. Las mujeres tienen dos cromosomas X, y los hombres tienen un cromosoma X y un cromosoma Y.

El ADN está hecho de una larga cadena en espiral de moléculas llamadas nucleótidos

¡Superfoto!

PRUEBAS DE ADN

Como dejamos rastros de nuestro ADN donde vamos, las pruebas de ADN a veces ayudan a resolver crímenes. Una muestra de ADN de la escena del crimen se compara con una tomada de un sospechoso, por lo general del interior de su mejilla.

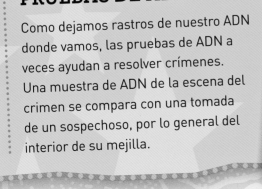

La piel

Es el órgano más grande del cuerpo. Es un recubrimiento elástico e impermeable, lleno de nervios que transportan mensajes acerca del mundo exterior hasta el cerebro. La piel es nuestra primera defensa.

Una nueva piel

La piel produce todo el tiempo células nuevas. Poco a poco suben a la superficie y allí son reemplazadas cada cuatro semanas (aprox.).

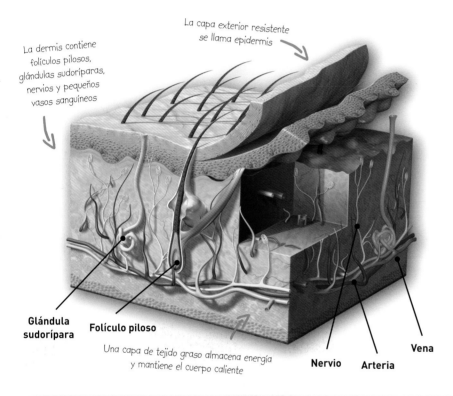

La capa exterior resistente se llama epidermis

La dermis contiene folículos pilosos, glándulas sudoríparas, nervios y pequeños vasos sanguíneos

Glándula sudorípara

Folículo piloso

Una capa de tejido graso almacena energía y mantiene el cuerpo caliente

Nervio   **Arteria**   **Vena**

Cómo se sana

Tu cuerpo entra en acción tan pronto te cortas la piel.

1. La sangre comienza a coagularse para detener el sangrado y forma una costra para proteger la herida.

2. Bajo la superficie, los glóbulos blancos atacan cualquier germen que pueda haber entrado por la herida.

3. Comienza a formarse piel nueva desde los bordes externos hacia el centro.

4. Cuando la piel ha sanado la costra se seca y se desprende.

Dentro de la piel

La melanina es una sustancia química producida en la epidermis. Le da su color a la piel. Cuando la piel queda expuesta a la luz solar, las células fabrican más melanina para protegerla de los rayos ultravioleta del sol.

Las personas con piel clara son las que tienen menos melanina. Suelen tener pecas, pequeñas manchas de melanina

La gente de piel morena produce una cantidad media de melanina

La gente con piel oscura tiene muchas células productoras de melanina

El pelo y las uñas

Están hechos principalmente de queratina, la misma proteína que forma la capa superficial de la piel. Las partes que ves están muertas y por eso no te duelen cuando las cortas.

Pelo

El pelo crece en todo el cuerpo excepto en las palmas de las manos, las plantas de los pies, los labios y los párpados. Cada pelo se forma dentro de un folículo incrustado en la piel. Tenemos en promedio 100 000 pelos en la cabeza. Crecen durante dos a seis años, luego se caen y son reemplazados.

Los músculos erectores del pelo están unidos a los folículos pilosos y halan de ellos para hacer que se nos erice el pelo

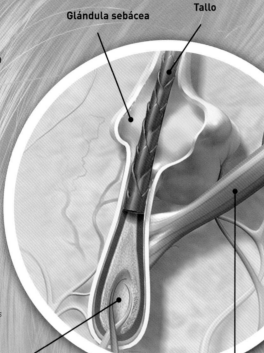

Glándula sebácea

Tallo

Folículo piloso

Músculo erector del pelo

Hechos y cifras

● Cada día perdemos entre 50 y 100 pelos de la cabeza.

● El pelo crece unos 6 mm cada mes.

● Las uñas de las manos crecen dos veces más rápido que las de los pies.

No es solo un adorno

El pelo nos mantiene calientes. En clima frío se nos pone la piel de gallina cuando los vellos de nuestros brazos y piernas se erizan para conservar el aire caliente cerca de la piel. Las cejas protegen nuestros ojos del sudor, y las pestañas y los pelos de la nariz atrapan el polvo.

Las uñas

Protegen las puntas de nuestros dedos y son herramientas útiles para deshacer nudos o rascarnos. Las uñas de las manos crecen cerca de 0.75 mm a la semana, las uñas de la mano que más usas crecerán más rápido.

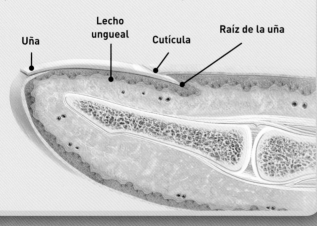

Uña

Lecho ungueal

Cutícula

Raíz de la uña

Huesos

Sostienen nuestro cuerpo y protegen nuestros órganos. Sin ellos nos desplomaríamos como si fuéramos unas medusas fuera del agua. Los huesos se reconstruyen a cada momento: cerca del 10 % del tejido óseo de un adulto es reemplazado cada año.

Formación

Los bebés nacen con más de 300 huesos, pero algunos se fusionan, y por eso un adulto tiene un total de 206 huesos. Los huesos de los bebés contienen mucho cartílago, que es blando y flexible. A medida que crecen, el cartílago es reemplazado por hueso resistente y duro.

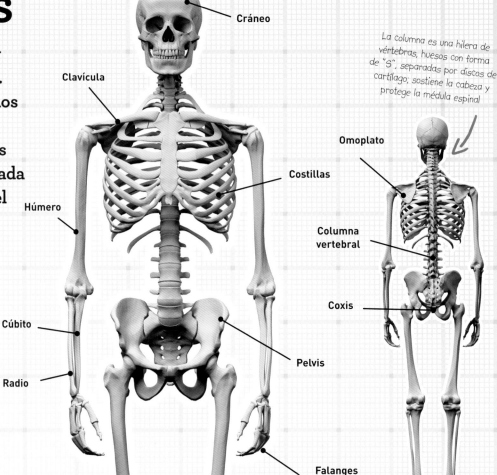

Cráneo

Clavícula

Costillas

Húmero

Cúbito

Radio

Pelvis

Fémur

Peroné

Tibia

Falanges (huesos de los dedos)

La columna es una hilera de vértebras, huesos con forma de "S", separadas por discos de cartílago; sostiene la cabeza y protege la médula espinal

Omoplato

Columna vertebral

Coxis

En el interior

Los huesos no son sólidos, si lo fueran serían pesados. En su interior tienen una capa parecida a un panal. Algunos tienen un centro de consistencia gelatinosa, la médula, que fabrica células sanguíneas nuevas.

Médula

¡Sabelotodo!

● El único hueso que no está unido a ningún otro es el hioides, bajo el mentón.

● El hueso más pequeño en el cuerpo humano es el estribo, en el oído, y tiene forma de "U". Tan solo mide 2-3 mm de largo.

● El hueso más grande es el fémur, o hueso del muslo.

Ligamentos y articulaciones

Estos les permiten al cuerpo flexionarse y moverse de muchas maneras. Sin ellos, nuestro cuerpo sería rígido.

Articulaciones

Una articulación es donde se unen dos huesos. Las del cráneo son fijas. Otras se mueven de diferentes maneras: la de la rodilla (abajo) trabaja como una bisagra.

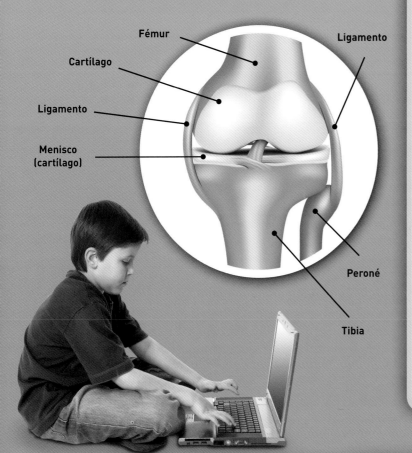

Fémur

Cartílago

Ligamento

Menisco (cartílago)

Ligamento

Peroné

Tibia

Ligamentos

Son bandas de fibras resistentes que unen entre sí los huesos y estabilizan las articulaciones. Nos permiten movernos de muchas formas diferentes, como tocarnos los pies, doblar las rodillas o sentarnos.

Clases

1. Las **articulaciones deslizantes** se encuentran en la columna vertebral, las muñecas, los pies y la clavícula. Estos huesos se deslizan uno sobre otro.

2. Cuando un hueso gira sobre otro se habla de una **articulación en pivote**. Se encuentran en el cuello y los antebrazos.

3. Las **articulaciones en bisagra** incluyen las de las rodillas, codos y dedos. Como una puerta con bisagras, se mueven hacia delante y atrás.

4. Las **articulaciones esféricas** tienen el rango más amplio de movimiento y se encuentran en los hombros y la cadera.

5. Las **articulaciones elipsoidales** se doblan y giran. Se hallan en las muñecas, manos y pies.

6. Las **articulaciones selares** solo se encuentran en los pulgares.

¡Superfoto!

CONTORSIONISTAS

Tienen ligamentos elásticos que les permiten moverse de formas inusuales. En Mongolia, muchos niños aprenden a contorsionarse en la escuela.

Los músculos

Representan la mitad del peso del cuerpo. Tenemos más de 600 y no podríamos sobrevivir sin ellos.

Detrás de escena

Además de permitir el movimiento, los músculos trabajan detrás de escena al bombear sangre por todo nuestro cuerpo, transportar los alimentos a través de nuestro sistema digestivo y hacer posible que respiremos.

Tendón de Aquiles roto

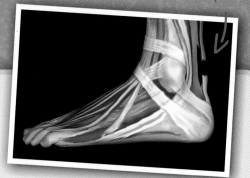

Tendones resistentes

Los tendones son bandas fuertes y flexibles que unen los músculos a los huesos. El tendón de Aquiles conecta los gemelos con el talón, y aunque es el más fuerte del cuerpo humano, a veces se lesiona durante las actividades deportivas.

¡Sabelotodo!

● Los fisicoculturistas tienen fibras musculares muy gruesas.

● El músculo más fuerte del cuerpo es el masetero, que se encuentra entre las mandíbulas y que usamos para masticar.

Los principales músculos

1. **Bíceps:** dobla el brazo.

2. **Triceps:** extiende el brazo.

3. **Deltoides:** en el hombro, eleva el brazo.

4. **Trapecio:** en la parte superior de la espalda, mueve los hombros y el cuello y nos ayuda a respirar.

5. **Pectoral mayor:** en el pecho, mueve la articulación del hombro.

6. **Glúteo mayor:** en las nalgas, importante para caminar, correr y levantarnos.

7. **Cuádriceps femoral:** grupo de músculos que extienden la rodilla.

8. **Recto abdominal:** es largo y plano y nos ayuda a inclinarnos hacia delante y a sentarnos.

9. **Oblicuos mayores del abdomen:** nos ayudan a girar y doblarnos hacia los lados. Sostienen nuestros órganos abdominales.

10. **Sartorio:** el más largo del cuerpo, hace rotar la cadera y nos permite sentarnos con las piernas cruzadas.

11. **Gemelos:** dos músculos que flexionan el pie y la rodilla.

12. **Isquiotibiales:** grupo de músculos en la parte posterior del muslo que extienden la cadera y flexionan la rodilla.

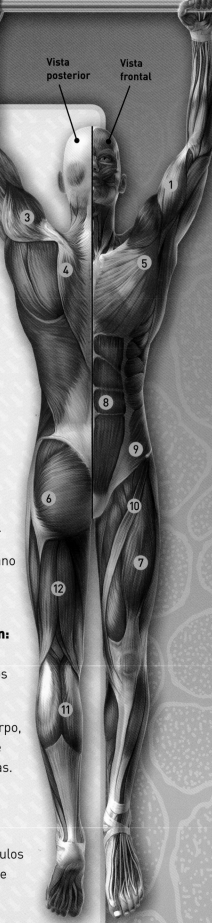

Vista posterior

Vista frontal

Cómo trabajan

Los músculos son el motor del cuerpo, y convierten la energía en movimiento.

El combustible

Durante el ejercicio respiramos más rápido y nuestro corazón late a mayor velocidad para suministrarle sangre rica en oxígeno a los músculos.

Trabajo en equipo

Los músculos no pueden empujar, solo contraerse y relajarse, y por eso deben trabajar en pares.

1. Cuando doblas tu brazo, tu bíceps se contrae para halar tu antebrazo hacia arriba y tu tríceps se relaja.

2. Cuando extiendes tu brazo, tu bíceps se relaja y tu tríceps se contrae para halar tu antebrazo hacia abajo.

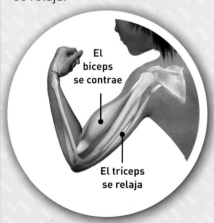

El bíceps se contrae

El tríceps se relaja

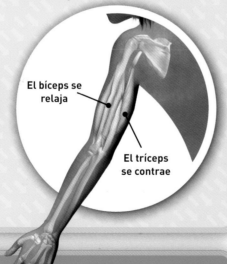

El bíceps se relaja

El tríceps se contrae

¡Sabelotodo!

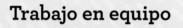

● Si todos los músculos de tu cuerpo pudieran halar en la misma dirección al tiempo podrías generar una fuerza de 25 toneladas.

Músculos bajo el microscopio

Los músculos son manojos de fibras elásticas. Cada fibra contiene fibras más finas parecidas a bastones, las miofibrillas, que se contraen (se tensan) y se relajan.

Músculo esquelético

Son los músculos que usamos para mover nuestro cuerpo, pero hay otras dos clases de músculos que no podemos controlar.

Músculo liso

Se encuentran en las paredes de los vasos sanguíneos y en los órganos tubulares como el estómago, los intestinos y la vejiga. Trabajan de manera autónoma para mantener estos órganos en funcionamiento.

Músculo cardiaco

Solo se encuentra en el corazón. Es muy fuerte y trabaja 24 horas al día todos los días de la vida.

¡La gran imagen!

Los órganos

Un órgano contiene al menos dos tipos diferentes de tejidos que trabajan juntos para cumplir una función específica. Un grupo de órganos suele trabajar como una unidad, llamada sistema de órganos.

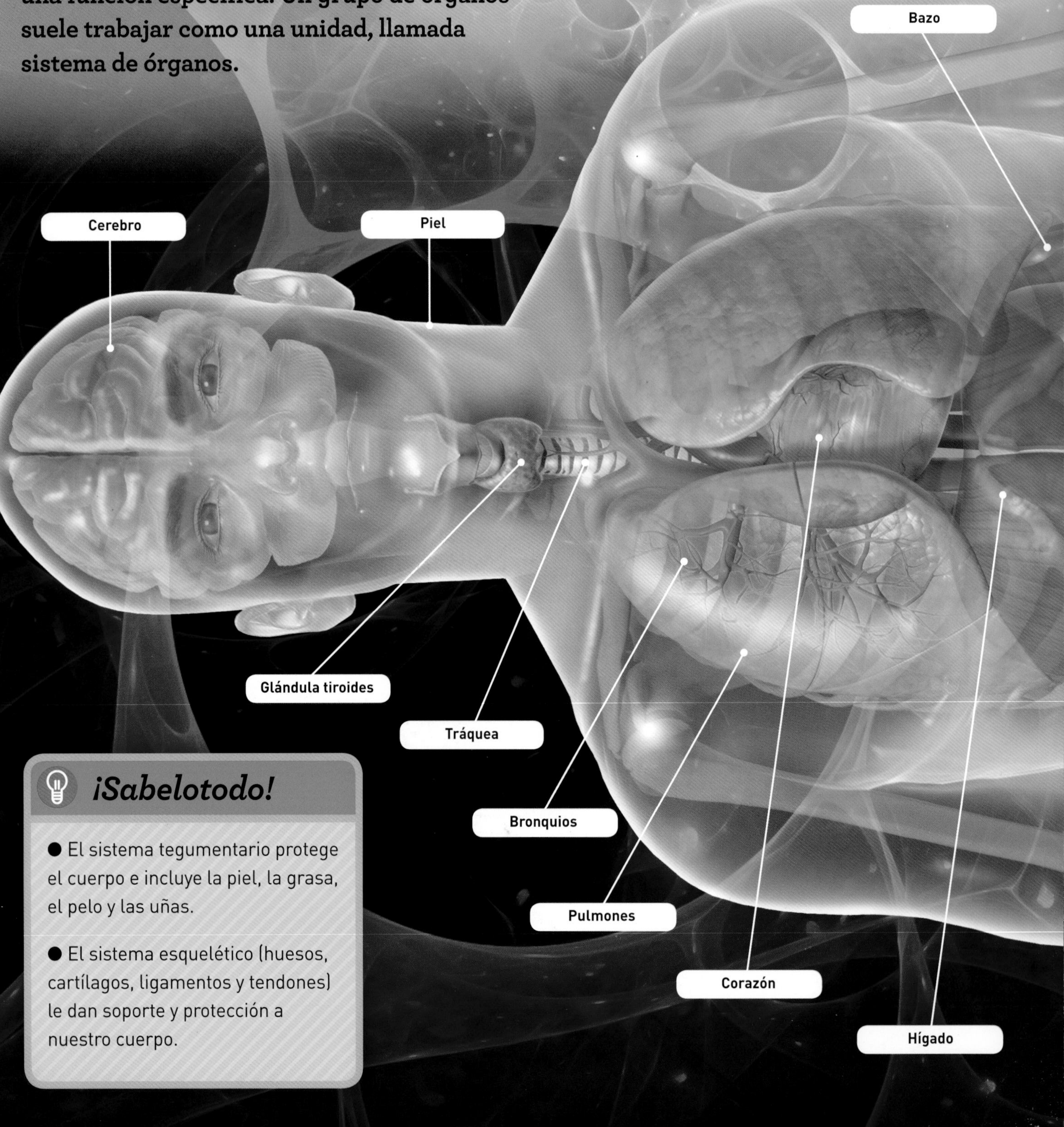

Bazo

Cerebro

Piel

Glándula tiroides

Tráquea

Bronquios

¡Sabelotodo!

● El sistema tegumentario protege el cuerpo e incluye la piel, la grasa, el pelo y las uñas.

● El sistema esquelético (huesos, cartílagos, ligamentos y tendones) le dan soporte y protección a nuestro cuerpo.

Pulmones

Corazón

Hígado

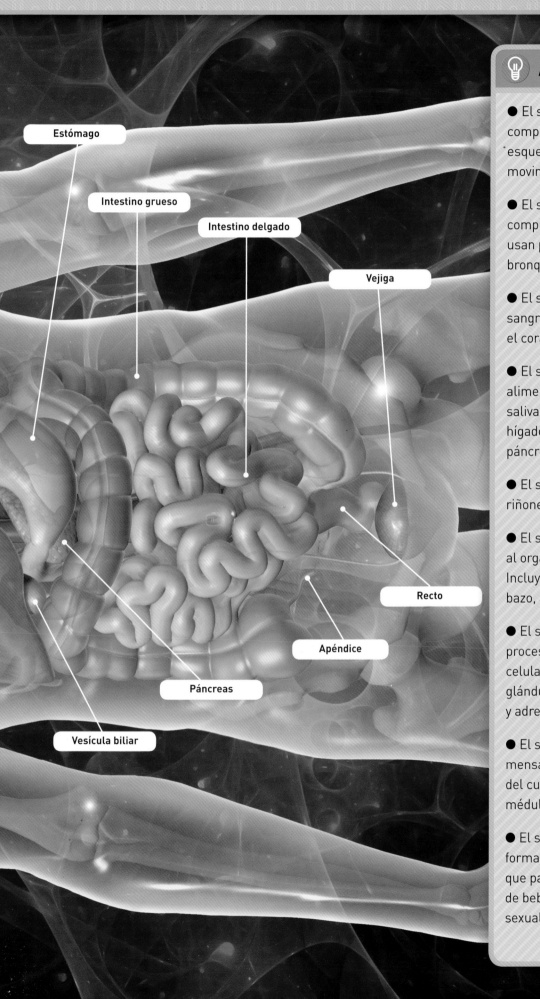

Estómago

Intestino grueso

Intestino delgado

Vejiga

Recto

Apéndice

Páncreas

Vesícula biliar

💡 ¡Sabelotodo!

● El sistema muscular está compuesto por músculos esqueléticos que nos mantiene en movimiento.

● El sistema respiratorio está compuesto por órganos que se usan para respirar: la tráquea, bronquios, pulmones y diafragma.

● El sistema circulatorio bombea sangre por todo el cuerpo. Incluye el corazón y los vasos sanguíneos.

● El sistema digestivo procesa los alimentos. Incluye las glándulas salivales, esófago, estómago, hígado, vesícula biliar, intestinos, páncreas, recto y ano.

● El sistema urinario incluye los riñones, uréteres, vejiga y uretra.

● El sistema inmunitario protege al organismo de bacterias y virus. Incluye el sistema linfático, el timo, bazo, amígdalas y adenoides.

● El sistema endocrino controla procesos como el crecimiento celular e incluye el hipotálamo, las glándulas pituitaria, pineal, tiroides y adrenales.

● El sistema nervioso transmite mensajes entre el cerebro y partes del cuerpo. Incluye el cerebro, médula espinal y nervios.

● El sistema reproductor está formado por las partes del cuerpo que participan en la creación de bebés e incluye los órganos sexuales.

Pulmones

Son órganos esponjosos que suministran oxígeno a la sangre para que lo transporte a todas las células del organismo. Al mismo tiempo, retiran el dióxido de carbono que envenenaría nuestros cuerpos si no fuera exhalado.

Dentro de los pulmones

El aire viaja desde la nariz o la boca por la garganta hacia la tráquea. Esta se divide en dos tubos, los bronquios, que llevan el aire a cada pulmón. Los bronquios se ramifican en conductos que forman el árbol bronquial. Diminutos sacos en los extremos de este están rodeados por vasos capilares. Es allí donde el oxígeno pasa a la sangre.

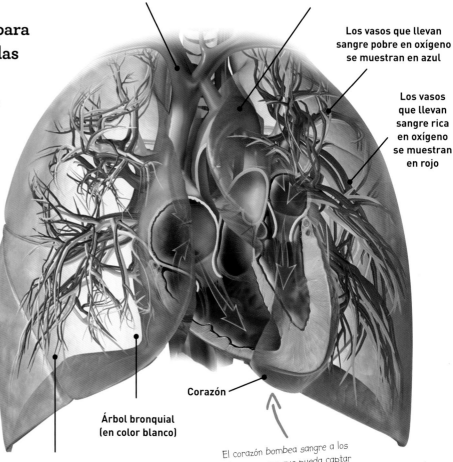

Las arterias pulmonares llevan sangre pobre en oxígeno a los pulmones, en ellos se remueve el dióxido de carbono y se oxigena la sangre

La aorta lleva sangre rica en oxígeno desde el corazón para que sea transportada al resto del cuerpo

Los vasos que llevan sangre pobre en oxígeno se muestran en azul

Los vasos que llevan sangre rica en oxígeno se muestran en rojo

Corazón

Árbol bronquial (en color blanco)

El corazón bombea sangre a los pulmones para que pueda captar oxígeno y luego lo haga circular por todo el cuerpo

El tejido pulmonar contiene una red de vasos sanguíneos

Respira profundo

La respiración sucede de manera automática, incluso mientras dormimos. Si dejáramos de respirar, los niveles de oxígeno del cuerpo descenderían peligrosamente en minutos.

Cuando inhalamos, el diafragma, un músculo, se aplana; esto expande los pulmones para que tomen aire

Cuando exhalamos, el diafragma se relaja y toma forma de domo; los pulmones se hacen más pequeños y el aire es expulsado

Diafragma

Diafragma

BOSTEZOS

¡Superfoto!

Tal vez bostezamos porque necesitamos más oxígeno, o para deshacernos del dióxido de carbono, pero en realidad nadie sabe por qué lo hacemos.

La respiración

Respirar no solo es tomar aire, es el proceso de transportar el oxígeno del aire que tomamos hacia los tejidos de nuestro cuerpo y retirar el dióxido de carbono de nuestras células.

Intercambio gaseoso

Las cámaras microscópicas en los extremos del árbol bronquial, los alvéolos, toman el dióxido de carbono de la sangre y lo reemplazan por oxígeno. Los niveles de dióxido de carbono en la sangre le indican al cerebro la velocidad y profundidad que debe tener nuestra respiración para poder deshacernos de este.

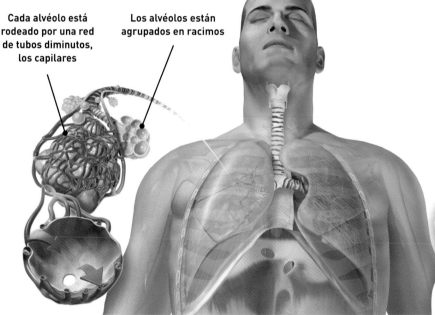

Cada alvéolo está rodeado por una red de tubos diminutos, los capilares

Los alvéolos están agrupados en racimos

Hechos y cifras

● Cada día respiramos más de 20 000 veces. Para cuando tengamos 70 años, habremos respirado al menos 600 millones de veces.

● Un adulto respira entre 12 y 20 veces por minuto, y unas 70 veces por minuto durante el ejercicio. Los bebés respiran hasta 60 veces por minuto.

● El aire que respiramos contiene cerca de 21 % de oxígeno y 0.04 % de dióxido de carbono. El aire que exhalamos tiene cerca de 16 % de oxígeno y 4 % de dióxido de carbono. El resto es sobre todo nitrógeno.

¡Sabelotodo!

● Los pulmones son los únicos órganos internos que entran en contacto con el mundo exterior.

● El pulmón izquierdo es más pequeño que el derecho para dejarle espacio al corazón.

Hagamos ruido

Los pulmones son una bomba que hace fluir el aire sobre las cuerdas vocales para que podamos hablar, cantar o gritar. Cuando el aire asciende por la tráquea, pasa a través de las cuerdas vocales y las hace vibrar. Cuanto más fuerte exhalamos más fuerte será el sonido.

El corazón

Tiene el tamaño aproximado del puño de una persona. Está conformado por un tipo especial de músculo, el cardiaco, que no se encuentra en ninguna otra parte del cuerpo. Trabaja más duro que cualquiera de los otros músculos.

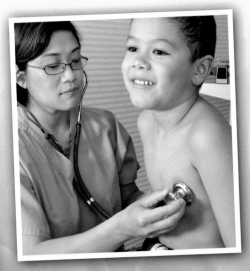

La bomba de la sangre

El corazón tiene cuatro cámaras: dos aurículas en la parte superior, donde llega la sangre; y dos ventrículos, dos cámaras de bombeo en la parte inferior. El lado derecho del corazón recibe sangre pobre en oxígeno que ya ha circulado y la envía a los pulmones para que se recargue de oxígeno. El lado izquierdo recibe la sangre rica en oxígeno de los pulmones y la bombea por el cuerpo.

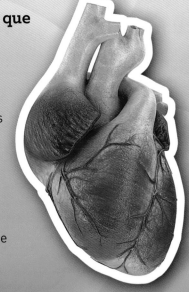

Válvulas

Hay unas válvulas (como compuertas de un solo sentido) entre las aurículas y los ventrículos que permiten el paso de la sangre entre ellos. El sonido rítmico del latido del corazón que se escucha a través de un estetoscopio es el ruido que hacen las válvulas al cerrarse.

El latido del corazón

Cuando los ventrículos se han llenado de sangre, el corazón se contrae para empujar la sangre a las arterias. Cuando los ventrículos se relajan, la sangre ingresa a través de las válvulas de las aurículas, y llenan de nuevo los ventrículos para el siguiente latido.

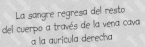
La sangre regresa del resto del cuerpo a través de la vena cava a la aurícula derecha

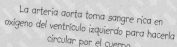
La arteria aorta toma sangre rica en oxígeno del ventrículo izquierdo para hacerla circular por el cuerpo

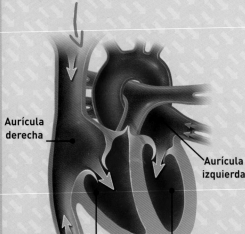

Aurícula derecha

Aurícula izquierda

Ventrículo derecho

Ventrículo izquierdo

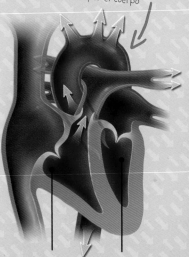

Ventrículo derecho

Ventrículo izquierdo

Hechos y cifras

● Cada día, el corazón adulto promedio late unas 100 000 veces.

● A los 70 años, nuestro corazón habrá latido más de 2500 millones de veces.

● Cada día, el corazón bombea más de 7000 litros de sangre por los 100 000 km de vasos sanguíneos que les llevan nutrientes esenciales y oxígeno a nuestras células.

● Cada célula sanguínea completa su viaje alrededor del cuerpo en tan solo 20 segundos.

Los vasos sanguíneos

La sangre transporta oxígeno desde los pulmones y nutrientes desde el sistema digestivo hacia nuestras células. Además, saca los desechos, como el dióxido de carbono, que va a los pulmones para ser exhalado. Otros productos dañinos son filtrados por los riñones cuando la sangre pasa por ellos.

Las venas

Llevan de regreso la sangre cargada de dióxido de carbono y baja en oxígeno al corazón (se ven de color azul). Las venas contienen válvulas que impiden que la sangre se devuelva.

Las arterias

Llevan sangre rica en oxígeno desde el corazón a todas las partes del cuerpo. Su tamaño varía, desde las gruesas como un pulgar hasta las más pequeñas, las arteriolas, que son más finas que un pelo.

Los capilares

Las arterias y las venas están conectadas por capilares. Estos vasos sanguíneos son tan finos que las células sanguíneas deben pasar en fila de una en una. Sus paredes permiten el paso de los gases y los nutrientes hacia las células. Es aquí donde la sangre libera su oxígeno a los tejidos y recoge el dióxido de carbono.

¡Sabelotodo!

● La sangre representa alrededor del 7 % del peso de un ser humano.

Los glóbulos rojos llevan oxígeno y recogen los productos de desecho

Los glóbulos blancos combaten las infecciones atacando los microorganismos

Las plaquetas hacen que la sangre coagule

La sangre

Un adulto tiene cinco litros de sangre. Cada gota contiene entre 7000 y 25 000 glóbulos blancos, cerca de cinco millones de glóbulos rojos y unas 200 000 plaquetas.

La digestión

El sistema digestivo convierte los alimentos que comemos en partículas. Estas llegan a la sangre y son transportadas a todo el cuerpo para que nuestras células las usen para crecer y repararse.

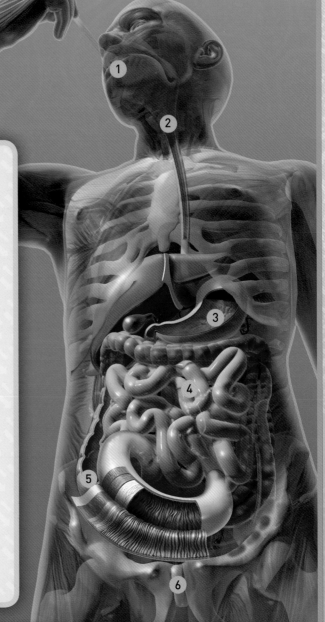

El tracto digestivo

1. Nuestros **dientes** muelen la comida. La lengua la mezcla con saliva para que sea más fácil de tragar.

2. Una lengüeta en la parte posterior de la garganta (la **epiglotis**) cierra la tráquea y evita que la comida vaya a los pulmones. Los músculos de la garganta y el esófago empujan la comida al estómago.

3. Los músculos del **estómago** mezclan la comida con jugos gástricos ácidos para formar una sopa espesa.

4. La sopa pasa al **intestino delgado** que tiene unos 6 m de longitud y está revestido con millones de vellosidades, que parecen dedos diminutos. Es aquí donde se absorbe la mayor parte de los nutrientes y pasan a la sangre.

5. Luego, la comida pasa al **intestino grueso**, que tiene cerca de 1.5 m de longitud. Aquí se absorben el agua y los nutrientes que aún puedan quedar.

6. Los desechos que no pueden ser digeridos pasan al **recto**, que es una cámara donde se almacenan las heces (popó). Estas abandonan el cuerpo por el ano, que es la parte final del sistema digestivo.

La epiglotis

Además de evitar que la comida tome el camino equivocado, la epiglotis produce el sonido "hip" cuando tienes hipo. El hipo es causado por espasmos del diafragma, el músculo entre los pulmones y el abdomen. El espasmo te obliga a tomar aire y el "hip" es el sonido de la epiglotis cuando se cierra.

¡Sabelotodo!

● El estómago de un adulto puede contener cerca de 1.5 litros.

● El recorrido de la comida por el sistema digestivo tarda entre uno y tres días.

De un mordisco

Los adultos tienen 32 dientes, incluyendo las muelas del juicio (los bebés solo tienen 20). Los dientes están diseñados para masticar toda clase de alimentos.

Para cortar y moler

Tenemos dientes frontales afilados, los incisivos; y caninos para cortar los alimentos; y fuertes molares en la parte posterior para molerlos. Los molares trabajan con la lengua para mezclar la comida y dejarla lista para poder tragarla.

El esmalte de la parte externa del diente es la sustancia más dura del cuerpo humano

La dentina es más dura que el hueso y protege la pulpa en el centro del diente

Encía

La pulpa contiene vasos sanguíneos y nervios. Cuando nos duele un diente, en realidad nos duele la pulpa

Alimentación saludable

La alimentación saludable mantiene nuestro cuerpo en buena forma. Este plato es una guía para escoger una dieta balanceada a partir de diferentes grupos de alimentos. La parte más grande del plato representa los alimentos que deberías comer en mayor cantidad. Los de las secciones pequeñas deberías comerlos en pocas cantidades.

Los carbohidratos incluyen el pan, los cereales, el arroz y la pasta. Los alimentos hechos de granos integrales tienen más fibra y son buenos para el sistema digestivo

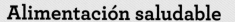

Las frutas y verduras están llenas de vitaminas, minerales y fibra. Debemos comer como mínimo cinco porciones al día.

Los productos lácteos contienen calcio, que mantiene fuertes nuestros huesos. Como contienen mucha grasa, trata de comer los productos bajos en grasa y comerlos en cantidades pequeñas

La sal y el azúcar tienen sabores agradables, pero en exceso son perjudiciales

La carne, pescado, huevos, nueces y fríjoles contienen proteínas; tu cuerpo necesita proteínas para crecer y repararse

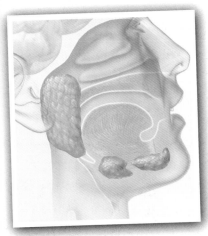

Saliva

Las glándulas salivales de un adulto producen entre 0.75 y 1.5 litros de saliva al día. Esta activa las papilas gustativas, nos ayuda a tragar alimentos secos, inicia la digestión y mantiene la boca limpia.

El hígado

Es el órgano interno más grande y el único capaz de regenerarse si una parte es removida. Este órgano esponjoso y de forma triangular es esencial para la vida y moriríamos en 24 horas si dejara de funcionar.

Ama tu hígado

El hígado convierte los alimentos digeridos en energía, y controla la cantidad de grasa, proteína y glucosa de la sangre. Además fabrica sustancias vitales necesarias en todo el cuerpo, almacena vitaminas y minerales y elimina microorganismos y toxinas.

La bilirrubina

El hígado elimina un producto de desecho llamado bilirrubina. A menudo, los recién nacidos tienen demasiada bilirrubina en su sangre porque su hígado aún no tiene la capacidad para eliminarla. Esto produce la ictericia, una condición que es tratada con luz ultravioleta, que ayuda descomponerla.

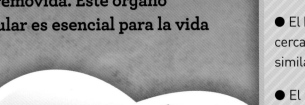

Hígado

Estómago

Vesícula biliar

Intestino delgado

Páncreas

Hechos y cifras

● El hígado realiza más de 500 funciones importantes.

● El hígado de un adulto pesa cerca de 1.5 kg. Tiene un tamaño similar al de un balón de rugby.

● El hígado contiene cerca de 0.5 litros de sangre. Es más de la décima parte del volumen de sangre de todo el organismo.

Trabajador

La sangre se enriquece con nutrientes durante la digestión. El hígado usa estos nutrientes para fabricar sustancias que se necesitan en todo el cuerpo. Además, almacena un tipo de azúcar, el glucógeno, que puede convertirse en glucosa para ser liberada al torrente sanguíneo cuando el cuerpo necesite una fuente de energía. Todos los productos de desecho van al intestino o a los riñones, para que el cuerpo pueda eliminarlos.

La vesícula biliar

El hígado vierte cerca de un litro de bilis en el intestino al día, que ayuda a descomponer grasas durante la digestión. Es almacenada en un órgano verde, la vesícula biliar. A veces, una sustancia grasosa, el colesterol, se acumula y cristaliza, y forma cálculos en la vesícula.

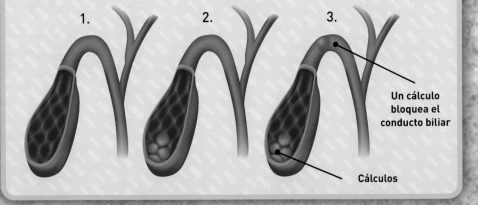

1.

2.

3.

Un cálculo bloquea el conducto biliar

Cálculos

Los riñones

Son el sistema de limpieza del organismo. Cada uno de los riñones con forma de fríjol tiene el tamaño de un puño y contiene millones de unidades diminutas, las nefronas. Estas filtran hasta 180 litros de sangre al día.

 ¡Sabelotodo!

● El riñón tiene mayor flujo sanguíneo que el cerebro, el hígado y el corazón.

● El primer trasplante de riñón exitoso se realizó en 1954.

Desechos

Los riñones mezclan productos de desecho con agua para elaborar la orina. Equilibran la cantidad de agua en el organismo al aumentar o disminuir la cantidad de orina que producen.

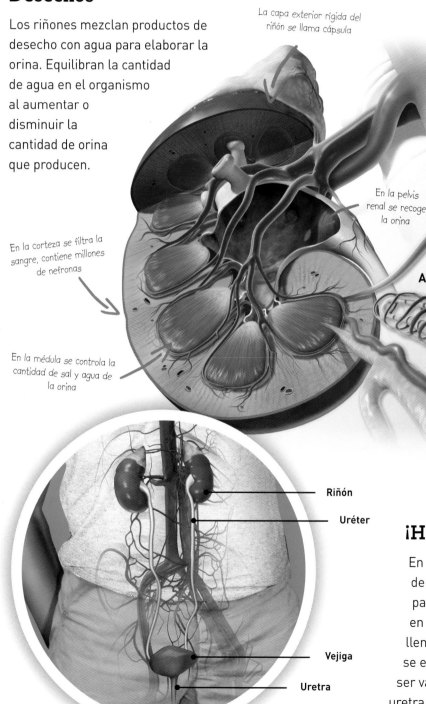

La capa exterior rígida del riñón se llama cápsula

En la pelvis renal se recoge la orina

En la corteza se filtra la sangre, contiene millones de nefronas

En la médula se controla la cantidad de sal y agua de la orina

Asa de Henle

Una nefrona microscópica vista en aumento

Riñón

Uréter

Vejiga

Uretra

Las nefronas

En ellas se filtra la sangre. Se ven como tubos largos y delgados con dos partes retorcidas y una larga horquilla, el asa de Henle. Están rodeadas por capilares.

¡Hora de ir al baño!

En promedio, el cuerpo produce cerca de 1.5 litros de orina al día. Esta viaja desde los riñones por un par de tubos largos, los uréteres, y se almacena en la vejiga. Esta es como un balón elástico que se llena poco a poco. Cuando las paredes de la vejiga se estiran envían al cerebro el mensaje de que debe ser vaciada. La orina sale de la vejiga por un tubo, la uretra. La vejiga de un adulto puede almacenar entre 0.3 y 0.4 litros de orina.

El sistema inmunitario

El cuerpo tienen muchas defensas contra los microorganismos y las enfermedades. La primera es la piel, pero si los gérmenes logran atravesarla y llegan a la sangre, se enfrentarán con nuestros glóbulos blancos o leucocitos, que son producidos por la médula ósea.

El sistema linfático

La linfa es una sustancia acuosa que fluye a través de las paredes delgadas de los capilares y que lleva oxígeno y nutrientes a las células y los tejidos. Contiene glóbulos blancos que ayudan a combatir las infecciones. Los vasos linfáticos son similares a las venas, pero transportan linfa en lugar de sangre. Forman un sistema de drenaje para llevar el exceso de fluidos desde los tejidos hasta el pecho y luego regresa al torrente sanguíneo.

Leucocito

¡Sabelotodo!

● Existen entre 600 y 700 ganglios linfáticos en el cuerpo.

● Los ganglios linfáticos se agrandan cuando luchan contra una infección. Los ganglios en nuestro cuello suelen hincharse cuando tenemos un resfriado o dolor de garganta, por ejemplo.

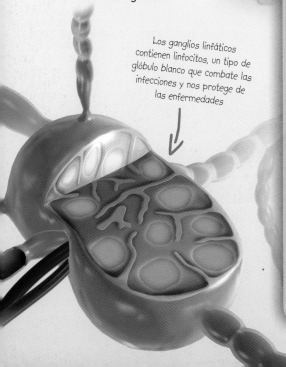

Los ganglios linfáticos contienen linfocitos, un tipo de glóbulo blanco que combate las infecciones y nos protege de las enfermedades

La armadura del cuerpo

1. Las **amígdalas** atrapan y combaten las bacterias y los virus que entran por la boca.

2. Las **adenoides** atrapan y combaten las bacterias y los virus que entran por la nariz.

3. El **timo** ayuda en la producción de los linfocitos T.

4. El **bazo** contiene glóbulos blancos que atacan a las células extrañas. Además filtra los glóbulos rojos viejos y dañados de la sangre.

5. Los **vasos linfáticos** transportan la linfa por todo el cuerpo.

6. Órganos con forma de fríjol, los **ganglios linfáticos**, filtran las sustancias dañinas de la linfa.

7. Las **placas de Peyer** en el intestino delgado contienen grandes cantidades de linfocitos que combaten las bacterias y las toxinas.

El sistema endocrino

Está compuesto por una serie de glándulas, que liberan hormonas, sustancias que les dicen a las células lo que deben hacer. El sistema endocrino está ligado al sistema nervioso por el hipotálamo, en el cerebro, que recibe mensajes de nuestros nervios.

Mentes maestras

El hipotálamo está ligado a la glándula pituitaria. Juntos controlan el sistema endocrino. La glándula pituitaria responde a los mensajes del hipotálamo y les envía instrucciones a otras glándulas y órganos.

La glándula pineal tiene el tamaño de una arveja y se encuentra cerca del centro del cerebro (ver diagrama de abajo). Produce varias hormonas, entre ellas la melatonina, que controla el sueño.

Hipotálamo

Glándula pineal

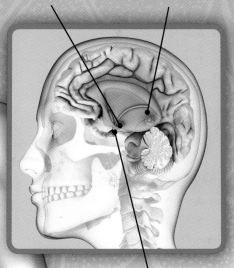

Glándula pituitaria

Las glándulas adrenales que están sobre los riñones producen cuatro hormonas principales, entre ellas la adrenalina, que prepara a tu cuerpo para "luchar o huir" en momentos difíciles. También controlan el metabolismo, los niveles de azúcar en la sangre y la presión arterial.

La glándula tiroides tiene forma de mariposa y produce hormonas que controlan la frecuencia cardiaca y la velocidad con la que las células queman combustible para producir energía.

El páncreas produce varias hormonas, entre ellas la insulina, que le ayuda al azúcar a entrar a las células desde la sangre. Cuando los niveles de azúcar son altos, la insulina convierte cualquier exceso de azúcar en grasa.

Los ovarios (que están en la pelvis) producen las hormonas sexuales femeninas responsables del crecimiento de los senos, el ciclo menstrual y el embarazo.

 ¡Sabelotodo!

● El sistema endocrino produce 30 hormonas, cada una con una función diferente.

● El hipotálamo genera las sensaciones de hambre y sed.

● La glándula pituitaria produce algunas de las hormonas más importantes, como la del crecimiento.

En los hombres, los testículos producen la hormona sexual masculina, llamada testosterona. Hace que a los hombres les crezca vello facial, tengan músculos más grandes y voces más graves.

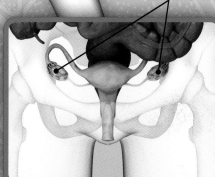

El cerebro

Es una masa gelatinosa compuesta de grasa y proteínas que se ve como una nuez de color rosado grisáceo. Contiene millones de células nerviosas, las neuronas, que nos permiten pensar y aprender. Además controlan nuestros músculos y funciones como la digestión y la respiración.

Hechos y cifras

● Tu cerebro solo puede sobrevivir por 4-6 minutos sin oxígeno.

● El cerebro de un adulto solo pesa cerca de 1.5 kg, pero usa cerca de una quinta parte de la energía y el oxígeno del cuerpo.

● El área total de la corteza cerebral, si se estirara, tendría unos 2500 cm^2, como una funda de almohada.

La capa externa del cerebro y el cerebelo se llama corteza o materia gris

En los lóbulos frontales se controla el movimiento, la toma de decisiones, la resolución de problemas y la planeación

El centro de control

El cerebro se divide en dos mitades, o hemisferios. Cada uno controla el lado opuesto del cuerpo, al arrojar una pelota con tu mano derecha, el hemisferio izquierdo les indicó a tus músculos lo que debían hacer.

Contacto vital

El tallo cerebral conecta la base del cerebro con la médula espinal. Esta autopista de la información transmite las señales eléctricas desde el cerebro y el resto del cuerpo, controla los músculos lisos y el cardiaco para que nuestros órganos internos funcionen (ver p. 233).

Cuartel general

El cerebro es la parte más grande del encéfalo, y representa el 85 % de su peso. Es el área que usamos para pensar y controlar nuestros músculos esqueléticos. Cada mitad del cerebro está dividida en cuatro regiones, los lóbulos. Debajo de los lóbulos está el cerebelo, que controla el movimiento y el equilibrio.

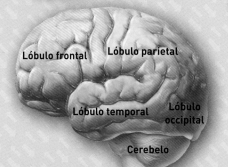

Lóbulo frontal — Lóbulo parietal

Lóbulo temporal — Lóbulo occipital

Cerebelo

Tamaño

Nuestro cerebro pesa unos 1350 gramos, el de otros animales:

Elefante: 6000 gramos
Chimpancé: 400 gramos
Perro: 72 gramos
Gato: 30 gramos

El sistema nervioso

Está compuesto por billones de células llamada neuronas. Transmiten mensajes al cerebro para que pueda actuar. Los mensajes viajan a través de los nervios como señales eléctricas, pero pasan de una célula nerviosa a otra en forma de sustancias químicas.

Pasa la voz

Los nervios se desprenden de la médula espinal hacia todas las partes del cuerpo. Estos nervios transmiten mensajes del cuerpo a la médula espinal, que los redirige al cerebro. Este responde mediante el envío de instrucciones a través de la médula espinal.

La médula espinal se conecta con el tallo cerebral. Con el encéfalo forman el sistema nervioso central

El sistema nervioso periférico incluye 12 pares de nervios craneales y 31 pares de nervios raquídeos

Cómo trabajan

Las neuronas tienen brazos, las dendritas, que recogen información. Esta viaja como una señal eléctrica a lo largo de un axón, un filamento delgado. El extremo del axón debe pasar por una sinapsis, unión que le permite a la información pasar a la siguiente neurona gracias a transmisores químicos.

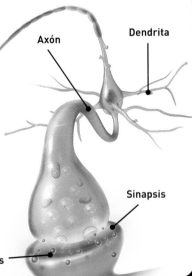

Axón

Dendrita

Sinapsis

Neurotransmisores

¡Superfoto!

¡QUÉ DOLOR!

Cuando tocamos algo caliente nuestra mano se mueve antes de que el cerebro se lo diga. Esto se llama acción refleja.

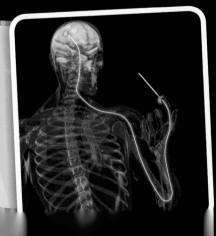

¡Sabelotodo!

● Los nervios transmiten mensajes desde y hacia el cerebro a una velocidad de más de 100 metros por segundo.

La vista

Cuando la luz entra al ojo a través de la pupila, las imágenes pasan por el cristalino y aparecen invertidas en la retina, en la parte posterior del ojo.

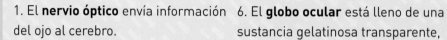

Bastones y conos

La retina contiene bastones, células que detectan la luz blanca; y otras células, los conos, que registran el color. Generan señales eléctricas que viajan al cerebro a través del nervio óptico. El cerebro "endereza" la imagen e interpreta lo que el ojo está viendo.

¡Sabelotodo!

● Hay unos 125 millones de bastones en la retina. Son sensibles a la luz, a las formas y al movimiento, pero no al color. Dependemos de estos para ver en la oscuridad.

● Algunas personas sufren de daltonismo, tienen conos defectuosos y no pueden diferenciar algunos colores, como el rojo y el verde.

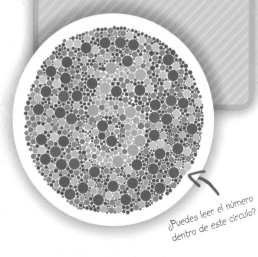

¿Puedes leer el número dentro de este círculo?

Dentro del ojo

Nuestros ojos le dicen al cerebro lo que ocurre en el mundo exterior. Estas son las partes del ojo:

1. El **nervio óptico** envía información del ojo al cerebro.

2. Los **músculos del ojo** mueven los globos oculares.

3. La **esclerótica** es una capa blanca exterior resistente que cubre gran parte del ojo.

4. El **iris** ajusta el diámetro (ancho) de la pupila.

5. La **pupila** deja entrar la luz al ojo. Se agranda cuando hay poca luz.

6. El **globo ocular** está lleno de una sustancia gelatinosa transparente, el humor vítreo.

7. La **retina** es una membrana en la parte posterior del ojo.

8. El **cristalino** es un disco que cambia de forma según la distancia que hay entre el objeto y el ojo.

9. La **córnea** es una ventana transparente con forma de domo en la parte frontal del ojo.

Fuera de foco

A la gente con miopía se le dificulta ver de lejos porque el globo ocular es muy largo y la luz se enfoca por delante de la retina. Si la persona tiene hipermetropía ve borrosos los objetos cercanos; el globo ocular es corto, y los rayos de luz se enfocan por detrás de la retina y no sobre esta.

Visión normal

Miopía

Hipermetropía

El oído

Las partes responsables del sentido del oído se encuentran en el interior de la cabeza, fuera de nuestra vista.

¡Sabelotodo!

● El oído externo recoge el sonido. Nuestro cerebro registra la fracción de segundo de diferencia que tarda el sonido en llegar a cada oído y así determina de dónde proviene.

Cómo oímos

El sonido entra al canal auditivo y hace vibrar el tímpano. La vibración pasa por tres huesos diminutos en el oído medio (el martillo, el yunque y el estribo) conocidos como huesecillos. El estribo transfiere las vibraciones a la cóclea, donde pelos diminutos transmiten las vibraciones a las células nerviosas en el oído interno. Estas llevan la información al cerebro por el nervio auditivo.

Cóclea
Huesecillos
Tímpano
Nervio auditivo
Canal auditivo

La cóclea

Tiene tres secciones llenas de fluido. La rampa timpánica y la rampa vestibular transmiten la presión a la rampa coclear, que contiene el órgano de Corti. Este responde con señales que envía por el nervio auditivo al cerebro.

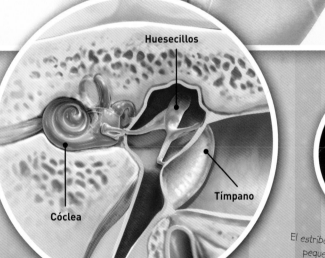

Huesecillos
Cóclea
Tímpano

El estribo es el hueso más pequeño del cuerpo

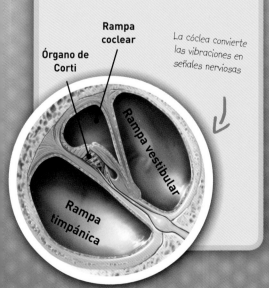

Rampa coclear
Órgano de Corti
Rampa vestibular
Rampa timpánica

La cóclea convierte las vibraciones en señales nerviosas

¡Superfoto!

⭐ ARTE

La perforación de las orejas se ha practicado por miles de años. Tanto hombres como mujeres de la tribu masái usan aros en sus lóbulos.

Olfato y gusto

Los sentidos del olfato y el gusto trabajan juntos para percibir los sabores. El aire entra a los conductos nasales cuando masticamos y las moléculas de olor de la comida llegan a los receptores de aromas de la nariz.

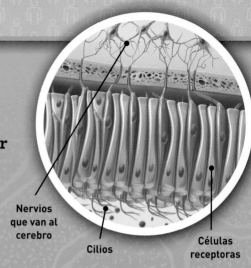

Nervios que van al cerebro

Cilios

Células receptoras

Huele la diferencia

Cuando olemos algo, las partículas viajan por nuestras fosas nasales hacia las áreas olfativas en la parte alta de la nariz. Aquí, miles de células receptoras envían señales al cerebro, que identifica el olor. La nariz de un perro es cientos de veces más sensible que la de un humano.

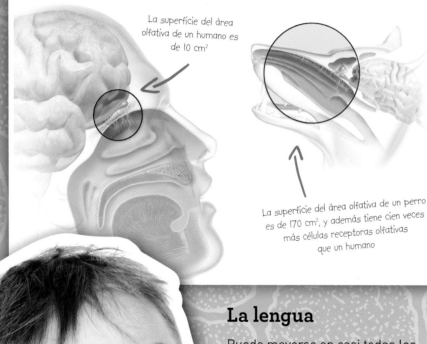

La superficie del área olfativa de un humano es de 10 cm²

La superficie del área olfativa de un perro es de 170 cm², y además tiene cien veces más células receptoras olfativas que un humano

Receptores de aromas

El área olfativa está cubierta por cilios, vellos que atrapan las moléculas de olor y las envían a las células receptoras olfativas. Los nervios luego llevan la información al cerebro.

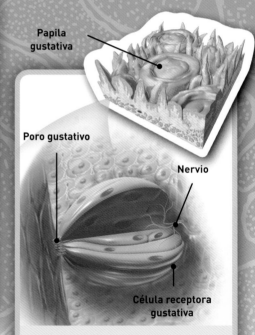

Papila gustativa

Poro gustativo

Nervio

Célula receptora gustativa

La lengua

Puede moverse en casi todas las direcciones y es esencial para masticar y tragar el alimento, así como para hablar. Está cubierta por las papilas que ayudan a mover la comida por la boca. Las papilas gustativas están alrededor de las demás papilas y son sensibles a cinco sabores: dulce, amargo, salado, ácido y umami ("sabroso" en japonés).

El gusto

Nuestra lengua y la parte interna de la boca están cubiertas de miles de papilas gustativas que contienen hasta cien células receptoras, cada una con un vello microscópico. Cuando masticamos, sustancias químicas en la saliva estimulan los vellos gustativos, que envían señales al cerebro.

El tacto

Nuestro sentido del tacto se halla en todo el cuerpo. Informa al cerebro acerca del mundo que nos rodea. La capa más profunda de la piel (la dermis) está llena de nervios que reconocen el calor, el frío, el dolor y la presión.

El dolor

Tenemos más sensores de dolor que de cualquier otro tipo porque es importante que alerten al cerebro sobre si algo está mal. Las personas con un raro desorden que les impide sentir dolor padecen heridas porque se muerden la lengua, se rasguñan, caminan con una pierna fracturada, se queman o cortan, sin darse cuenta.

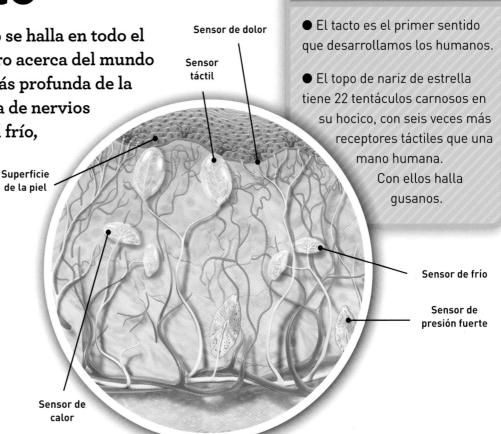

Sensor de dolor
Sensor táctil
Superficie de la piel
Sensor de calor
Sensor de frío
Sensor de presión fuerte

¡Sabelotodo!

● El tacto es el primer sentido que desarrollamos los humanos.

● El topo de nariz de estrella tiene 22 tentáculos carnosos en su hocico, con seis veces más receptores táctiles que una mano humana. Con ellos halla gusanos.

¿Cómo se siente?

El centro del tacto en el cerebro, que se ve en azul (derecha), procesa información de diferentes partes del cuerpo (abajo).

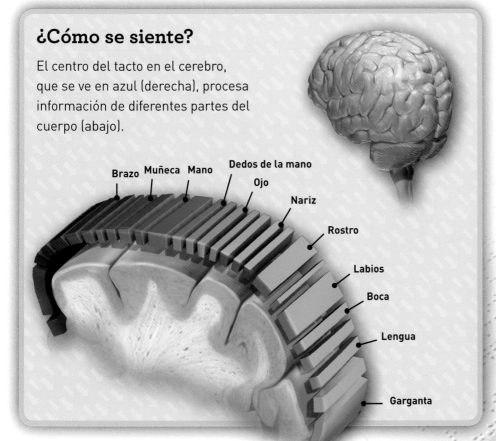

Brazo, Muñeca, Mano, Dedos de la mano, Ojo, Nariz, Rostro, Labios, Boca, Lengua, Garganta

Supersensores

Algunas partes del cuerpo, incluidas las manos, labios, rostro, lengua y pies tienen más nervios que otras, y por eso son más sensibles. La parte menos sensible es el centro de la espalda. Cada una de las puntas de nuestros dedos tiene cerca de cien receptores táctiles. Las personas ciegas hacen uso de estas herramientas para leer en Braille, al palpar los puntos en relieve.

El sistema reproductor

Está compuesto por los órganos necesarios para crear un bebé. A diferencia de los demás sistemas, que son casi iguales en hombres y mujeres, el sistema reproductor varía entre sexos.

Órganos masculinos

Los órganos reproductores masculinos son el pene y los testículos, los cuales producen espermatozoides y testosterona, que es la hormona masculina. Las glándulas producen un fluido llamado semen, que transporta los espermatozoides.

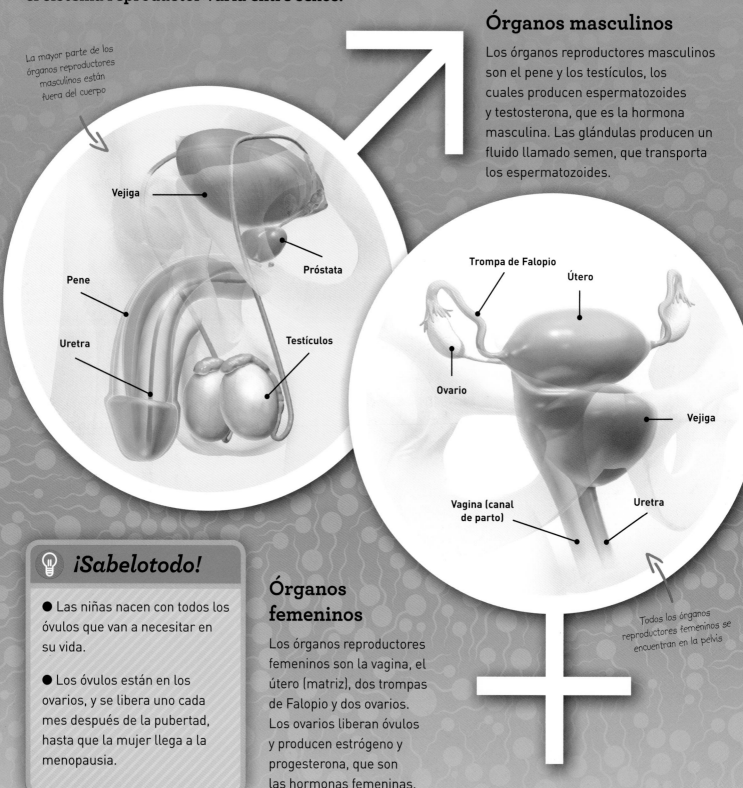

La mayor parte de los órganos reproductores masculinos están fuera del cuerpo

Vejiga

Próstata

Pene

Uretra

Testículos

Trompa de Falopio

Útero

Ovario

Vejiga

Vagina (canal de parto)

Uretra

Todos los órganos reproductores femeninos se encuentran en la pelvis

¡Sabelotodo!

● Las niñas nacen con todos los óvulos que van a necesitar en su vida.

● Los óvulos están en los ovarios, y se libera uno cada mes después de la pubertad, hasta que la mujer llega a la menopausia.

Órganos femeninos

Los órganos reproductores femeninos son la vagina, el útero (matriz), dos trompas de Falopio y dos ovarios. Los ovarios liberan óvulos y producen estrógeno y progesterona, que son las hormonas femeninas.

Una nueva vida

Un óvulo y un espermatozoide contienen, cada uno, la mitad del material genético necesario para crear un bebé, y por eso el óvulo debe unirse a un espermatozoide en un proceso llamado fertilización.

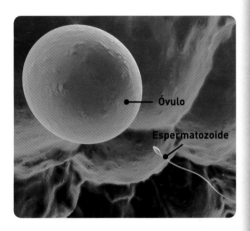

Óvulo
Espermatozoide

El embrión

Cuando el óvulo y el espermatozoide se unen, se combinan para formar una sola célula, más pequeña que la cabeza de un alfiler. El óvulo fertilizado se fija a la pared del útero. A las seis semanas, el embrión tiene el tamaño de una uva y millones de células se dividen para formar los órganos, miembros, ojos y oídos.

Cómo se desarrolla un bebé

A los tres meses, el embrión se convierte en feto y comienza a moverse. Está rodeado de líquido amniótico que amortigua las sacudidas. El cordón umbilical es la línea vital del bebé. Se conecta con la placenta y le suministra al bebé alimento y oxígeno del cuerpo de la madre.

La placenta está adherida al revestimiento del útero. Mantiene el suministro de sangre del bebé separado del de la madre, le proporciona al bebé las hormonas que necesita para crecer y desarrollarse y lo protege de los microorganismos.

A los seis meses, el bebé tiene buenas probabilidades de sobrevivir si nace de forma prematura.

En los últimos meses del embarazo los bebés ganan peso, como preparación para vivir fuera del cuerpo de su madre.

Justo antes de nacer, el bebé suele girar en el útero para que su cabeza salga primero.

Cuando el bebé está listo para nacer, el cérvix de la madre se abre y el bebé desciende por el canal de parto.

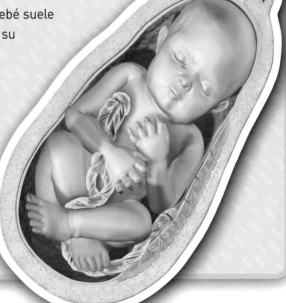

¡Superfoto!

VEO DOBLE

Los gemelos idénticos provienen de un óvulo fertilizado que se divide en dos durante los primeros días del embarazo. Son del mismo sexo y al comienzo su ADN es idéntico. A medida que se desarrollan, su ADN cambia, y ya no son exactamente igual como al principio. Los gemelos fraternos se desarrollan a partir de dos óvulos distintos.

¡Sigue los hechos!

Cronología de los avances médicos

Antiguamente la medicina se basaba en la superstición. Los descubrimientos en los siglos XVIII y XIX contribuyeron a que los médicos comprendieran mejor el funcionamiento del cuerpo.

1628
El londinense William Harvey publica un libro en el que describe cómo el corazón bombea sangre a todo el cuerpo.

131 a. C.
Nace Claudio Galeno, cirujano que hizo disecciones (cortó) de simios y cerdos. Sus escritos tuvieron vigencia hasta la Edad Media.

460 a. C.
Nace Hipócrates, médico griego considerado como el padre de la medicina moderna. Quien se gradúa en medicina, aún hace el juramento hipocrático.

1932
La científica Marie Curie, pionera en el estudio de la radiactividad, funda el Instituto de Radio en Varsovia, Polonia.

1953
Los científicos británicos James Watson y Francis Crick descubren la estructura de la molécula de ADN.

1967
El sudafricano Christian Barnard hace el primer trasplante de corazón en humanos.

1954
El estadounidense Joseph E. Murray realiza el primer trasplante exitoso de riñón entre gemelos idénticos.

1867

Joseph Lister usa ácido carbólico para limpiar heridas e instrumentos quirúrgicos, contribuyó a hacer que la cirugía fuera más higiénica y segura.

1796

Edward Jenner desarrolla una vacuna contra la viruela después de frotar pus de una pústula de viruela bovina sobre los rasguños en el brazo del hijo de su jardinero.

1870...

El francés Louis Pasteur y el alemán Robert Koch demuestran que los gérmenes son los causantes de enfermedades.

1928

El escocés sir Alexander Fleming descubre la penicilina, hoy todavía uno de los antibióticos más usados.

1895

El alemán Wilhelm Conrad Roentgen descubre los rayos X.

¡Sabelotodo!

● Entre los avances de la medicina que se predicen para el futuro están las vacunas contra la malaria y el cáncer, dos de los principales asesinos en el mundo. La posibilidad de hacer crecer partes del cuerpo a partir de células madre cada vez está más cercana.

1983

Se identifica el VIH, virus que causa el sida.

1978

Nace el primer bebé probeta en Gran Bretaña.

2010

Médicos españoles realizan el primer trasplante de rostro completo a un hombre que sufrió un accidente.

Glosario

ADN: ácido desoxirribonucleico. Es el conjunto de instrucciones que le dice a nuestras células lo que deben hacer.

Arteria: vaso sanguíneo elástico que lleva la sangre lejos del corazón.

Capilar: vaso sanguíneo diminuto que se ramifica para formar una red entre las arterias y las venas.

Célula: unidad más pequeña de un ser vivo.

Cérvix: cuello del útero, que se abre para que el bebé pueda pasar al canal de parto cuando va a nacer.

Fertilización: proceso en el cual un espermatozoide se une a un óvulo para crear un feto.

Feto: ser que no ha nacido, desde finales de la octava semana de embarazo hasta su nacimiento.

Folículo piloso: pequeño tubo que contiene la raíz de un pelo.

Fusionar: unir dos cosas para formar una sola.

Ganglio linfático: órgano ovalado que forma parte del sistema inmunitario.

Genético: referido a los genes, que se encuentran en los cromosomas.

Glándula: órgano que produce sustancias químicas que emplea el cuerpo.

Glucosa: tipo de azúcar simple que usa el cuerpo como fuente de energía.

Hormona: mensajero químico producido por una glándula.

Leucocito: glóbulo blanco que protege al cuerpo de microorganismos que producen enfermedades.

Médula ósea: tejido blando y esponjoso que se encuentra dentro de la mayoría de los huesos. Produce glóbulos blancos y rojos, y plaquetas.

Membrana: capa delgada de tejido.

Menopausia: etapa en que los ovarios dejan de liberar óvulos. Suele presentarse alrededor de los 50 años de edad.

Metabolismo: reacciones químicas en las células del cuerpo que convierten los alimentos en energía.

Microorganismo: forma de vida unicelular diminuta. Algunos causan enfermedades (los gérmenes) y otros son útiles.

Mitocondria: generadora de energía de la célula, convierte la energía de los alimentos en una forma que pueden usar las células.

Molécula: dos o más átomos (los componentes básicos de la materia) unidos. Son tan pequeñas que solo pueden verse con un microscopio electrónico.

Núcleo: "cerebro" de la célula que controla su crecimiento, movimiento y reproducción.

Nutriente: sustancia que aporta el alimento necesario para el desarrollo o el metabolismo.

Olfativo: relativo al sentido del olfato.

Órgano: conjunto de tejidos que trabajan juntos para realizar una tarea específica.

Plaqueta: fragmentos de células que detienen el sangrado al formar coágulos.

Proteína: molécula grande que es el componente básico de todos los seres vivos.

Pubertad: etapa en que una persona se convierte en adulta.

Pulmonar: relativo a los pulmones.

Queratina: tipo de proteína que se encuentra en la piel, el pelo y las uñas.

Secretar: producir y liberar sustancias como las hormonas.

Sinapsis: sitio de unión entre dos células nerviosas, donde se transmiten señales químicas una a otra a través de una diminuta separación.

Tejido: grupo de células del mismo tipo o similares que trabajan juntas para realizar la misma tarea.

Toxina: sustancia venenosa.

Válvula: estructura parecida a una compuerta que controla el paso de un fluido.

Vaso: tubo que transporta líquidos, como la sangre o la linfa.

Vena: vaso sanguíneo que lleva sangre al corazón.

Virus: partícula infecciosa diminuta, cien veces más pequeña que una bacteria, y que puede causar enfermedades.

CAPÍTULO 9

CIENCIA

¡Datos brillantes!

⚛ Las bases de la ciencia

La palabra "científico" se usó por primera vez en la década de 1830. Antes, quienes estudiaban el mundo eran llamados filósofos de la naturaleza o alquimistas. Muchos recurrían a mitos para explicar lo que no entendían.

El reloj astronómico en Praga, República Checa

Filósofos de la Grecia antigua

Los antiguos griegos desarrollaron la filosofía como una forma de entender el mundo. Fueron influenciados por los babilonios y egipcios, que habían estudiado la Tierra y el sistema solar. En 387 a. C., Platón fundó una escuela en Atenas, Grecia, en donde él y otros filósofos planteaban y estudiaban problemas.

Aristóteles (384-322 a. C.), discípulo de Platón, sus ideas influyeron en la ciencia hasta el siglo XVI

Sócrates (470-399 a. C.), uno de los fundadores de la filosofía occidental, desarrolló una manera de pensar y hablar que llamó "lógica"

Platón (429-347 a. C.), discípulo de Sócrates, filósofo clásico y matemático

Arquímedes nació en Sicilia en 287 a. C. y fue uno de los científicos más grandes de la Grecia antigua, inventó dispositivos como las poleas compuestas

La revolución científica

Cuando se instaló el reloj astronómico en Praga, República Checa, en 1410, la gente todavía creía que la Tierra era el centro del universo. En 1543, Nicolás Copérnico ayudó a demostrar que la Tierra y los otros planetas giraban alrededor del Sol. Esto animó a los académicos a desafiar las ideas de los antiguos griegos. Galileo y sir Isaac Newton le aportaron mucho a la ciencia a finales del siglo XVII y dieron inicio a una revolución científica.

La ciencia moderna

Los avances científicos de los últimos cuatro siglos han revolucionado nuestra comprensión del mundo y del universo. La ciencia actual se basa en experimentos que pueden someterse a prueba.

⬇ Microscopía

El microscopio se desarrolló en el siglo XVII. Hoy, los microscopios electrónicos de barrido usan electrones en lugar de luz para analizar los objetos. Con los microscopios de fuerza atómica incluso se pueden ver los átomos.

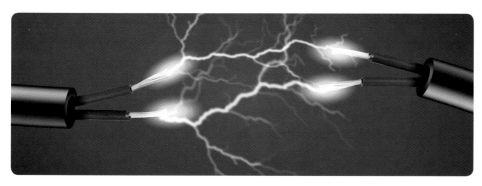

⬆ Elementos químicos

En 1808, el maestro de escuela inglés John Dalton sugirió que cada elemento estaba compuesto por átomos idénticos que podían identificarse por su peso. En 1869, Dmitri Mendeléiev elaboró la tabla periódica con base en esto.

 ¡Sabelotodo!

● Los filósofos de la Grecia antigua sabían que la Tierra era redonda y, en 240 a. C., Eratóstenes calculó su circunferencia con notable exactitud.

● La meta de los alquimistas era convertir los metales comunes en oro, y elaborar un elíxir de la vida que los volviera inmortales.

⬆ Física cuántica

La teoría cuántica les permite a los científicos entender cómo las partículas se combinan para formar átomos. Sin ella, no habrían podido desarrollar la energía nuclear o hacer los circuitos eléctricos de los computadores. Muchas partículas solo pueden estudiarse en aceleradores de partículas, porque es el único lugar en donde se pueden fabricar.

⬆ Electricidad

En el siglo XVIII, científicos como Benjamin Franklin comenzaron a experimentar con la electricidad. Un siglo después, Michael Faraday fabricó el primer motor eléctrico y Thomas Edison la primera bombilla eléctrica de larga duración.

➡ Energía nuclear

A comienzos del siglo XX, el científico neozelandés Ernest Rutherford creó la primera reacción nuclear artificial tras descubrir las partículas subatómicas. Hoy, las plantas de energía nuclear producen cerca del 13 % de la electricidad mundial.

Los átomos

Hace unos 2500 años, Demócrito, un antiguo filósofo griego, sugirió que todo en el universo estaba hecho de partículas diminutas que no podían dividirse. Llamó a estas partículas átomos, "indivisible" en griego antiguo.

Unidades indivisibles

Sabemos que los átomos están hechos de partículas subatómicas aún más pequeñas, pero Demócrito tenía razón: si dividimos un átomo de carbono por la mitad, ya no es carbono, de la misma manera que si dividimos una taza por la mitad, ya no puede contener líquido. Los átomos tan solo miden unos 0.1 a 0.5 nanómetros de diámetro y solo pueden verse con los microscopios de efecto túnel y de fuerza atómica más poderosos.

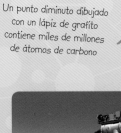

Un punto diminuto dibujado con un lápiz de grafito contiene miles de millones de átomos de carbono

Los átomos de hierro que le dan un color rojizo al suelo de Marte son los mismos átomos de hierro que hay en la Tierra

Elementos universales

Existen más de cien clases diferentes de átomos, y hasta donde sabemos son los mismos en todo el universo. Un átomo de hierro de Marte es igual al de un meteorito o uno desenterrado en nuestro planeta.

Nuestra química

El 99 % de los átomos de nuestro cuerpo son de hidrógeno, oxígeno, carbono, nitrógeno, fósforo y calcio; 60 % del cuerpo humano es agua (H_2O), y por eso los átomos más comunes son de hidrógeno y oxígeno.

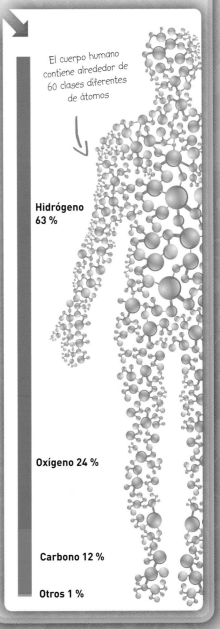

El cuerpo humano contiene alrededor de 60 clases diferentes de átomos

Hidrógeno 63 %

Oxígeno 24 %

Carbono 12 %

Otros 1 %

¡Superfoto!

★ CON SOBREPESO

El átomo más pesado en forma natural es el de uranio. Los científicos compiten para fabricar el átomo más pesado de la Tierra en un acelerador de partículas. Estos átomos tienen una vida muy corta, de pocos segundos.

⚛ Partículas subatómicas

Cada átomo contiene partículas diminutas: los protones, neutrones y electrones. Aunque no podemos verlos, se sabe que existen por como se comportan los átomos.

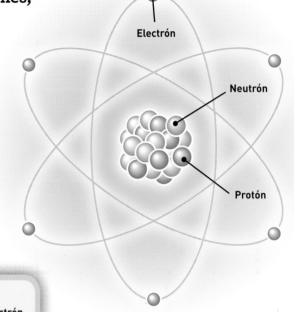

Electrón

Neutrón

Protón

Dentro de un átomo

Los protones y neutrones están agrupados en el centro del átomo y forman el núcleo, que está rodeado por una nube de electrones, que se mueven a una increíble velocidad. La mayor parte de un átomo es espacio vacío; si un átomo fuera tan grande como un campo de fútbol, el núcleo tendría el tamaño de una arveja. Los electrones son aún más pequeños, como granos de azúcar rociados sobre el campo.

Los protones

Tienen carga positiva, los protones de un átomo se repelerían entre sí, de no ser por la fuerza nuclear que los mantiene unidos. El hidrógeno, el elemento más simple de todos, solo tiene un protón y un electrón, mientras que el calcio tiene 20 protones, 20 neutrones y 20 electrones.

Electrón

Protón

El átomo de hidrógeno solo tiene un protón y un electrón

Los neutrones

Tienen carga neutra, no es positiva ni negativa. El número de neutrones afecta la masa y la radiactividad del átomo. Muchos átomos tienen el mismo número de neutrones que de protones, pero los elementos más pesados tienen más neutrones. El plomo tiene 82 protones, 82 electrones y 125 neutrones.

El plomo es un elemento pesado, y se usa para fabricar pesas

Los electrones

Tienen carga negativa. Permanecen en las capas electrónicas del átomo, donde solo puede haber cierto número de electrones. La capa más cercana al núcleo contiene dos electrones. Si el átomo tiene más de dos electrones, tiene una capa adicional, que puede contener hasta ocho. El átomo de uranio, el más pesado que existe en la naturaleza, tiene 92 electrones y necesita siete capas para contenerlos a todos.

El uranio es un elemento radiactivo raro que se extrae del suelo y se usa en plantas de energía nuclear

⚛ Los elementos químicos

Son los componentes básicos de toda la materia. Cada uno tiene un número específico de protones, neutrones y electrones.

El escandio se mezcla con aluminio para fabricar marcos de bicicletas livianos

Elemental

En 1869 el químico ruso Dmitri Mendeléiev publicó una tabla de todos los elementos conocidos. Para la época todos creían que los átomos eran sólidos, pues solo en el siguiente siglo se descubrirían los protones, neutrones y electrones. Mendeléiev entonces ordenó los elementos según su masa atómica. Observó que aquellos con propiedades similares aparecían en intervalos regulares, o periodos, y su tabla se conoció como la tabla periódica.

Eslabones perdidos

Cuando Mendeléiev ordenó su tabla de elementos, se dio cuenta de que quedaban algunos vacíos. Decía que eran los espacios para elementos que aún no habían sido descubiertos y tenía razón. El galio y el germanio, que se usan en semiconductores, fueron descubiertos en las décadas siguientes, y los químicos produjeron el escandio y el tecnecio en la década de 1930. Las propiedades de estos elementos cumplen con las predicciones de Mendeléiev.

La tabla periódica

El nombre de cada elemento en la tabla periódica se abrevia con unas pocas letras, o símbolo. Algunos se basan en el nombre del elemento en latín, como Au, de *aurum*, "oro" en latín. Los elementos están organizados de acuerdo con su número atómico, es decir, el número de protones que contienen.

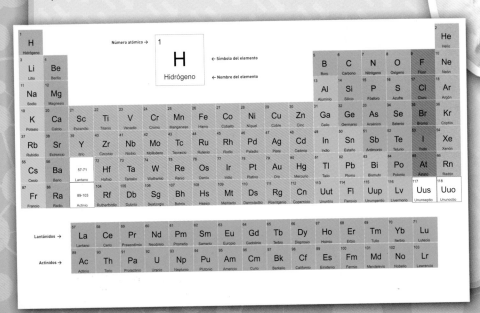

⚛ Moléculas

Cuando los átomos se combinan forman moléculas. Por ejemplo, dos átomos del mismo elemento, como el oxígeno, forman una molécula de oxígeno; si un átomo de oxígeno se une a dos átomos de hidrógeno forman una molécula de agua.

La unión hace la fuerza

Por lo general, los átomos no tienen suficientes electrones para completar sus capas externas. Por ejemplo, los átomos de oxígeno tienen ocho electrones, dos en la capa interna y seis en la externa (que tiene espacio para ocho electrones). Siempre estará en busca de otros átomos a los que pueda unirse para compartir sus electrones y completar sus capas exteriores. Esta unión se llama enlace covalente.

💡 ¡Sabelotodo!

● Cuando los elementos se unen, forman compuestos. Los químicos usan símbolos para describir los elementos de las moléculas de los compuestos.

● El agua se representa como H_2O. Contiene dos átomos de hidrógeno (H) y uno de oxígeno (O). El dióxido de carbono es CO_2: tiene un átomo de carbono (C) y dos de oxígeno (O).

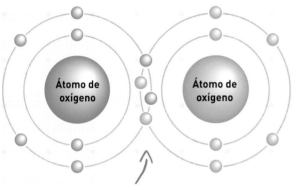

Estos dos átomos de oxígeno comparten electrones y crean una molécula de oxígeno

Cuando un átomo de oxígeno se une a dos átomos de hidrógeno, comparten electrones para que cada átomo de hidrógeno tenga dos en su capa interna y el átomo de oxígeno tenga ocho en su capa externa. Juntos forman una molécula de agua.

La unión perfecta

A veces los átomos le ceden sus electrones a otro átomo en lugar de compartirlos. El sodio solo tiene un electrón en su capa exterior, que con frecuencia cede. El cloro tiene siete electrones en su capa exterior, y busca uno.

Después de ceder un electrón, el sodio queda con más protones que electrones y adquiere carga positiva. El cloro queda con más electrones que protones y por eso adquiere carga negativa. El sodio y el cloro están unidos por una fuerza eléctrica. Un átomo o molécula con carga se llama ion, y la unión de estos es un enlace iónico.

● Ion de sodio
● Ion de cloro

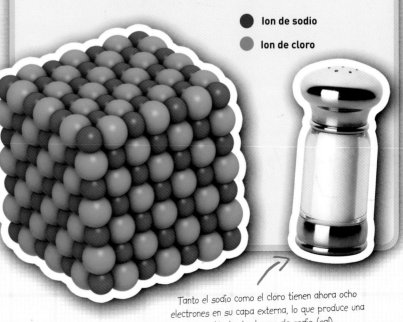

Átomo de hidrógeno

Átomo de hidrógeno

Átomo de oxígeno

Una molécula de agua está formada por dos átomos de hidrógeno y uno de oxígeno

Tanto el sodio como el cloro tienen ahora ocho electrones en su capa externa, lo que produce una molécula de cloruro de sodio (sal)

Estados de la materia

Sólido, líquido y gaseoso son los tres estados de la materia. Los átomos siempre están vibrando, y cuanto más rápido lo hacen, más se calientan. Las vibraciones más rápidas rompen los enlaces que mantienen unidos los átomos, por eso cuando un material se calienta pasa de estado sólido a líquido y luego a gaseoso.

El hielo es agua en estado sólido

Hasta la roca puede pasar a estado líquido si se calienta lo suficiente

Cuando el quemador calienta el gas dentro de un globo aerostático, los átomos se separan y el globo se expande

Sólidos

Las partículas en un sólido están muy juntas y aunque los átomos vibren, no pueden moverse. Un sólido tiene forma y tamaño definidos, que solo pueden modificarse aplicando fuerza, por ejemplo, al cortar una manzana por la mitad.

Líquidos

Las partículas en un líquido están más separadas que en un sólido, y sus átomos se mueven con mayor libertad. Los líquidos no tienen una forma definida, a menos que se encuentren en un recipiente, entonces toman la forma de este.

Gases

Las partículas de gas se mueven a alta velocidad. Hay mucho espacio entre las partículas y pueden tomar la forma del contenedor, como en un globo aerostático. A medida que aumenta la temperatura del gas, las moléculas se separan aún más y el gas se expande en todas direcciones. El aire está compuesto por muchos gases, entre ellos nitrógeno, oxígeno, argón y dióxido de carbono.

¡Superfoto!

⭐ EL PLASMA

Hay un cuarto estado de la materia llamado plasma. Se crea al energizar un gas (al calentarlo, por ejemplo) de manera que los electrones se liberan. El plasma forma gran parte del universo, incluido el Sol. Algunos ejemplos en la Tierra son los rayos, las auroras boreales y las luces de neón.

⚛ Mezclas y soluciones

Muchas cosas en la naturaleza son mezclas, incluso el aire que respiramos. En una mezcla, dos o más sustancias se unen pero no se produce ninguna reacción química y pueden separarse de nuevo.

El lodo es una suspensión

💡 ¡Sabelotodo!

● El aire es una solución de gases en otros gases.

● El amoniaco es una solución de un gas en agua.

● El paladio es un metal que absorbe el hidrógeno como si fuera una esponja, es una solución de un gas en un sólido.

● Las aleaciones de metales, como el bronce, son soluciones de sólidos en sólidos.

Suspensiones

Si pones arena en un vaso con agua y revuelves la mezcla con una cuchara, la arena quedará suspendida (flotará) en el agua por un tiempo, pero luego se irá al fondo del vaso. Como la arena y el agua no están mezcladas de manera uniforme, se trata de una suspensión y no de una solución.

Coloides

En una solución, las partículas son del tamaño de una molécula. Si un líquido contiene partículas distribuidas de manera uniforme más grandes que una molécula, la mezcla se llama coloide. La leche, la neblina y el papel son coloides.

La crema batida es un coloide

Soluciones

Las soluciones son mezclas, pero en ellas todas las moléculas están distribuidas de manera uniforme (no están agrupadas). Si mezclas sal con agua en un vaso, la sal se disolverá. Aunque ya no puedas ver la sal, aún puedes separarla si hierves la solución hasta que el agua se evapore. Las soluciones pueden ser mezclas de gases en otros gases, gases en líquidos, gases en sólidos, líquidos en sólidos y sólidos en sólidos.

La sal se separa del agua de mar cuando se pone a evaporar el agua, por ejemplo en lagos poco profundos

Ácidos y bases

Casi todos los líquidos, excepto el agua pura, son ácidos o bases. Si un líquido tiene muchos iones de hidrógeno, es un ácido. Si contiene muchos iones de hidróxido, es una base.

Los ácidos

Tienen sabor, como el jugo de limón, que contiene ácido cítrico. Otros ácidos débiles son el acético, presente en el vinagre, y el carbónico de las bebidas con gas. Los ácidos fuertes son peligrosos y ocasionan quemaduras, pero son útiles. Por ejemplo, las baterías de los autos contienen ácido sulfúrico.

Las bebidas negras con gas contienen ácido cítrico, ácido fosfórico y ácido carbónico

Alcalinos

Proceden del álcali y son bases que se disuelven en agua. Todos los alcalinos son bases, pero no todas las bases son alcalinos. Las bases reaccionan con los aceites y las grasas, y por eso se usan en productos de limpieza. Los limpiadores de cañerías, por ejemplo, contienen hidróxido de sodio y el amoniaco se usa para remover manchas.

Muchos productos fuertes de limpieza son alcalinos

En la naturaleza

En nuestro cuerpo se encuentran ácidos y bases. Si un ácido y una base se mezclan en las proporciones correctas, uno neutraliza al otro. El estómago produce ácido clorhídrico, que ayuda a digerir los alimentos y a eliminar cualquier microorganismo, mientras que los jugos producidos por el páncreas son alcalinos para neutralizar el ácido estomacal en las siguientes etapas de la digestión.

Hechos y cifras

La escala del pH mide la acidez o grado alcalino de una sustancia. El agua, que es neutra, marca un valor de 7, el ácido más fuerte marca 0 y la base más fuerte marca 14.

Líquidos en la escala del pH:

0 Ácido de batería
1 Ácido estomacal
2 Jugo de limón
3 Vinagre
4 Lluvia ácida
5 Café negro
6 Saliva
7 Agua pura
8 Agua de mar
9 Polvo para hornear
10 Leche de magnesia
11 Amoniaco
12 Agua jabonosa
13 Cloro (limpiador)
14 Limpiador de cañerías

Cuando hacemos ejercicio, nuestros músculos producen ácido láctico

Reacciones químicas

Se producen cuando dos o más elementos entran en contacto y forman una nueva sustancia. Las estructuras de las moléculas cambian y siempre se crean o se rompen enlaces químicos.

Cambios

Las reacciones químicas producen cambios que son difíciles o imposibles de revertir. Es normal que haya un cambio en la apariencia o en la energía que, por ejemplo, produce calor o luz.

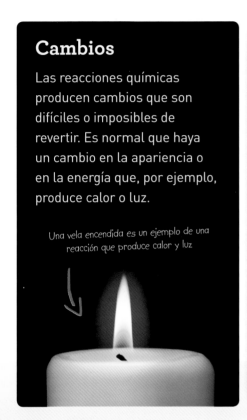

Una vela encendida es un ejemplo de una reacción que produce calor y luz

Una reacción es el primer paso para convertir arena en un chip de computador

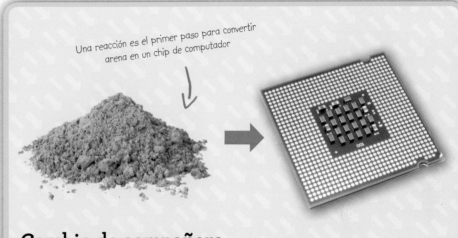

Cambio de compañero

A veces un elemento toma el lugar de otro en un compuesto. Esta es una reacción de desplazamiento y se usa para obtener el silicio de los chips de computador. Cuando la arena (dióxido de silicio o SiO_2) y el carbono reaccionan juntos, el oxígeno y el carbono se unen para formar un gas, el monóxido de carbono (CO) y queda el silicio puro.

Reacciones irreversibles

La combustión (cuando algo se quema) es un tipo de reacción química que no se puede revertir. La formación de óxido es otra reacción química que puedes ver con frecuencia. Cuando el hierro o el acero son expuestos al oxígeno y al agua, una capa rojiza se forma en la superficie. Este es el óxido (de hierro).

La oxidación convierte el hierro y el acero en láminas suaves y quebradizas

💡 ¡Sabelotodo!

● La materia no puede crearse ni destruirse, aunque las sustancias cambien en una reacción química, el número de átomos no.

● Un catalizador es algo que acelera una reacción química sin sufrir ningún cambio. El calor es un catalizador común. Le da energía a una reacción pero permanece como calor cuando la reacción ha terminado.

● Un inhibidor es algo que hace más lenta una reacción química.

Los metales

Son buenos conductores de electricidad y calor. Son resistentes, brillan cuando se pulen y pueden ser doblados o moldeados.

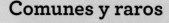

Comunes y raros

Tres cuartas partes de todos los elementos son metales, pero muchos son muy raros. Gran parte se obtienen de un tipo de roca llamada mineral, que se extrae del suelo.

El cobre se obtiene al calentar minerales junto con carbono

 ¡Sabelotodo!

● El hierro es el metal más común de la Tierra, porque el núcleo del planeta está hecho de él.

● El metal más abundante en la corteza terrestre es el aluminio.

● El francio, un metal alcalino, es tan raro que los científicos dicen que solo existen 20-30 gramos en la Tierra.

● El mercurio es el único metal que es líquido a temperatura ambiente.

Elementos valiosos

Tal vez nunca hayas oído hablar del neodimio, el tantalio, el europio o el paladio, pero es probable que tengas estos metales raros en tu hogar o en tu bolsillo. Junto con el oro, la plata y el platino se emplean en computadores y teléfonos celulares.

Metales alcalinos

Algunos de los metales alcalinos como el litio, sodio, potasio, rubidio y cesio, son tan reactivos que con solo añadirles agua pueden producir una explosión, y por eso deben ser almacenados en aceite.

Los metales alcalinos como el litio, sodio, potasio, magnesio, calcio, estroncio y bario se usan para fabricar fuegos artificiales

¡Superfoto!

⭐ ALEACIONES

Una aleación es la mezcla de un metal y al menos otro elemento. Las aleaciones hacen que el metal sea más resistente o atractivo. Por ejemplo, el acero es más fuerte que su elemento principal, el hierro, y por eso se usa para construir puentes.

Los plásticos

Existen miles de plásticos diferentes, desde bolsas de compras hasta el Kevlar que se usa en chalecos antibalas. Estos materiales tienen en común que están hechos de polímeros, largas cadenas de moléculas.

¿Qué es el plástico?

Es un material que puede moldearse. Muchos se elaboran a partir del petróleo, que se refina para obtener productos llamados hidrocarburos, que se mezclan con otros elementos. Estos se unen con los átomos de carbono para formar pequeñas unidades de plástico, los monómeros. Otras reacciones químicas unen los monómeros para formar cadenas largas y flexibles que contienen cientos de miles de átomos. Estas cadenas son los polímeros, palabra que significa "muchas partes".

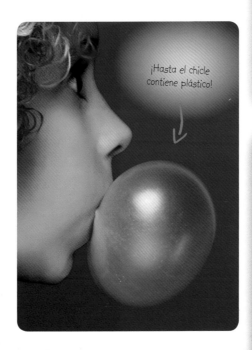

¡Hasta el chicle contiene plástico!

¡Sabelotodo!

● Una botella de plástico puede tardar 450 años en degradarse (descomponerse) en el suelo.

● Reciclar plástico ahorra el doble de la energía que se gasta al quemarlo.

● Casi todo el plástico que se ha fabricado aún existe.

El popular polietileno

Es el plástico más común del mundo. Se usa para fabricar juguetes, bolsas, botellas y hasta prótesis para reemplazar rodillas. Siendo un material tan versátil tiene una estructura muy simple. Es una cadena larga de átomos de carbono, con dos átomos de hidrógeno unidos a cada uno de ellos. El polietileno puede tardar cientos de años en degradarse, pero puede derretirse para reutilizarlo.

Molécula de polietileno

Con 25 botellas plásticas recicladas se puede hacer una chaqueta de forro polar

25 x

Fibras artificiales

Estamos rodeados de polímeros y quizá los lleves puestos. La primera fibra artificial fue el nailon, que salió al mercado en 1939 y aún se usa. Una fibra más moderna es el forro polar, que suele fabricarse con botellas de plástico recicladas. Las botellas se derriten y se hace pasar a través de pequeños agujeros para producir hilos que se usan para elaborar la tela.

El espectro electromagnético

Puede que no te suene familiar, pero usas partes de este cada vez que ves televisión, preparas palomitas en el microondas, cuando miras un arcoíris o te toman una placa de rayos X.

En onda

Los fotones son partículas de energía, muy pequeñas para ser vistas, que componen la luz y otros tipos de radiación electromagnética. Los fotones se comportan como partículas, y también como ondas que varían de tamaño, desde las ondas de radio del tamaño de un edificio, hasta los rayos gamma más pequeños que un átomo. Estos diferentes tipos de ondas forman el espectro electromagnético.

La luz visible

El sol emite luz de todas las longitudes de onda del espectro electromagnético, pero solo podemos ver una pequeña parte de ella, llamada luz visible. Las diferentes longitudes de onda producen diferentes colores que coinciden con los del arcoíris. El violeta tiene la menor longitud de onda y el rojo la mayor.

Cada color del arcoíris corresponde a diferentes longitudes de onda de la luz visible

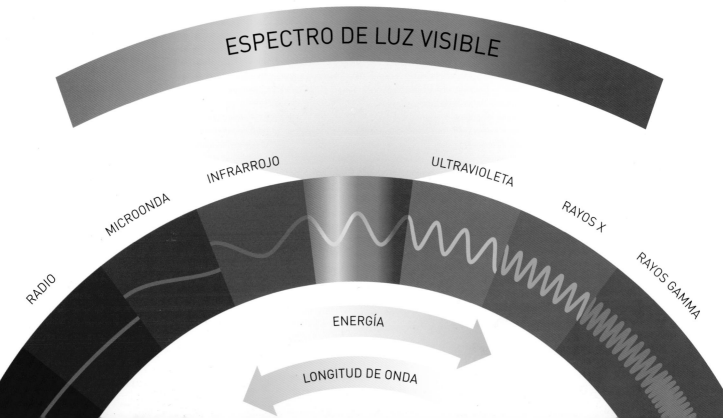

ESPECTRO DE LUZ VISIBLE

RADIO

MICROONDA

INFRARROJO

ULTRAVIOLETA

RAYOS X

RAYOS GAMMA

ENERGÍA

LONGITUD DE ONDA

Ondas de radio

Son las más largas en el espectro. Se usan para transmitir señales de televisión y radio, para estudiar planetas, nebulosas y galaxias distantes. Los radiotelescopios tienen grandes antenas que captan ondas de radio emitidas por objetos en el espacio. Nos han permitido descubrir muchos de ellos.

Los teléfonos celulares se comunican con los transmisores cercanos usando señales de microondas

Algunos telescopios usan varias antenas pequeñas en fila, en lugar de una sola antena grande

Luz ultravioleta

Es invisible para nosotros, pero algunos insectos sí pueden verla. Bajo la luz ultravioleta muchas flores revelan patrones que atraen insectos polinizadores a su centro. Los investigadores forenses usan luz ultravioleta en las escenas de crímenes para detectar fluidos corporales. Los documentos importantes suelen incluir imágenes que solo pueden verse bajo la luz ultravioleta.

Las abejas pueden ver patrones en las flores con la luz ultravioleta, que nosotros no vemos

Microondas

Los sistemas de radar detectan aviones, satélites, tormentas y otros objetos al rebotar microondas sobre ellos y medir cuánto tardan en regresar. Las microondas también se usan para transmitir la señal de los teléfonos celulares y comunicarse con satélites. Las moléculas de agua absorben ciertas longitudes de onda de las microondas y es así como los hornos de microondas funcionan.

Este niño se tragó una moneda, el metal bloquea los rayos X, y por eso se ve como una mancha blanca en la radiografía

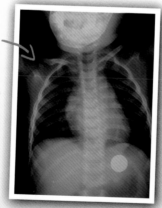

Rayos X

Muchos objetos en el espacio emiten rayos X, incluidos los agujeros negros, las estrellas de neutrones y el Sol. En la Tierra los rayos X se usan para ver dentro de nuestros cuerpos. Las máquinas emiten partículas invisibles que pasan a través de los objetos hacia una película especial. Nuestros pulmones se ven negros porque están llenos de aire, y la mayor parte de los rayos los atraviesan.

Ondas infrarrojas

Las más largas son del tamaño de la cabeza de un alfiler y las percibimos como calor. Las más pequeñas son microscópicas y no son calientes. Estas ondas infrarrojas diminutas se usan en los controles remotos de televisores y en los detectores que son parte de sistemas de alarmas. Cámaras que detectan la radiación infrarroja ayudan a encontrar personas en sitios oscuros o llenos de humo.

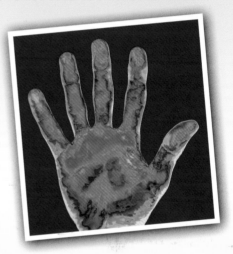

Rayos gamma

Tienen las menores longitudes de onda y la mayor cantidad de energía entre todas las ondas del espectro. Son producidos en el espacio por explosiones de supernovas, pulsares, cuásares y agujeros negros. En la Tierra son generados por los átomos radiactivos y las explosiones nucleares. Son peligrosos y pueden dañar los tejidos vivos, se emplean para destruir células cancerosas.

⚛ Aclaraciones sobre la luz

El Sol está a 149 millones de kilómetros de la Tierra y la luz viaja a 300 000 km/s, por tanto la luz que vemos en este momento fue emitida hace ocho minutos por el Sol.

 ¡Sabelotodo!

● Cuando la luz llega a la atmósfera de la Tierra, las longitudes de onda más cortas (violeta y azul) son absorbidas por las moléculas de gas y se dispersan por todo el cielo. Por esto el cielo se ve azul.

Reflexión

La luz es invisible hasta que rebota sobre algo; la luz del Sol no ilumina la oscuridad del espacio porque no tiene nada en qué reflejarse. Al mismo tiempo, los objetos son invisibles sin luz; existen en la oscuridad pero no podemos verlos. Cuando la luz es reflejada por superficies irregulares se dispersa en todas direcciones, pero rebota cuando toca una superficie lisa.

Puedes ver tu reflejo sobre el agua porque la superficie es lisa y plana, pero no sobre la arena porque la luz se dispersa

Los espejos reflejan las imágenes invertidas

En el espejo

Cuando un rayo de luz llega a un espejo, el ángulo que forma al tocar la superficie (ángulo de incidencia) siempre es igual al ángulo que forma al dejar la superficie (ángulo de reflexión), igual que una pelota de tenis que golpea una pared. Los espejos invierten las cosas de adelante hacia atrás. Tu reflejo es como tu gemelo, que ha cruzado el espejo y da la vuelta para mirarte.

Esta cuchara parece estar rota en la parte en que entra al agua porque la luz se refracta

Refracción

Cuando los rayos de luz viajan de un material a otro cambian de velocidad, de la misma forma en que caminamos más lento en medio del lodo. Los rayos se doblan donde los materiales entran en contacto con ellos. Esto se llama refracción.

 LUZ VIVIENTE

¡Superfoto!

Algunas criaturas producen luz propia mediante la bioluminiscencia, que se produce por reacciones químicas. Entre los animales luminiscentes están las luciérnagas, otros viven en el mar, como esta medusa.

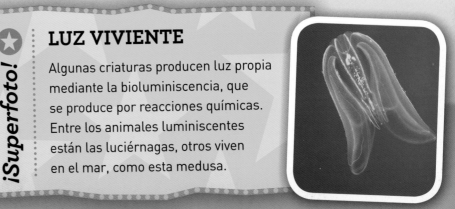

El color

El sol emite luz blanca, pero el blanco no está hecho de un solo color, como lo demostró Isaac Newton en 1666 cuando hizo pasar un rayo de luz a través de un prisma.

La luz blanca

Alguna vez se creyó que la luz era incolora, pero al desviar el camino de la luz mediante un prisma, Newton probó que no era así. Las diferentes longitudes de onda de la luz abandonan el prisma con diferentes ángulos y revelan sus colores. Las gotas de lluvia actúan como prismas naturales y desvían la luz del sol para formar el arcoíris.

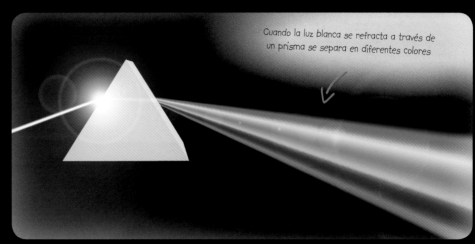

Cuando la luz blanca se refracta a través de un prisma se separa en diferentes colores

Color aditivo

Cuando se mezclan luces de colores, el resultado es más claro que los colores originales. El rojo, verde y azul (RGB, siglas en inglés) son los colores primarios de la luz: cuando se mezclan producen luz blanca. Los pixeles de las pantallas de TV usan este sistema. Cada pixel tiene tres fuentes de luz roja, verde y azul que se mezclan de manera aditiva para producir colores.

MEZCLA ADITIVA DE COLOR

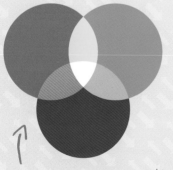

Cuando la luz roja y la verde se mezclan producen la amarilla. Cuando los tres colores RGB se mezclan forman el blanco

MEZCLA SUSTRACTIVA DE COLOR

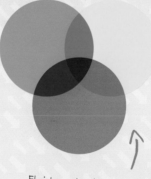

El sistema de color sustractivo CMY (cian, magenta y amarillo) se usa en la impresión. Se puede obtener cualquier color al mezclar estos tres

Color sustractivo

Los pigmentos y tintas de colores se mezclan según un sistema sustractivo: cuando los pigmentos se combinan, el resultado es más oscuro que los colores originales. El cian, magenta y amarillo son los colores primarios de este sistema. Juntos forman el negro.

Reflejar y absorber luz

Una manzana roja en realidad no es roja, pues no tiene un color (o energía lumínica). Se ve roja porque refleja luz roja hacia nuestros ojos. El color de un objeto depende de las longitudes de onda que refleja y que absorbe. Algo que se ve blanco refleja toda la luz y no absorbe nada, mientras que lo que se ve negro absorbe toda la luz y no refleja nada. Otros colores absorben todas las longitudes de onda excepto un color específico.

Una manzana roja absorbe todos los colores excepto el rojo y una manzana verde absorbe todos los colores menos el verde

El sonido

Igual que la luz, el sonido viaja a través del aire en ondas, pero no está hecho de partículas. El sonido hace vibrar las moléculas de aire y estas vibraciones son transmitidas a nuestros oídos.

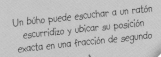
Un búho puede escuchar a un ratón escurridizo y ubicar su posición exacta en una fracción de segundo

Escuchamos el trueno después de ver el relámpago porque el sonido viaja más lento que la luz

El sonido se mueve

Como el sonido viaja mediante la vibración de las moléculas, no hay sonido en el vacío del espacio exterior. El sonido se desplaza bien a través del agua y el metal, y de hecho lo hace más rápido que en el aire. Los sistemas de telefonía fija convierten las ondas de sonido en señales eléctricas que pasan por cables de cobre. Ahora los reemplazan por cables de fibra óptica que convierten las ondas de sonido en pulsos de luz.

El tono del sonido

Las ondas de sonido creadas por diferentes objetos generan ondas de distintos tamaño. Las cosas que vibran muy rápido producen ondas pequeñas que tienen un sonido agudo. Las que vibran lento generan ondas largas, que se oyen como sonidos graves. Los humanos solo oímos sonidos dentro de un rango más limitado que el de muchos otros animales.

El efecto Doppler

A medida que un bote navega en un lago forma ondas por delante y por detrás. Mientras avanza, alcanza las ondas que están al frente y hace que estas se unan, mientras que las ondas de atrás se van dispersando. Esto se llama efecto Doppler, y también funciona con las ondas de sonido. Cuando se aproxima una fuente de sonido en movimiento, las ondas sonoras se unen, y el sonido es más agudo.

Explosiones

Cuando un avión rompe la barrera del sonido y vuela más rápido que la velocidad del sonido, las ondas sonoras se acumulan detrás del avión y producen un fuerte sonido explosivo, una explosión sónica. Este *F-18 Hornet* creó una nube de condensación, o cono de vapor, cuando rompió la barrera del sonido.

Cono de vapor

Las sirenas tienen un sonido más agudo cuando se acercan y más grave cuando se alejan debido al efecto Doppler

⚛ Acústica

El sonido se comporta como la luz en muchos sentidos. Puede ser reflejado, refractado y absorbido. El estudio del comportamiento del sonido se llama acústica.

Reflejos del sonido

Igual que la luz, el sonido rebota sobre otros objetos. Si te paras cerca de una montaña y gritas, escucharás el eco segundos después. Al medir el tiempo que pasa desde que gritas hasta que escuchas el eco, puedes averiguar la distancia que te separa de la montaña, con base en la velocidad del sonido. Este sistema, llamado ecolocación, lo usan murciélagos y delfines para ubicar presas. Los botes y submarinos usan algo similar, un sonar, para detectar objetos.

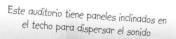

Las máquinas de ultrasonido muestran imágenes de bebés que aún no han nacido al recoger los ecos de las ondas sonoras de alta frecuencia

Este estudio de grabación está revestido de espuma diseñada para absorber el sonido

Absorción

Todo absorbe el sonido. El aire absorbe las frecuencias agudas con más facilidad que las graves, y cuando estás bajo una tormenta escuchas el trueno como un crujido agudo, pero si estás lejos suena como un estruendo profundo. El mejor material para absorber el sonido es uno que esté lleno de agujeros, porque las ondas sonoras pueden rebotar en este y perder su energía. La energía perdida por las ondas sonoras se transforma en calor.

Reverberación y difracción

Cuando los ingenieros de sonido diseñan auditorios, evitan usar materiales duros y lisos porque producen reverberaciones, o múltiples ecos que interfieren con el sonido. Las superficies irregulares dispersan el sonido para que llenen la sala. Las ondas sonoras evitan los obstáculos y se dispersan después de pasar a través de los espacios. Esto se llama difracción y gracias a ella puedes oír a través de una puerta ligeramente abierta.

Este auditorio tiene paneles inclinados en el techo para dispersar el sonido

💡 ¡Sabelotodo!

● Los elefantes se llaman unos a otros a largas distancias durante la noche, cuando hace más frío y el sonido puede viajar más lejos. Muchos de sus mensajes son barritos de muy baja frecuencia que pueden escucharse a más de 285 km² a la redonda. Este rango de baja frecuencia se llama infrasonido y está por fuera del rango normal de la audición humana.

La gravedad

Es la fuerza que hala un objeto hacia otro. La gravedad de la Tierra evita que flotemos hacia el espacio, pero también existe una atracción gravitacional entre cualquier cosa que tenga masa, incluso entre este libro y tú.

¡Sabelotodo!

● La masa es la medida de la cantidad de materia de un objeto.

● El peso es la gravedad que actúa sobre la masa.

● Si pesas 50 kg en la Tierra, tan solo pesarás 19 kg en Marte, porque su gravedad es menor, pero tu masa seguirá siendo la misma.

Pelotas que caen

Quizá pienses que si lanzas dos pelotas del mismo tamaño, una del doble de peso de la otra, la bola más pesada toca primero al suelo. ¡Pero no!, ambas llegan casi al mismo tiempo, pues la gravedad afecta a los objetos de la misma manera, aunque la resistencia del aire puede reducir la velocidad.

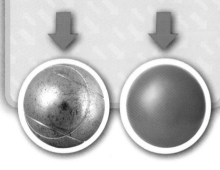

La gravedad a veces dificulta las cosas

La gravedad es buena

La gravedad hace que levantar cargas pesadas y subir escaleras sean trabajos exigentes, y nuestros cuerpos responden con la formación de músculos y huesos fuertes. Estos se desgastan cuando los efectos de la gravedad se reducen, y los astronautas a bordo de la ISS deben hacer ejercicio para mantener sus cuerpos en buen estado.

Mareas

La gravedad de la Tierra hace que la Luna se mantenga en órbita alrededor del planeta. La fuerza de atracción gravitacional de la Luna y del Sol, junto con la rotación de la Tierra, crea las mareas, que hacen que nuestros océanos suban y bajen. La Luna y el Sol también ejercen atracción sobre los ríos y lagos, y sobre la tierra misma.

Escape de la gravedad

Alcanzar la velocidad de escape es un gran desafío. Una nave espacial tiene que moverse a 40 235 km/h para liberarse de la gravedad terrestre y requiere de mucho combustible. Como la reserva de este es tan pesada, se necesita aún más combustible para que la nave despegue.

La gravedad de la Luna actúa con más fuerza sobre los océanos más cercanos a esta y causa la marea alta

⚛ El magnetismo

Cuando la gente de Magnesia, en la Grecia antigua, descubrió rocas que se adherían unas a otras, pensaron que tenían propiedades mágicas. Los científicos descubrieron que el origen de esta fuerza son los electrones que giran.

Imanes naturales

Las rocas que hallaron en la Grecia antigua eran piedras imán, trozos de un mineral, la magnetita, pero solo unas pocas son magnéticas. Se cree que pudieron adquirir esta propiedad gracias a los campos magnéticos producidos por los relámpagos.

Las piedras imán fueron usadas para hacer las primeras brújulas

La magnetita es un tipo común de óxido de hierro

La limadura de hierro muestra los campos electromagnéticos que son invisibles para el ojo humano

+

−

Atracción

Todos los imanes tienen un polo norte y un polo sur en extremos opuestos. Los polos norte y sur se atraen entre sí, pero los polos iguales se repelen. Los imanes están hechos de hierro, níquel, cobalto o la combinación de estos metales.

Cómo se hacen

Cuando los electrones giran alrededor del núcleo del átomo, crean diminutos campos magnéticos. Por lo general, trabajan en parejas, y si uno gira hacia arriba el otro gira hacia abajo, y se anulan entre sí. En un átomo de hierro hay cuatro electrones no apareados que pueden girar en cualquier dirección. Si se frota un imán sobre una pieza de hierro, estos electrones no apareados comienzan a girar en la dirección hacia la cual son atraídos por el imán, y la pieza de hierro también se convierte en un imán.

¡Superfoto! ⭐

MAGNETOSFERA

El núcleo de hierro de la Tierra actúa como un imán. Su campo de fuerza (la magnetosfera) nos protege del viento solar, una corriente de plasma del Sol, y se dirige hacia los polos. Aquí lo percibimos como un espectáculo increíble: las auroras boreales y australes.

La electricidad

Es una de las fuerzas básicas de la naturaleza. Todo átomo contiene protones con carga positiva y electrones con carga negativa. Como si fueran imanes, las partículas positivas y negativas se atraen entre sí. Las que tienen la misma carga se repelen, se alejan unas de otras.

Electricidad estática

Los electrones se pueden mover de un lugar a otro tan solo al frotar entre sí dos materiales. La fricción de tus zapatos sobre la alfombra te generará una descarga cuando toques una perilla metálica, por ejemplo. Un generador de Van de Graaff produce electricidad estática al frotar una correa de caucho contra una varilla fija al suelo. Los electrones se acumulan en un domo de metal y son transferidos cuando lo tocas, y se te ponen los pelos de punta.

Cada pelo se carga y repele a los demás

Corriente

Algunos de los electrones exteriores de un átomo pueden escapar y pasar a otro átomo. Un átomo que pierde electrones tiene carga positiva, y uno que gana electrones tiene carga negativa. Si hay una carga negativa en un extremo de un alambre y una positiva en el otro, los electrones negativos fluirán hacia el extremo positivo del alambre, creando una corriente eléctrica.

La electricidad necesita que se complete un circuito para poder circular, y por eso las aves sobre las líneas eléctricas están seguras

💡 *Hechos y cifras*

● La electricidad viaja a unos 300 000 km por segundo. Si pudieras moverte igual de rápido, podrías darle la vuelta al mundo siete veces en el tiempo que tardas en encender la luz.

● Se estima que la cantidad total de energía de una tormenta eléctrica grande es suficiente para darle energía a todo Estados Unidos por 20 minutos.

Conductores y aislantes

La mayoría de los metales son muy buenos conductores de electricidad. Los electrones pueden escapar con facilidad de sus átomos y quedar libres. Otros materiales son buenos aislantes, sus electrones están muy asegurados en sus átomos y les es difícil moverse a otros. El plástico, madera, vidrio y caucho son buenos aislantes.

El plástico es un aislante que nos protege de descargas eléctricas

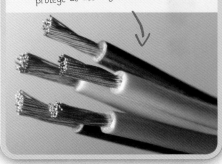

Energía térmica

El calor es energía generada por moléculas en movimiento. Cuanto más rápido se muevan más se calentará la sustancia. Incluso los objetos muy fríos tienen algo de energía térmica porque sus átomos se mueven.

La energía térmica del aire derrite un helado en un día caluroso

Conducción

Si pones el extremo de una cuchara metálica en agua hirviendo, el otro extremo pronto se calentará. A medida que el agua se calienta, las moléculas de metal vibran más rápido y les transfieren parte de su energía a las moléculas que las rodean. Algunos materiales conducen el calor mejor que otros, como los metales; a diferencia del plástico y la madera.

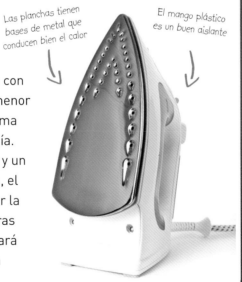

Las planchas tienen bases de metal que conducen bien el calor

El mango plástico es un buen aislante

Cómo se mueve

El calor se mueve desde las áreas con mayor temperatura hacia las de menor temperatura; si todo está a la misma temperatura no hay flujo de energía. Si pones una taza de café caliente y un vaso de leche fría sobre una mesa, el café perderá su calor hasta igualar la temperatura del ambiente, mientras que el aire de la habitación calentará la leche hasta llevarla a su misma temperatura.

Radiación

La radiación infrarroja es parte del espectro electromagnético y por eso tiene que ver con ondas. A diferencia de la conducción y la convección, que necesitan de partículas que se mueven con el calor, la radiación puede moverse en el vacío del espacio. Por esto podemos sentir el calor del sol que está a más de 149 millones de kilómetros de distancia. Todos los objetos emiten y absorben radiación infrarroja. Cuanto más caliente es un objeto, más radiación infrarroja emite.

💡 ¡Sabelotodo!

● La escala de Kelvin mide temperaturas muy frías y calientes. Comienza en 0 K, la temperatura más baja posible, en la que las partículas dejan de moverse por completo, equivalente a -273.15 °C. El agua se congela a 273.16 K (0 °C) y hierve a 373.16 K (100 °C).

La convección

Es la transferencia de calor por medio del movimiento de un gas o un líquido. Cuando un gas o un líquido fríos se calientan, se expanden y se hacen menos densos y ascienden a áreas más frías. El gas o el líquido fríos son más densos y pesados, y por eso bajan a las áreas más cálidas. Esto crea una corriente circular que transfiere el calor de un lugar a otro. Los radiadores usan la convección para calentar una habitación.

Esta cacerola se calienta por conducción, y el líquido que contiene, por convección

Energía nuclear

Es la que hace parte de las reacciones nucleares. Puede ser liberada de dos maneras: por fusión o fisión nuclear.

La fisión nuclear se usa en las plantas nucleares para producir electricidad y en las armas nucleares. Solo se han usado dos bombas nucleares; ambas fueron arrojadas sobre Japón durante la Segunda Guerra Mundial, pero aún se realizan pruebas en áreas desérticas. En esta imagen se ve la nube con forma de hongo de una explosión nuclear.

El Sol y otras estrellas generan energía por fusión nuclear

 ¡Sabelotodo!

● En la fusión nuclear, la energía se libera cuando los átomos chocan a alta velocidad y forman un átomo más grande. La presión en el núcleo del Sol es tan alta que los átomos de hidrógeno se comprimen unos contra otros y se unen para formar helio-3.

● En la fisión nuclear, los átomos de uranio-235 o plutonio-239 son bombardeados con neutrones que dividen en dos sus núcleos. Esto libera energía y más neutrones, lo que crea una reacción en cadena.

● Ciertos átomos, incluidos los de uranio y plutonio, tienen tantos protones y neutrones que la fuerza nuclear apenas logra mantenerlos unidos. Por esto son inestables o radiactivos.

● Los átomos radiactivos a veces se hacen más estables al liberar partículas, llamadas alfa y beta. Junto con estas partículas se suelen liberar rayos gamma.

● Las partículas alfa son dañinas solo si son ingeridas o respiradas, pero las partículas beta y los rayos gamma dañan las células del cuerpo y ocasionan envenenamiento por radiación. El envenenamiento por radiación puede producirse por la lluvia radiactiva después de la explosión de una bomba atómica.

El movimiento

Todo en el universo está en movimiento. Para mover un objeto o hacer que su movimiento cambie, deben actuar fuerzas sobre este. Puede ser la gravedad que mantiene la Tierra en órbita alrededor del Sol, o la fuerza electromagnética que mantiene los electrones en sus órbitas dentro de un átomo.

La bola roja no se moverá hasta que sea golpeada por la bola blanca

La chica más pesada necesitará un empujón más fuerte para mecerse tan alto como su amiga

El gas caliente del cohete personal de este hombre se mueve hacia abajo con gran fuerza. Como resultado, es empujado hacia arriba con la misma fuerza

Primera ley del movimiento de Newton

En 1687 sir Isaac Newton publicó sus tres leyes del movimiento. La primera dice que un objeto que se mueve en línea recta seguirá a la misma velocidad hasta que algo lo detenga, y que un objeto que no se mueve permanecerá así hasta que alguien o algo lo muevan. Es la ley de la inercia.

Segunda ley del movimiento de Newton

Dice que las fuerzas hacen que los objetos aceleren (aumenten su velocidad). Si se aplica la misma cantidad de fuerza a dos objetos con diferentes masas, el objeto con la menor masa acelerará más que el otro.

Tercera ley del movimiento de Newton

Dice que por cada acción hay una reacción igual y opuesta. Cuando un cañón dispara una bala, hay una fuerza de retroceso sobre el cañón igual a la fuerza que impulsa la bala hacia delante. El cañón y la bala se mueven, pero como el cañón tiene una masa mucho mayor, se mueve mucho menos que la bala.

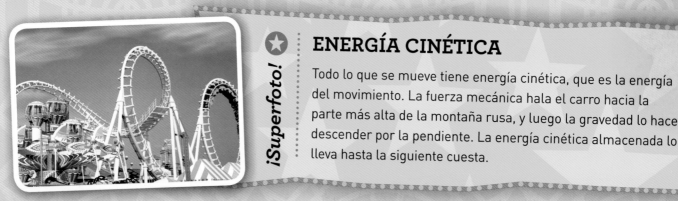

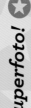

¡Superfoto!

⭐ ENERGÍA CINÉTICA

Todo lo que se mueve tiene energía cinética, que es la energía del movimiento. La fuerza mecánica hala el carro hacia la parte más alta de la montaña rusa, y luego la gravedad lo hace descender por la pendiente. La energía cinética almacenada lo lleva hasta la siguiente cuesta.

Fricción y aerodinámica

El aire es una sustancia física que tiene peso y fuerza. Tiene la capacidad de ejercer presión sobre todo lo que pasa a través de él.

Cantidad

Según la primera ley de Newton, un objeto que se mueve solo puede detenerse por una fuerza. Se necesita más fuerza para detener un objeto a alta velocidad o con mucha masa. Ese objeto tiene una gran cantidad de movimiento. La cantidad de movimiento es igual a la masa del objeto por su velocidad.

Un tren es pesado y rápido, por eso tarda en detenerse

Carga y arrastre

Los autos de Fórmula 1 funcionan de manera opuesta a los aviones. Necesitan generar carga aerodinámica, que empuja los neumáticos sobre la pista para poder girar rápido en las curvas. Se trata de reducir la resistencia aerodinámica, o resistencia del aire, al fabricar las partes (desde la carrocería hasta el casco del piloto) lo más aerodinámicas posible.

Este péndulo de Newton recibe su nombre por sir Isaac Newton, aunque él no lo inventó

Fricción

En la Tierra la fricción con el suelo o con el aire hace que todo se detenga en algún momento a menos que se use un medio de propulsión, como un motor. El péndulo de Newton demuestra tanto la cantidad de movimiento como la fricción. Cuando una bola golpea a las otras les transfiere su energía. Actúan como un resorte y la bola en el otro extremo se mece hacia fuera. El ciclo continúa hasta que la fricción del aire y de las pelotas, agotan la energía del péndulo.

La aerodinámica

Es el estudio del movimiento del aire alrededor de los objetos. Las alas de los aviones están diseñadas para que el aire se mueva más rápido en la parte superior. Esto reduce la presión para que sea menor que en la parte inferior. La diferencia de presión eleva el avión. El fuselaje del avión es estrecho y la parte frontal termina en punta para que el aire fluya.

Después de despegar, un avión retrae su tren de aterrizaje para reducir la resistencia aerodinámica

Los diseñadores de autos de Fórmula 1 dedican cientos de horas para hacerlos tan aerodinámicos como sea posible

⚛ Máquinas simples

Estas no reducen la cantidad de trabajo que se debe hacer, pero sí el esfuerzo necesario para realizarlo. Se basan en principios descubiertos hace miles de años. Entre ellas están la rueda y el eje, que hacen más fácil mover una carga, pues solo una pequeña área de la rueda entra en contacto con el suelo, reduciendo la fricción.

Palancas

Las palancas transfieren fuerza de un lugar a otro mediante un pivote o fulcro. Las palancas se dividen en tres clases según la posición del fulcro.

Tornillo

Esta prensa para fruta tiene un mecanismo de tornillo que exprime el jugo de la fruta

Rampas y tornillos

Un rampa hace más fácil mover objetos. Empujar una carga hacia arriba por una escalera empinada es muy difícil. Empujarla por una rampa larga y no muy inclinada toma más tiempo, pero requiere de menos esfuerzo. Un tornillo realmente funciona como una rampa, pero la rampa se encuentra en la rosca que está alrededor del tornillo. Un tornillo con una rosca ancha es difícil de girar, pero solo hacen falta unos pocos giros para enroscarlo por completo.

La tijera es una palanca de primer género. La resistencia (la tarjeta que va a ser cortada) y la potencia (fuerza) están en extremos opuestos y el fulcro se encuentra en medio de estos. Cuanto más cerca se encuentre el fulcro de la resistencia, menor será el esfuerzo necesario

El cascanueces es una palanca de segundo género. El fulcro y la potencia están en extremos opuestos y la resistencia (la nuez) está en el medio

Poleas

Una polea es una rueda con una cuerda que corre sobre ella (dentro de un surco). Se usa para levantar una carga. Si tienes 100 kg suspendidos de una cuerda que corre sobre una polea, debes ejercer una fuerza de 100 kg para levantarlos. Si usas dos poleas conectadas solo necesitarás una fuerza de 50 kg, pero deberás halar dos metros de cuerda para levantarlos un metro.

Esta grúa usa varias poleas para levantar su carga

Las pinzas son palancas de tercer grado. El fulcro y la resistencia están en extremos opuestos y la potencia se encuentra en medio

⊗ La densidad

Es la medida de lo "apretadas" que se encuentran las moléculas en un objeto. Si tienes una caja llena de harina y otra llena de cereal inflado, la caja de harina será más pesada y más densa porque contiene menos aire.

Las anclas están hechas de metal denso para que se hundan

El principio de Arquímedes

Si tratas de empujar una pelota de playa en el agua, el agua la empujará hacia afuera, pero si intentas esto con una bala de cañón, se hundirá. Hace más de 2200 años un científico griego, Arquímedes, descubrió que un objeto se hunde en el agua hasta alcanzar el punto en el que el peso del agua desplazada sea igual a su propio peso. Los objetos más densos que el agua no pueden desplazar suficiente líquido para equilibrar su peso y por eso se hunden hasta el fondo.

💡 ¡Sabelotodo!

● Cuando la gente quiere describir algo muy denso suelen decir que es como plomo, pero hay dos metales muy raros, el osmio y el iridio que son dos veces más densos que el plomo.

● En 2011 los científicos crearon una sustancia muy caliente, el plasma de quark gluones, en el Gran Colisionador de Hadrones. Era más denso que una estrella de neutrones. Un centímetro cúbico de esta sustancia pesaría 40 000 millones de toneladas.

¿Flotar o hundirse?

Tal vez creas que algo demasiado pesado se hunde automáticamente y que algo liviano siempre flota, pero un enorme tronco de árbol flota en un río y un pequeño guijarro se hunde hasta el fondo. Esto se debe a que el guijarro es más denso que la madera. Para averiguar si un objeto va a flotar o a hundirse, debes comparar su peso con el peso de un volumen idéntico de agua.

¡Superfoto!

⭐ VOLADORES

Cuando las velas calientan el aire dentro de los faroles voladores, las partículas se alejan unas de otras, y por eso el aire dentro del farol se vuelve menos denso que el aire en el exterior. Esto hace que los faroles se eleven.

Estos troncos son muy pesados, pero aun así flotan

¡Sigue los hechos!

Grandes científicos

A lo largo de la historia, los científicos han contribuido a nuestro conocimiento en las áreas de astronomía, física, matemáticas y química. Desde el telescopio hasta la química cuántica, cada descubrimiento ha cambiado la manera en la que vivimos.

384-322 a. C.

ARISTÓTELES

Filósofo griego que desarrolló muchas ideas científicas novedosas e influyentes.

287-212 a. C.

ARQUÍMEDES

Matemático, físico e ingeniero griego que produjo máquinas muy novedosas para su época.

1473-1543

NICOLÁS COPÉRNICO

Astrónomo y matemático polaco que ayudó a demostrar que la Tierra gira alrededor del Sol.

1847-1931

THOMAS EDISON

Inventor estadounidense, entre sus inventos están la bombilla eléctrica y el fonógrafo (reproducía una canción grabada).

1858-1947

MAX PLANCK

Físico teórico alemán que creó la teoría cuántica, por la cual ganó el premio Nobel en 1918.

1564-1642

GALILEO GALILEI

Físico, matemático, astrónomo, filósofo e inventor italiano que mejoró el telescopio e hizo muchos descubrimientos astronómicos.

1643-1727

SIR ISAAC NEWTON

Se dice que desarrolló su teoría de la gravitación después de que una manzana le cayó en la cabeza. Conocido por sus tres leyes del movimiento.

1706-1790

BENJAMIN FRANKLIN

Científico e inventor importante que realizó muchos descubrimientos relacionados con la electricidad.

1879-1955

ALBERT EINSTEIN

Físico nacido en Alemania, desarrolló la teoría de la relatividad, mejor conocida por su fórmula:
$$E = mc^2.$$

1942-

STEPHEN HAWKING

Físico británico, autor de *Breve historia del tiempo* y famoso por su trabajo sobre los agujeros negros.

💡 ¡Sabelotodo!

● El Premio Nobel es el reconocimiento científico más importante. Recibe su nombre de Alfred Nobel, científico sueco, inventor de la dinamita.

● William Lawrence Bragg es la persona más joven que lo ha recibido. Ganó el Premio Nobel de Física en 1915, a los 25 años.

● En 1903 Marie Curie fue la primera mujer en ganar el premio y es la única que lo ha ganado más de una vez.

Glosario

Agujero negro: enorme objeto en el espacio que tiene suficiente gravedad como para arrastrar todo dentro de él, incluso la luz.

Átomo: unidad más pequeña de un elemento.

Aurora boreal y austral: fenómeno eléctrico natural en el que franjas ondeantes de luz de color rojo y verde aparecen en el cielo, cerca de los polos magnéticos norte (boreal) o sur (austral) de la Tierra.

Cantidad de movimiento: movimiento de un objeto calculado al multiplicar su masa por su velocidad.

Circuito: sistema que permite el flujo de una corriente eléctrica a través de él.

Compuesto: sustancia que se forma cuando dos o más elementos se combinan.

Conductor: material a través del cual puede fluir calor o electricidad.

Corriente eléctrica: flujo de partículas cargadas eléctricamente, se mide en amperios.

Electrón: partícula con carga negativa que se encuentra en todos los átomos.

Elemento: sustancia pura que no puede separarse en otros componentes.

Energía: existe en diferentes formas, como la energía térmica, cinética, mecánica, lumínica, eléctrica y potencial. La energía no se pierde, pero se puede transformar. Por ejemplo, la energía cinética de dos objetos que chocan entre sí puede transformarse en sonido y energía térmica.

Energía potencial: energía almacenada en un objeto según su posición en el espacio. Por ejemplo, una pelota tiene energía potencial antes de dejarla caer.

Envenenamiento por radiación: daño ocasionado a las células del cuerpo por la exposición a niveles muy altos de radiación nuclear.

Escala de pH: escala que mide la acidez o basicidad de una sustancia.

Fisión nuclear: separación de un núcleo pesado de un átomo para formar dos núcleos más livianos, proceso en el cual se libera energía.

Fricción: resistencia que encuentra una superficie cuando se mueve sobre otra.

Fuerza: lo que cambia el movimiento de un objeto o produce movimiento o tensión.

Fulcro: punto de apoyo sobre el que descansa y se mueve una palanca.

Fusión: unir dos cosas para formar una unidad.

Hidrocarburo: sustancia hecha de átomos de hidrógeno y carbono. El petróleo es la principal fuente de hidrocarburos.

Ion: átomo o grupo de átomos con carga eléctrica.

Longitud de onda: distancia entre la cresta de una onda y la siguiente.

Masa: cantidad de materia en una cosa.

Masa atómica: masa total de protones, neutrones y electrones de un átomo.

Materia: cualquier cosa que tiene masa y que ocupa un espacio.

Molécula: grupo de dos o más átomos unidos.

Nanómetro: una mil millonésima parte de un metro.

Neutrón: partícula neutra que se encuentra en el núcleo de un átomo.

Nuclear: referido al núcleo del átomo.

Núcleo: centro de un átomo, compuesto de protones y neutrones.

Número atómico: cantidad de protones en un átomo.

Partícula: pieza diminuta de materia.

Partículas subatómicas: protones, neutrones y electrones.

Polo: extremo positivo o negativo de un imán, una célula eléctrica o una batería.

Protón: partícula con carga positiva en el núcleo de un átomo.

Radiactividad: proceso que ocurre cuando el núcleo de un átomo tiende a separarse y es inestable. Cuando las partículas se separan se emite radiación peligrosa.

Resistencia: efecto de desaceleración que un material causa sobre otro.

Resistencia aerodinámica: efecto que ejerce el aire o un líquido y que reduce la velocidad de algo.

Semiconductor: sustancia que a veces conduce la electricidad y otras veces la bloquea.

Teoría cuántica: teoría basada en la idea de que la energía radiante (como la luz) está compuesta de pequeños paquetes individuales de energía. La rama de la física que estudia las partículas atómicas y subatómicas se conoce como mecánica cuántica.

Vacío: espacio sin aire o materia.

Viento solar: corriente de electrones y protones que se libera en la parte alta de la atmósfera del Sol.

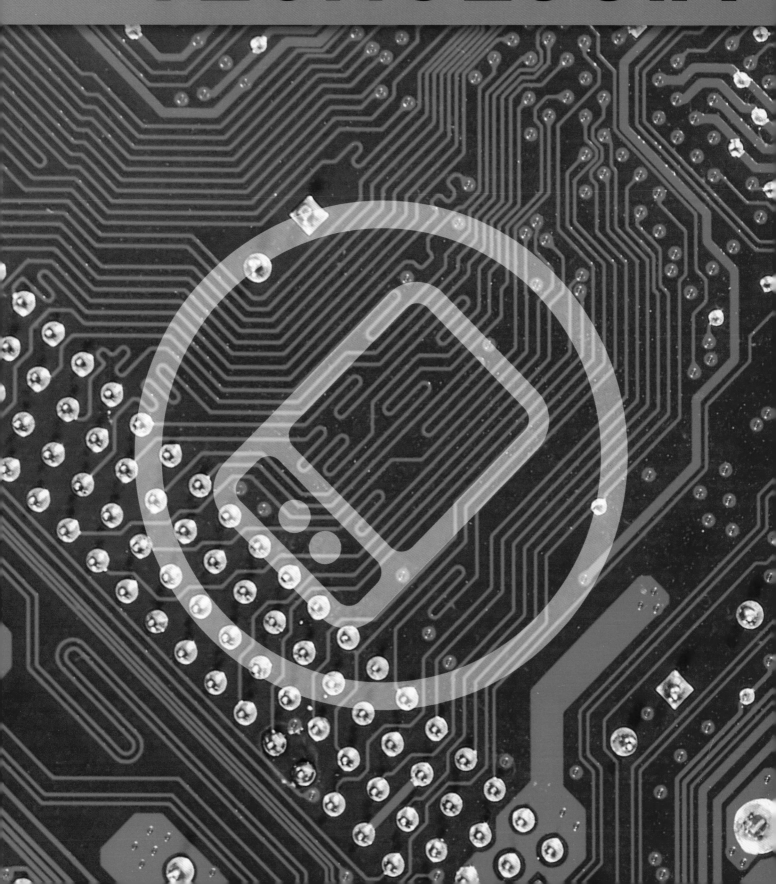

¡Datos brillantes!

 # Conexiones

Internet nació a comienzos de la década de 1960 como una red para el uso del gobierno estadounidense, universidades y laboratorios de investigación. Quedó a disposición del público en la década de 1990.

¿Cómo funciona Internet?

Si envías un mensaje o un archivo por correo electrónico a una amiga, se dividirá en paquetes de datos. Cuando llegan al computador de tu amiga vuelven a unirse como un rompecabezas. Para los archivos pequeños, el viaje solo toma unos segundos.

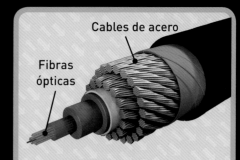

Cables de acero

Fibras ópticas

Una red subacuática

Los cables de fibra óptica submarinos recorren el planeta, y unen tu computador con otros en todos los continentes. Si alguno se daña (por ejemplo, si es golpeado por el ancla de un barco), el tráfico de Internet se redirige por una ruta diferente.

Cada paquete lleva la dirección IP (iniciales en inglés de Protocolo de Internet)

Los enrutadores dirigen los paquetes por una de las miles de rutas existentes

IP: 221.77 50.155

A veces los paquetes toman la misma ruta, en otras ocasiones cada uno toma una ruta diferente.

La revolución digital

Hace 20 años casi nadie había oído hablar de Internet, hoy en día ha cambiado por completo nuestras vidas.

⬆ Redes sociales

Cerca de un tercio de la población mundial usa Internet, es decir, casi 2270 millones de personas. Cada día se envían 267 400 millones de mensajes de correo electrónico y se hacen 2850 millones de búsquedas en Google. Facebook tiene 845 millones de usuarios activos, que suben 250 millones de fotos al día, mientras que 465 millones de personas usan Twitter y envían unos 175 millones de trinos diarios.

⬇ En contacto

Podemos hacer videollamadas a amigos y familiares de forma gratuita desde cualquier parte del mundo con un computador con cámara web.

⬆ A todas partes

Teléfonos inteligentes muy veloces ofrecen un buen servicio de Internet cuentan con con muchas funciones: desde afinar una guitarra hasta escanear códigos QR (un tipo de código de barras) que de inmediato se conectan con un sitio web.

⬆ En la nube

Cuando entras a Facebook, usas la computación en la nube. En Facebook hay 60 000 millones de fotos que se conservan en la nube. La nube, en realidad, es un gran número de computadores localizados en todo el mundo.

💡 ¡Sabelotodo!

● La World Wide Web, o red informática mundial, no es lo mismo que Internet. Internet es una enorme red que une computadores en todo el planeta. La red informática es un conjunto de páginas vinculadas a las que se puede acceder por medio de Internet.

● El físico inglés sir Tim Berners-Lee inventó la red en 1989, con ayuda del belga Robert Cailliau, ingeniero de sistemas.

● La dirección de un sitio web se conoce como URL (Uniform Resource Locater).

Los computadores hoy

Los primeros computadores salieron a la venta a comienzos de la década de 1950 y costaban más de un millón de dólares, nueve millones de dólares en la actualidad. En lugar de transistores microscópicos, usaban válvulas del tamaño de bombillas, y ocupaban una habitación completa.

Las pantallas con tecnología de diodo orgánico de emisión de luz (OLED por sus iniciales en inglés) son ultradelgadas

El panel táctil detecta la posición del dedo

Unidad procesadora central

El disco duro almacena datos en uno o más discos giratorios de aluminio o vidrio cubiertos de un material de grabación magnética

Los portátiles funcionan con baterías recargables que pueden durar hasta ocho horas

La unidad de disco óptico usa rayos láser para leer discos en formato CD, DVD o Blu-ray

Tarjeta madre

Teclado

Un ratón óptico usa una luz LED para detectar el movimiento sobre una superficie

A todas partes

Los portátiles y las tabletas son miles de veces más poderosos que los primeros computadores. El cerebro de un computador moderno se llama unidad procesadora central (CPU por sus iniciales en inglés). La CPU y la memoria del computador hacen parte de la tarjeta madre, que es la tarjeta de circuito impreso principal.

Chips de silicio

Los computadores contienen diferentes tipos de chips (o pequeños circuitos). Algunos se usan para hacer cálculos grandes, otros contienen memoria. Cada chip contiene millones de transistores (interruptores electrónicos) y componentes que se imprimen sobre una placa de silicio.

Hechos y cifras

BITS Y BYTES

1 bit es la unidad de información más pequeña que usa un computador.

1 byte es un grupo de 8 bits

1 kilobyte son 1024 bytes

1 megabyte son 1024 kilobytes

1 gigabyte son 1024 megabytes

1 terabyte son 1024 gigabyte

1 pentabyte son 1024 terabytes

1 exabyte son 1024 pentabytes

1 zettabyte son 1024 exabytes

Computadores del futuro

Algunos científicos creen que la era de la computación apenas comienza y que en los años por venir nos reiremos del tamaño de los portátiles y las tabletas actuales.

La ley de Moore

Recibe su nombre de Gordon Moore. Predijo que el número de transistores que podrían colocarse en un chip de silicio, por el mismo costo, se duplicaría cada 18-24 meses. Esto ha sido cierto. Los transistores de hoy son tan pequeños que se necesitarían más de 2000 apilados unos sobre otros para igualar el grosor de un pelo humano.

Toda la información contenida en este centro de datos algún día podría almacenarla un diminuto microchip

El salto cuántico

Con la nanotecnología (ver p. 304) algún día se podrían crear poderosos computadores del tamaño de una tarjeta de crédito, controlados por programas de reconocimiento de voz. En el futuro los computadores estarían en todas partes, pintados en las paredes o en nuestra ropa.

💡 *¡Sabelotodo!*

● Para mediados de este siglo, una tarjeta de memoria micro SD podría tener la misma capacidad de almacenamiento que la que tiene todo Internet hoy en día.

Juego mental

Los científicos predicen que computadores en diademas podrían enviar datos de forma directa a nuestro cerebro. En un videojuego, además de ver y oír lo que sucede, podrías saborear, oler y sentir todo.

Al acomodar más transistores dentro de un chip, los computadores se vuelven más rápidos y pequeños

Inteligencia artificial

Cuando alguien puede hacer cálculos complicados en segundos o derrotar a maestros del ajedrez, pensamos que es muy inteligente. Los computadores pueden hacer ambas cosas, pero no tienen el sentido común de un niño pequeño.

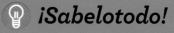 ¡Sabelotodo!

● El test de Turing mide la inteligencia de un computador al preguntarle a alguien si puede adivinar si está conversando con otro ser humano o con un computador. El computador aprueba el test si engaña al humano más del 30 % del tiempo. Ninguno lo ha hecho.

¿Inteligentes o tontos?

Los computadores han derrotado a grandes maestros de ajedrez y han ganado concursos de preguntas y respuestas, pero hay algunas cosas que son sencillas para nosotros y que los computadores no saben hacer. No pueden crear nuevas ideas complejas, entender lo que ocurre en una caricatura o conversar como un humano.

Los computadores ahora pueden vencer a los jugadores de ajedrez más hábiles

Las redes neuronales artificiales pueden alertar sobre la cercanía de una tormenta al identificar patrones a partir de datos complejos

La inteligencia artificial ayudará a las sondas robóticas a explorar otros planetas

Redes neuronales

Los científicos quieren hacer computadores más parecidos al cerebro humano, para que puedan aprender, reconocer patrones y tomar decisiones. Este sistema se llama red neuronal artificial. Puede usarse, por ejemplo, para predecir el clima y operar el piloto automático de un avión.

Exploración espacial

Pronto será posible usar la inteligencia artificial para controlar las naves espaciales. La Agencia Espacial Europea está desarrollando sistemas de control que pueden emplearse en vehículos de exploración robóticos y en satélites. Las misiones de exploración espacial ya no necesitarán ser monitoreadas por humanos porque estos vehículos serán capaces de aprender, reconocer problemas, realizar reparaciones y tomar decisiones.

La robótica

Un robot típico tiene un brazo móvil, motores, un sistema de sensores, una fuente de energía y un "cerebro" computarizado. La mayoría están diseñados para ejecutar trabajos pesados, difíciles, peligrosos o aburridos.

Snakebots

Los *snakebots*, o robots serpientes, vienen en muchos tamaños y formas. Pueden deslizarse en espacios reducidos y son muy útiles en operaciones de búsqueda y rescate. La NASA trabaja en un *snakebot* inteligente que pueda explorar otros planetas al moverse entre las grietas o avanzar en el suelo irregular donde una sonda exploradora con ruedas quedaría atascada.

Incluso hay un diminuto robot serpiente que puede deslizarse dentro del cuerpo para realizar cirugías

Muchos robots industriales trabajan en fábricas de autos

Robots industriales

Un brazo robótico industrial es similar a un brazo humano con hombro, codo y muñeca. La "mano" suele ser una herramienta, como un soplete, un taladro o una pistola de pintura. Los robots son más confiables y precisos en estas tareas que los humanos. Pueden hacer trabajo pesado todo el día sin cansarse, abrir agujeros siempre en el mismo lugar y no paran para irse a almorzar o de vacaciones.

Robot mascota

Muchos pueden "ver", "oír" y reaccionar a su entorno, algunos, incluso, actúan como perros guardianes y toman fotos a intrusos. Las mascotas más recientes tienen inteligencia artificial que les permite seguir órdenes y adaptar su comportamiento.

Los robots mascotas nunca sueltan pelo ni necesitan que las saquen a pasear

¡Superfoto!

TRABAJO SUCIO

Las aspiradoras robóticas pueden recordar la distribución de los objetos en el hogar, adaptarse a diferentes pisos, arrojar el polvo en el cesto de basura y regresar a su estación de carga. Sensores le indican a la aspiradora si está a punto de golpear algo o de caerse por un escalón.

Hogares de alta tecnología

Los hogares modernos cada vez son más ecológicos e inteligentes. Muchos ya generan su propia electricidad, tienen características que ahorran energía y reciclan agua. Gracias a la tecnología, las casas también son más interactivas, con electrodomésticos "inteligentes", puertas con sistema de escaneo corporal y luces automatizadas.

Hogares inteligentes

Los sistemas de automatización del hogar usan computadores para controlar los dispositivos eléctricos. Por ejemplo, pueden apagar las luces y el televisor cuando alguien sale de una habitación, oscurecer las ventanas cuando hace mucho sol o alimentar a las mascotas.

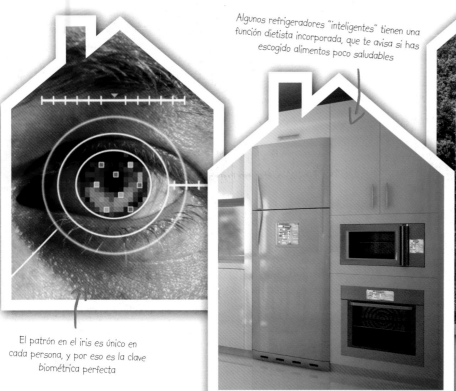

El edificio Heliotropo produce cinco veces más energía de la que usa

Algunos refrigeradores "inteligentes" tienen una función dietista incorporada, que te avisa si has escogido alimentos poco saludables

El patrón en el iris es único en cada persona, y por eso es la clave biométrica perfecta

Sin llave

En vez de buscar a tientas la llave, en el futuro podremos entrar a nuestra casa con solo usar los dedos o nuestros ojos. Los sistemas biométricos integrados a las puertas pueden ser programados para reconocer las huellas digitales o el iris (la parte del ojo que tiene color) de las personas que necesiten entrar.

Máquinas eficientes

Entre los electrodomésticos "inteligentes" están las lavadoras que ajustan la cantidad de agua según la carga de ropa, estufas que fijan el tiempo de cocción, y refrigeradores con pantallas que permiten revisar las fechas de vencimiento.

Ecocasa giratoria

El edificio Heliotropo, en Alemania, gira para seguir al sol, que alimenta los paneles del techo. La luz solar entra por las ventanas y su calor se almacena y es empleado en el sistema que calienta los pisos. Las barandillas alrededor del techo y los balcones se doblan como tuberías que calientan los radiadores y el agua. En épocas cálidas, la casa genera sombra al voltear su parte posterior de madera hacia el sol.

El cielo es el límite

La gente ha construido torres desde la Edad Media, pero fue gracias al invento de los ascensores y a la producción de vigas de acero largas y livianas que fue posible construir bloques de apartamentos y oficinas de más de cinco pisos de altura.

Contra el viento

Cuanto más alto un rascacielos, mayor es la presión del viento sobre el edificio. Los tubos separados del Burj Khalifa en Dubái están diseñados para evitar que el viento haga remolinos que podrían sacudir la torre. Aun así, se mece hacia delante y atrás unos 2 m en su parte más alta.

¡Sabelotodo!

RASCACIELOS HISTÓRICOS

● El Home Insurance Building, construido en Chicago en 1884, fue el primer edificio alto sostenido por columnas y vigas de acero.

● El Empire State en Nueva York, inaugurado en 1932, fue el primer edificio con más de cien pisos.

Las tres turbinas eólicas del World Trade Centre en Baréin generan cerca de 15 % de la electricidad que usa

Domina el viento

El World Trade Centre, en Baréin, aprovecha el viento al dirigirlo hacia las tres turbinas eólicas que se encuentran sobre los pasillos peatonales que conectan las dos torres.

El Burj Khalifa, inaugurado en 2010, tiene el récord actual del edificio más alto del mundo

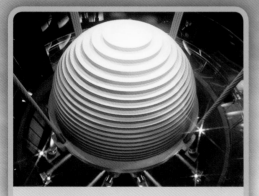

Equilibrio

Entre los pisos 88 y 92 de la torre Taipei 101, en Taiwán, se balancea un péndulo dorado de 660 toneladas para equilibrar la torre ante la fuerza del viento. Este sistema, llamado amortiguador de masa, se usa en rascacielos y absorbe las vibraciones ocasionadas por el viento o los temblores.

En la ruta

Casi una tercera parte de los accidentes de tránsito son ocasionados por las mismas vías. Las mejoras en los diseños de los autos ha reducido el número de muertes en accidentes, y ahora los ingenieros trabajan en tecnologías para construir vías más seguras.

Autos sin conductor

Los autos sin conductor reducirían los accidentes

Los autos controlados por robots podrían andar mientras su propietario lee un periódico. Los autos dirigidos por GPS (siglas en inglés de Sistema de Posicionamiento Global) y equipados con sensores que "hablan" con los computadores de otros autos no necesitarían de tantos elementos de seguridad. Serían más pequeños, más livianos y usarían menos combustible. Los autos sin conductor ya son legales en Nevada (Estados Unidos).

Deslumbrante

Las marcas en las vías holandesas pronto serían pintadas con un polvo que absorbe la luz del sol en el día y resplandece hasta diez horas en la noche. Otro avance para la seguridad son las marcas sobre carretera hechas con pintura sensible a la temperatura. Cuando hay riesgo de hielo sobre la vía aparecen señales de alerta.

Puente inteligente

En 2007, el puente I-35W sobre el río Misisipi colapsó y murieron 13 personas. Fue reemplazado por un "puente inteligente" que alerta a los computadores sobre cualquier problema. El nuevo puente tiene 323 sensores que monitorean el daño ocasionado por el tránsito y los vientos helados de Minnesota. Los sensores en la vía activan de forma automática un sistema que impide la acumulación de hielo.

¡Sabelotodo!

● Las superficies de las vías cubiertas con paneles solares podrían convertir las calles y carreteras en fuentes de energía, y reducir el número de plantas generadoras.

● Estas superficies muy resistentes y de alta tecnología podrían calentarse para derretir hielo y nieve, y podrían tener señales incorporadas para alertar a quienes conducen sobre peligros en la vía.

Pensamiento verde

Los científicos trabajan duro para que el transporte sea más eficiente, de manera que podamos movilizarnos a la vez que ahorramos energía y reducimos la contaminación.

Autos híbridos

Los autos impulsados por gasolina o diésel pueden viajar largas distancias antes de tener que reabastecerse de combustible, pero generan mucha contaminación y son costosos. Los autos eléctricos casi no contaminan pero solo pueden andar 160 km y entonces requieren recarga. Al combinar un motor de gasolina y uno eléctrico, se obtiene un motor híbrido, con lo mejor de los dos mundos.

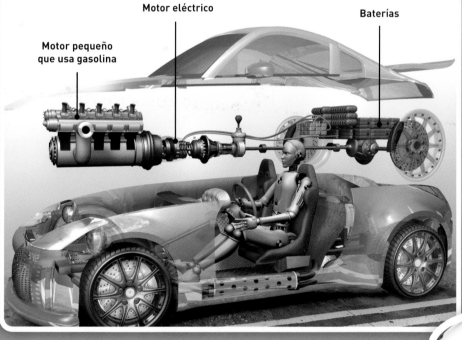

Motor eléctrico

Baterías

Motor pequeño que usa gasolina

Barcos solares

Mientras que los autos híbridos reducen los gases de efecto invernadero en tierra, se espera que barcos de energía solar e híbridos lo hagan en el mar. El *Tûranor PlanetSolar* de 31 m de largo, cuenta con 470 m^2 de paneles solares que le suministran energía. Fue el primer barco eléctrico en darle la vuelta al mundo.

Semáforo en verde

Los semáforos interactivos con sensores de movimiento podrían reducir el consumo de energía al encenderse solo cuando un vehículo se aproxima y apagarse cuando la vía está vacía. El sistema de luz de viento va más allá. Usa pequeños generadores en los bordes de las vías para hacer funcionar el alumbrado público.

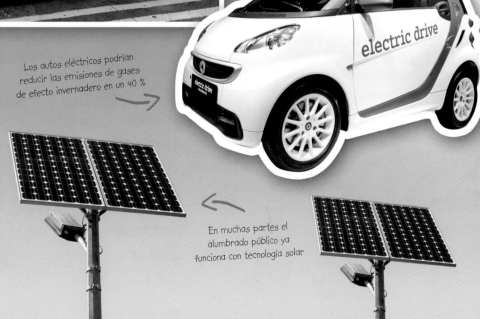

Los autos eléctricos podrían reducir las emisiones de gases de efecto invernadero en un 40 %

En muchas partes el alumbrado público ya funciona con tecnología solar

Volar sin alas

Imagina que sales de Nueva York en tren y viajas por un túnel trasatlántico para llegar a Londres en menos de una hora. Los trenes en túneles de vacío podrían cambiar los viajes de larga distancia de la misma forma como los aviones lo hicieron en el siglo XX.

Trenes en tubos de vacío

El sistema de trenes de alta velocidad en tubos de vacío usaría trenes Maglev (con levitación magnética) que se moverían por tubos de vacío. Los trenes Maglev flotan sobre un riel impulsados por imanes. Pueden viajar a más de 580 km/h, pero si operan en un tubo de vacío, sin la resistencia ni la fricción del aire, podrían alcanzar velocidades supersónicas de más de 5000 km/h.

💡 ¡Sabelotodo!

● El primer tren Maglev comercial comenzó a viajar desde el centro de la ciudad de Shanghái a su aeropuerto, en 2003.

● Se ha presentado el prototipo de un tren Maglev en Japón, hogar del famoso tren bala. Reduciría a la mitad el tiempo de viaje del tren bala y sería inaugurado en 2027.

¡Sabelotodo!

● Quien haya jugado con imanes sabe que los polos opuestos se atraen y los polos idénticos se repelen entre sí. Un tren Maglev tiene un grupo de grandes imanes en la parte inferior, mientras que un segundo grupo de imanes se encuentra a lo largo del riel. Estos dos grupos se repelen y así el tren flota sobre un cojín de aire, a 1-10 cm de la vía. Las bobinas electromagnéticas son encendidas y apagadas de forma sistemática entre los polos magnéticos que se alternan para hacerlo avanzar.

Pilotaje por cable

La mayoría de los aviones comerciales modernos tiene tecnología de pilotaje por cable, que fue desarrollada por la NASA. Los controles se ven similares a los de una cabina de vuelo normal, pero sus movimientos se convierten en señales electrónicas transmitidas por computadores.

Aviones sin piloto

En el futuro, los aviones de pasajeros podrían ser dirigidos desde una sala de control a miles de kilómetros, con la misma tecnología de los drones no tripulados. Los drones (abajo) ya se usan para tomar fotografías aéreas y en misiones militares.

El superjumbo

El *Airbus 380* es un avión de doble cubierta tan largo como dos ballenas, con un tamaño igual a un campo de fútbol. Sus partes principales se fabrican en Francia, Alemania, España y Gran Bretaña. Para transportar las enormes secciones a la fábrica del Airbus en Toulouse, Francia, fue necesario ampliar las carreteras y construir barcazas y canales especiales.

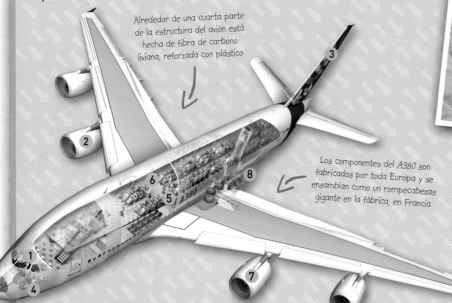

Alrededor de una cuarta parte de la estructura del avión está hecha de fibra de carbono liviana, reforzada con plástico

Los componentes del A380 son fabricados por toda Europa y se ensamblan como un rompecabezas gigante en la fábrica, en Francia

El *F-22 Raptor*

Los aviones de combate modernos, como el *F-22 Raptor* (abajo) combinan el sigilo con la tecnología. La forma angulosa del avión dispersa las señales de los radares y su pintura absorbe las ondas de radar. Un computador controla el radar, las armas y los sistemas de vuelo, y una conexión inalámbrica permite que el piloto pueda compartir información con otros sin usar el radio.

1. La **cabina de vuelo** está entre las dos cubiertas de pasajeros.

2. Al despegar, los motores producen un **empuje** equivalente al de 3500 autos.

3. Con la **cámara de la cola** los pasajeros tienen una vista aérea.

4. Los **computadores principales** están bajo la cabina de vuelo.

5. El avión transporta entre 555 y 853 **pasajeros**.

6. En la cabina las **luces** cambian para simular el día y la noche.

7. A bordo hay menos ruido gracias a los silenciosos **motores**.

8. El *A380* tiene 22 **ruedas**, más que cualquier otro avión de pasajeros.

A los confines del espacio

Los vehículos suborbitales vuelan en el límite entre la atmósfera de la Tierra y el espacio exterior. A esta altura, la fricción del aire es menor, y la aeronave puede alcanzar velocidades de más de 5000 km/h.

Vuelos hipersónicos

El *Concorde* fue el primer avión civil supersónico y salió de circulación en 2003. Ahora, una compañía británica está desarrollando un motor que haría posible volar de Europa a Australia en cuatro horas. Usaría un turborreactor, como el del Concorde, para alcanzar velocidades supersónicas, y luego pasaría a la modalidad de cohete, sobrepasaría la velocidad mach 6 y volaría en el límite del espacio.

¡Sabelotodo!

● En 1947 el piloto Chuck Yeager se convirtió en la primera persona en volar más rápido que la velocidad del sonido (mach 1).

● En 1962, el *X-15* alcanzó una velocidad mach 6.7, cuatro veces más rápido que una bala.

El *Concorde* tenía que despegar y aterrizar en posición inclinada debido a sus alas con forma de delta. Los diseñadores hicieron su nariz inclinada para que al descender el piloto tuviera una vista clara de la pista

El *WhiteKnightTwo* tiene dos fuselajes unidos, cada uno idéntico al del *SpaceShipTwo*, que cuelga entre ellos mientras es llevado a una altitud de 15 000 m

El *SpaceShipTwo* exhibido en el Salón Aeronáutico de Farnborough, Gran Bretaña

El *SpaceShipTwo*

Más de 530 pasajeros han reservado un asiento para volar al espacio en el avión suborbital de Virgin Galactic, cuyo primer vuelo sería en 2014. Consiste de dos partes: el *SpaceShipTwo*, con capacidad para seis pasajeros, y el transportador *WhiteKnightTwo*. El *WhiteKnightTwo* despega en una pista normal y lleva al *SpaceShipTwo* hasta una altitud de 15 000 m. Luego el *SpaceShipTwo* se desprende, enciende sus motores y alcanza una altura de 110 000 m.

La nanotecnología

Imagina un mundo tan diminuto en el que todo se mida en nanómetros. *Nano* significa "mil millonésimo", y un nanómetro es la mil millonésima parte de un metro. La nanotecnología podría transformar nuestras vidas.

Nanorrobots

Los nanorrobots podrían ser programados para fabricar cualquier cosa, desde diamantes hasta alimentos. En lugar de procesar materiales para elaborar cosas, los nanorrobots las construirían átomo por átomo, como lo hace la naturaleza. Al fabricar productos a partir de átomos y moléculas, el proceso sería barato y sin desperdicios.

Los nanorrobots harían copias de sí mismos hasta que hubiera suficientes para comenzar la producción

Hechos y cifras

MICROMEDIDAS

● Un nanómetro es lo que crece una uña en un segundo.

● Un átomo mide entre 0.1 y 0.5 nanómetros.

● El transistor de un computador tiene unos 100 a 200 nanómetros de ancho.

● Un pelo humano tiene entre 60 000 y 100 000 nanómetros de diámetro.

La nanotecnología hoy

Estas ideas suenan a ciencia ficción, pero la nanotecnología ya es parte de nuestras vidas. Las telas resistentes a las manchas están recubiertas con nanofilamentos, mientras que algunos cosméticos y pantallas solares contienen materiales nanoscópicos. Los vidrios que se autolimpian tienen una nanocapa, y algunas pelotas de tenis tienen una capa interior de nanopartículas de arcilla para evitar que el aire se escape.

¿Sueño o pesadilla?

Los nanorrobots pueden cambiar nuestras vidas para bien, pero a algunas personas les preocupa que las nanopartículas puedan envenenarnos o ser peligrosas para la vida silvestre. Otra teoría, conocida como la plaga gris, sugiere que las nanomáquinas podrían salirse de control y reproducirse tan rápido que arrasarían la Tierra y la dejarían como un planeta habitado solo por nanorrobots.

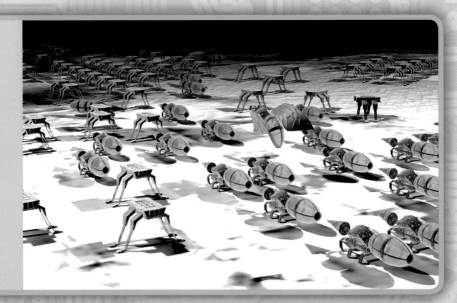

Los nanomateriales

Los más recientes podrían usarse en la fabricación de televisores delgados como un papel que podrían enrollarse, y de computadores que podrías doblar para meter en tu bolsillo.

Los puntos cuánticos pueden producir cualquier color en el espectro

El grafeno

En 2004 los físicos descubrieron un material casi invisible llamado grafeno, 200 veces más resistente que el acero y más duro que el diamante. Se estira como el caucho, conduce calor y electricidad mejor que el cobre y es muy ligero. Una lámina de grafeno solo tiene un átomo de espesor, y una pila de 1 mm de alto contendría tres millones de láminas. En el futuro, el grafeno nos permitiría crear teléfonos superrápidos y computadores delgados como el papel.

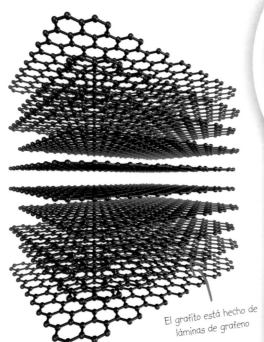

El grafito está hecho de láminas de grafeno

Puntos cuánticos

Pronto podrían estar en todas partes, desde bombillas ahorradoras, teléfonos, televisores y pantallas de cine. Cuando se activan, estos cristales fluorescentes brillan con un color específico según su tamaño y el material del que estén hechos. Las pantallas LED de hoy solo muestran 30 % de los colores que podemos ver, pero los grupos de puntos cuánticos producirán explosiones brillantes de luz en toda la gama de colores.

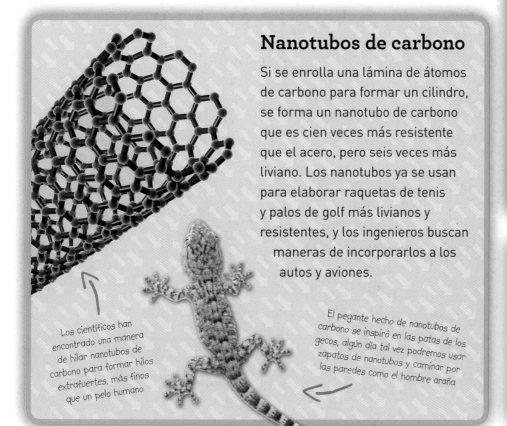

Nanotubos de carbono

Si se enrolla una lámina de átomos de carbono para formar un cilindro, se forma un nanotubo de carbono que es cien veces más resistente que el acero, pero seis veces más liviano. Los nanotubos ya se usan para elaborar raquetas de tenis y palos de golf más livianos y resistentes, y los ingenieros buscan maneras de incorporarlos a los autos y aviones.

Los científicos han encontrado una manera de hilar nanotubos de carbono para formar hilos extrafuertes, más finos que un pelo humano

El pegante hecho de nanotubos de carbono se inspiró en las patas de los gecos, algún día tal vez podremos usar zapatos de nanotubos y caminar por las paredes como el hombre araña

💡 ¡Sabelotodo!

● Con los nanotubos de carbono se pueden elaborar cuerdas ultradelgadas, tan fuertes como para sostener un ascensor espacial que lleve carga y personas al espacio.

La generación de electricidad

La electricidad se considera energía limpia. Sin embargo, para producir electricidad muchas plantas generadoras consumen carbón, petróleo o gas, que generan gases de efecto invernadero.

Plantas generadoras

Thomas Edison construyó una de las primeras plantas generadoras en Nueva York, en 1882. Hasta entonces, la energía debía ser producida en el lugar en el que se necesitaba, pero con la planta generadora se produjo electricidad en Arizona que fue usada en California. La mayoría de las plantas producen electricidad al quemar combustibles para crear vapor (derecha).

Líneas eléctricas sostenidas por torres llevan la electricidad a donde se necesite

La turbina de vapor en una planta generadora

¡Sabelotodo!

● La electricidad usualmente se produce al quemar combustible en una caldera.

● El calor de la caldera fluye alrededor de tuberías llenas de agua fría. El calor hace hervir el agua y la convierte en vapor.

● El vapor a alta presión hace girar las paletas de una turbina.

● La turbina está conectada a un generador, que usa la energía de la turbina para producir electricidad.

Energía nuclear

Los reactores nucleares calientan agua al dividir en dos un átomo de uranio enriquecido. El uranio en forma de pastillas se pone en tubos de metal que se sumergen en agua dentro de un reactor. Allí se separan los átomos y liberan gran cantidad de energía. Las plantas nucleares producen una energía muy limpia, pero el uranio libera radiación, que puede ser peligrosa en dosis altas.

Energías renovables

El carbón, el petróleo y el gas natural son combustibles fósiles, que se agotarán algún día. Al quemarse producen gases de efecto invernadero. Por esto la ciencia busca fuentes limpias y renovables de energía para reemplazarlos.

Biocumbustibles

Hechos a partir de material vegetal, contaminan menos que los combustibles fósiles. El etanol, producido a partir de granos, caña de azúcar o papa, se mezcla con petróleo. El biodiésel, hecho de aceite vegetal, se usa en motores diésel. Los biocombustibles son una fuente sostenible de energía, pero usan cultivos que podrían servir de alimento.

Energía eólica

En las plantas generadoras, las turbinas son impulsadas por vapor y su energía se transfiere a un generador. Las turbinas eólicas producen electricidad de la misma manera, al usar viento en lugar de vapor. El generador en una turbina eólica se encuentra sobre el eje horizontal al que están unidas las aspas.

Energía solar

La luz solar está compuesta por fotones, o partículas de energía solar. Cuando los fotones golpean una celda fotovoltaica, algunos son absorbidos y liberan los electrones del material de la celda. Así, estos pueden fluir en un circuito y producir corriente eléctrica.

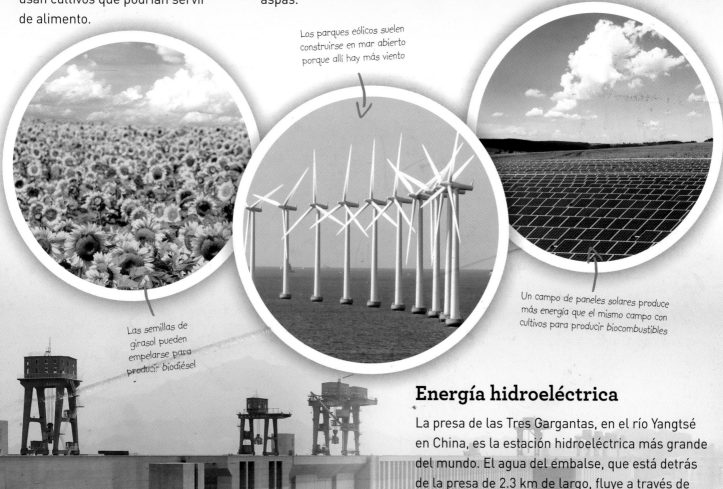

Los parques eólicos suelen construirse en mar abierto porque allí hay más viento

Las semillas de girasol pueden empelarse para producir biodiésel

Un campo de paneles solares produce más energía que el mismo campo con cultivos para producir biocombustibles

Energía hidroeléctrica

La presa de las Tres Gargantas, en el río Yangtsé en China, es la estación hidroeléctrica más grande del mundo. El agua del embalse, que está detrás de la presa de 2.3 km de largo, fluye a través de tubos que la conducen a 32 turbinas, conectadas a generadores que producen 10 % de la electricidad de China, equivalente a once plantas nucleares.

◈ La biotecnología

Hace uso de la biología para elaborar nuevos productos. Si has comido pan o yogur, entonces has consumido alimentos que fueron desarrollados mediante biotecnología.

Su historia

La biotecnología comenzó hace miles de años cuando se empezó a usar microbios para producir vino, pan y queso. Más adelante, cuando llevaron a Europa el maíz y las papas de América, en el siglo XV, los agricultores crearon variedades adaptadas a las condiciones locales. Desde el siglo XX se cruzan frutas y otras plantas para obtener variedades mejoradas.

Para convertir la leche en yogur se usan bacterias, este es un ejemplo de biotecnología

La cría selectiva

Es una forma de biotecnología. Por siglos, los humanos han criado plantas y animales con características particulares al escoger sus progenitores. Entre ellos están las vacas que dan más leche, papas resistentes a las enfermedades y flores con mejores colores y perfumes. Los perros alguna vez fueron muy similares unos a otros, y gracias a la cría selectiva tenemos muchas razas.

Otros usos

La biotecnología se usa para fabricar medicamentos, detectar y tratar problemas de salud de origen genético. En la industria, la biotecnología se usa en la producción de biocombustibles (ver p. 307) y de plásticos biodegradables que reducen el uso de combustibles fósiles (ver p. 307). Los bioplásticos se elaboran a partir de plantas ricas en almidones.

La cría selectiva ha creado perros de todas las formas y tamaños

¡Superfoto!

★ GRAN SOLUCIÓN

Cuando la plataforma petrolera Deepwater Horizon explotó en 2010, bacterias subacuáticas devoraron petróleo. Ahora se cultivan estas bacterias para ayudar a limpiar las manchas de petróleo.

Ingeniería genética

Es un tipo de biotecnología. Los métodos tradicionales de cría mezclan muchos genes (ver p. 227) de la misma especie, pero la ingeniería genética permite modificar un solo gen. Esto significa que, por ejemplo, el gen de una medusa podría ser añadido al ADN de un cerdo para producir un cerdito que brilla en la oscuridad.

(ver p. 227)

💡 ¡Sabelotodo!

● El primer alimento con MG que salió a la venta fue un tomate creado en 1994.

La modificación genética puede crear cultivos más resistentes a la sequía

Batalla de MG

La modificación genética (MG) es otro nombre para la ingeniería genética. No todo el mundo cree que la modificación genética sea algo bueno.

Al añadir a los cultivos un gen de plantas silvestres resistentes a las enfermedades, se podría reducir el uso de químicos

A favor

Quienes apoyan la modificación genética creen que es el siguiente paso de la crianza selectiva. Los cultivos con MG pueden producir más alimentos y usar menos tierras, agua, fertilizantes y pesticidas. Esto puede ayudar a las personas de los países en desarrollo que dependen de cultivos como la yuca, el maíz y el arroz. Además de aumentar su producción, los cultivos pueden modificarse mediante la adición de vitaminas y minerales para hacerlos más nutritivos.

En contra

Quienes están en contra de la MG dicen que los cultivos modificados por ingeniería genética podrían dañar a otras plantas. No se sabe cómo podrían afectar las plantas con MG la vida silvestre, y si la mezcla de genes de diferentes alimentos podría ser peligrosa para las personas que sufren alergias. Muchos cultivos con MG no se ven afectados por los herbicidas, y los agricultores podrían rociar campos enteros con ellos.

Esta foto no es real, pero ilustra la idea de que la modificación genética puede combinar genes de dos organismos diferentes

Las abejas podrían transferir polen de cultivos con MG a las plantas no modificadas que crecen cerca de ellas

Alimentos del futuro

Para 2050, habrá 9000 millones de personas en el mundo, y los científicos buscan nuevas fuentes de alimento que cubran la demanda. La respuesta podría ser una dieta que incluya insectos, algas y carne de laboratorios.

Los científicos holandeses ya produjeron la primera hamburguesa probeta

Este delicioso platillo tailandés de insectos es rico en proteínas

Las macroalgas son un alimento muy nutritivo

Hechos y cifras

INGREDIENTES PARA UNA HAMBURGUESA DE 100 G

3 kg de granos, pasto o heno

200 litros de agua

7 m^2 de tierra para pastar o cultivar el alimento

Energía para un horno de microondas por 18 minutos

¿Menú de bichos?

En África, Asia y Suramérica se comen al menos 1400 especies de insectos. Estos diminutos animales bajos en grasa son ricos en proteínas, y las granjas de insectos usan una fracción de la energía necesaria para producir otras carnes. La ciencia busca maneras de extraer sus proteínas para usarlas en salchichas o en carne para hamburguesas para hacerlas más atractivas y apetitosas.

Carne artificial

En el mundo, las personas consumen unos 250 millones de toneladas de carne al año, y puede aumentar al doble para 2050. Criar animales para carne requiere mucha tierra y agua, por eso se desarrolla carne artificial. Pueden pasar muchos años antes de que podamos comer una pierna de cordero producida en el laboratorio, pero hace poco se produjo en Holanda una hamburguesa artificial.

Las macroalgas

Son ricas en nutrientes, bajas en grasa y benéficas. Además son buenas para el ambiente. Las macroalgas absorben dióxido de carbono, producen oxígeno, y no ocupan espacio valioso en la tierra ni usan agua dulce. Muchas personas ya comen macroalgas o algas en general. Aditivos como el agar, se usan como espesantes y son extraídos de algas.

Agricultura

La escasez de tierras de cultivo podría amenazar la oferta de alimentos a medida que crece la población, y se piensa en cultivar en lugares que se creían inviables, como los desiertos o en medio de las ciudades.

Agricultura vertical

Los productores consideran cultivar en invernaderos en forma de rascacielos justo en medio de la ciudad. Las semillas se sembrarían en bandejas en el último piso y se les suministraría agua y nutrientes a medida que descienden por el "edificio" en una cinta transportadora. Al llegar abajo estarían listas para ser cosechadas.

Invernaderos con agua de mar

Se pueden sembrar alimentos en desiertos cerca de la costa dentro de invernaderos que convierten el agua de mar en agua dulce. Evaporadores de agua de mar que funcionan con energía solar (ver p. 307) convierten el agua salada en fresco vapor de agua dulce que es bombeado al invernadero. El vapor de agua se condensa (como el vapor sobre un vidrio frío) y esta agua dulce se usa para irrigar (regar) los cultivos.

Labriegos futuros

En la agricultura moderna ya se usa tecnología para ahorrar tiempo y dinero. Hay robots que ordeñan al ganado, máquinas que cosechan frutas blandas y tractores que siembran semillas y aplican fertilizantes con precisión milimétrica. Ahora robots parecidos a pulpos pueden hacer el trabajo de recoger frutas de los árboles, como las manzanas.

¡Sabelotodo!

● Se pueden sembrar campos con microbios que toman nitrógeno del aire y reducen el uso de fertilizantes nitrogenados.

● Se usará la luz infrarroja para señalar de manera exacta la ubicación de las semillas, reduciendo el uso de herbicidas.

● Sensores en el suelo podrían calcular cuánto fertilizante y agua necesita un cultivo, y enviar la información al computador de quien cultiva.

Los invernaderos con agua de mar pueden convertir los desiertos en tierras fértiles

El invernadero tendría sus propias abejas y otros insectos benéficos

◈ Medicina

En el pasado, los científicos sugirieron que la gente jamás podría vivir más de 120 años, pero nuevas tecnologías podrían aumentar nuestra expectativa de vida al reparar las células dañadas y generar órganos para cuando nuestros cuerpos comiencen a desgastarse.

Las células madre podrían ser capaces de crear órganos nuevos, regenerar médulas espinales dañadas o curar muchas enfermedades en los años venideros

Un nanorrobot inyecta medicamentos a un glóbulo rojo.

Nanomedicina

La nanotecnología (ver p. 304) podría transformar la medicina, con nanorrobots del tamaño de una bacteria podrían tratarse enfermedades, desde las cardiacas hasta el cáncer. Se podrían inyectar en el cuerpo para llevar medicamentos al sitio de la infección, matar células cancerosas o hacer una cirugía. Algún día incluso se podrían hacer crecer partes del cuerpo.

Células madre

Son especiales porque pueden convertirse en diferentes tipos de células y renovarse muchas veces. Las células madre embrionarias vienen de fetos y pueden dar origen a cualquiera de los 200 tipos de células del cuerpo. Las de los adultos se encuentran en los tejidos corporales y normalmente deben ser alteradas por los científicos para crear otros tipos de células. Muchas enfermedades como el mal de Alzheimer y la diabetes podrían curarse por medio de esta tecnología, y podrían usarse para crear órganos.

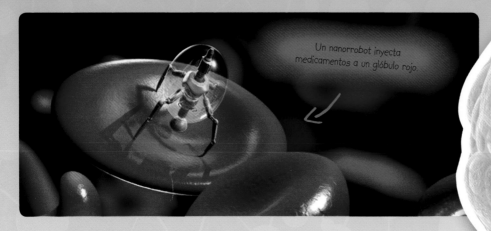

Terapia genética

Es un nuevo campo de la investigación médica que usa genes (ver p. 227) para tratar o prevenir enfermedades. Con ella se podría reemplazar un gen dañado que causa enfermedades con una copia sana, desactivarlo o introducir un nuevo gen para que luche contra una enfermedad.

Los genes son segmentos cortos de ADN. El ADN de una persona está codificado como una secuencia de las letras A, T, G y C

Cuerpo biónico

Los miembros biónicos más avanzados son máquinas robóticas inteligentes que responden a las señales de los nervios y los músculos de sus usuarios. Por ejemplo, las piernas ajustan el ángulo del dedo del pie o doblan la rodilla.

Brazos biónicos

Los más recientes son controlados mediante el pensamiento, igual que un brazo real. Los cirujanos reconstruyen parte del sistema nervioso (ver p. 247) para trasladar al pecho los nervios que antes movían el brazo faltante. Un computador procesa las señales eléctricas de los nervios y le ordena al brazo biónico que realice el movimiento.

Piernas biónicas

Sensores electrónicos en la pierna detectan su posición y los cambios de peso sobre la rodilla, tobillo y pie. Entonces los procesadores deciden la mejor manera de responder y hacen los ajustes necesarios.

La articulación artificial de la rodilla se mueve como una rodilla de verdad

La pierna se mueve mediante componentes hidráulicos

Sensores envían mensajes acerca del ángulo de la pierna y la cantidad de peso que se apoya sobre ella, para que el miembro pueda definir lo que ocurrirá después y reaccionar de acuerdo con ello

El cerebro le envía una señal al brazo faltante a través de los nervios, tal como si aún estuviera allí

Los nervios que deberían estar conectados al brazo faltante son trasladados al pecho, donde electrodos recogen los mensajes de los nervios y los transmiten al computador del brazo biónico como señales eléctricas

¡Sabelotodo!

● Exoesqueletos mecánicos pueden ayudar a las personas con parálisis a moverse.

● Los ojos biónicos convierten la luz en impulsos eléctricos que son enviados al cerebro.

● Pronto deberían estar disponibles páncreas y riñones artificiales.

Glosario

Átomo: partícula más pequeña de un elemento.

Biométrica: medición de rasgos personales únicos, como las huellas digitales.

Biónica: parte del cuerpo electrónica y artificial.

Cable de fibra óptica: compuesto por hebras de vidrio tan delgadas como un pelo humano, que transporta información digital.

Capa de ozono: situada a unos 10 km de altura de la Tierra contiene una concentración alta de ozono, que absorbe gran parte de la radiación ultravioleta del sol.

Célula: unidad más pequeña de un organismo. Tenemos más de 200 tipos de células.

Células madre: células que pueden reemplazarse a sí mismas al dividirse. Pueden ser cultivadas y transformadas en células especializadas.

Chip: pequeño circuito eléctrico usado para procesar información.

Código QR: código de barras de respuesta rápida que puede escanearse con una cámara de un teléfono inteligente y que está vinculado a un sitio web o un número telefónico.

Combustible fósil: el petróleo, el carbón o el gas que se han formado durante millones de años a partir de los restos de plantas y animales prehistóricos.

Dron: aeronave no tripulada, controlada desde tierra o desde otro avión.

Electrón: partícula diminuta que forma parte de todos los átomos y que lleva electricidad.

Emisión de carbono: liberación de dióxido de carbono al aire por la quema de combustibles fósiles.

Endoscopio: tubo flexible que tiene una cámara y luz en un extremo y que se usa para mirar dentro del cuerpo.

Fotoluminiscente: que brilla en la oscuridad.

Gas de efecto invernadero: gas en la atmósfera, como vapor de agua, dióxido de carbono, óxido nitroso y metano que atrapan energía del sol. Los científicos creen que las actividades humanas, como la quema de combustibles fósiles, aumenta los gases de efecto invernadero y la temperatura de la Tierra.

Gen: segmento de ADN que es transmitido de madres y padres a sus hijos.

GPS: Sistema de Posicionamiento Global, compuesto por varios satélites que trabajan en conjunto para señalar una ubicación exacta.

Grafito: forma negra y blanda de carbono que se usa en las minas de los lápices.

Hibridación: mezcla de genes de un individuo con el de otra especie o variedad para obtener algo nuevo.

Hidráulico: que transfieren fuerza de un lugar a otro al aplicar presión sobre un líquido, como el aceite.

Irrigar: regar (las plantas, por ejemplo).

LED: sigla en inglés para Diodo Emisor de Luz. Cuando se conecta un dispositivo LED a la corriente eléctrica, los electrones dentro del diodo liberan fotones que vemos como luz.

Mach: velocidad del sonido. Por ejemplo, mach 2 es dos veces la velocidad del sonido.

Microbio: microorganismo, particularmente una bacteria.

Neurona: célula especializada que transmite mensajes de los nervios.

Planta solar: grupo de paneles solares que convierten la luz del sol en electricidad.

Radar: aparato que detecta la posición, el movimiento y la naturaleza de un objeto al rastrear las ondas de radio que refleja su superficie.

Red neuronal: sistema computarizado inspirado en el cerebro y el sistema nervioso humano.

Silicio: elemento químico común. La arena y el vidrio contienen silicio, y en su forma más pura es el componente principal de los chips de computador.

Tarjeta de circuito impreso: tarjeta delgada sobre la cual se "imprime" cableado eléctrico que conecta las partes electrónicas en un computador, teléfono inteligente o televisor, por ejemplo.

Teléfono inteligente: dispositivo que combina un teléfono celular con la tecnología de los computadores.

Transistor: interruptor que se usa para controlar el flujo de electricidad en un equipo electrónico.

Turbina: máquina que produce energía cuando una rueda gira empujada por un flujo rápido de agua, vapor, gas o aire.

Uranio: metal radiactivo que se usa como combustible para reactores nucleares.

Índice

Las páginas en negrilla corresponden a entradas principales.